Barbara Mettler-v. Meibom (Hg.)

Einsamkeit in der Mediengesellschaft

Kommunikationsökologie

herausgegeben von

Claus Eurich
Universität Dortmund

und Barbara Mettler-v. Meibom
Universität Gesamthochschule Essen

Band 1

LIT

Barbara Mettler-v. Meibom (Hg.)

Einsamkeit in der Mediengesellschaft

LIT

Umschlagphoto: Markus Kalbitzer

Die Deutsche Bibliothek – CIP-Einheitsaufnahme

Einsamkeit in der Mediengesellschaft / Barbara Mettler-v. Meibom (Hg.).
– Münster : LIT, 1996
(Kommunikationsökologie; 1.)
ISBN 3-8258-3053-5

NE: GT

Dieckstr. 73 48145 Münster Tel. 0251–23 50 91 Fax 0251–23 19 72

Keine Angst verbindet sich stärker mit der neuen Medienwelt als die Angst vor wachsender Einsamkeit. Zugleich ist das Thema Einsamkeit ein Tabu. Nicht nur vermeiden wir es, im Alltag offen damit umzugehen. Es gibt auch kaum Forschungsergebnisse zum Thema Einsamkeit, insbesondere nicht im Zusammenhang mit der neueren medientechnischen Entwicklung.

Daß das Tabu dennoch durchbrochen werden kann, sogar innerhalb einer derart spröden Einrichtung wie einer Universität, zeigt das Lehrforschungsprojekt, das 1994/95 an der Universität Gesamthochschule Essen durchgeführt wurde. In einem Lehrforschungsprojekt haben Studierende die Möglichkeit, forschend zu lernen. Es fordert daher hohen Einsatz und die Bereitschaft, sich über einen längeren Zeitraum ergebnisorientiert mit einem Thema zu beschäftigen. Als die 18 Studierenden sich auf das Thema Einsamkeit einließen, entsprach dies zwar ihrer Motivation, doch die persönliche Dimension dessen, womit sie sich während eines ganzen Jahres beschäftigten, erschloß sich ihnen nur langsam. Welche Kraft und Intensität des Suchens dabei freigesetzt wurde, zeigen die folgenden Ergebnisse. Was sie über Einsamkeit zu Tage bringen, ist notgedrungen nur ein Bruchstück dessen, was wir über den Zusammenhang von Einsamkeit und medientechnischer Entwicklung wissen sollten. Durch den qualitativen und subjektorientierten Ansatz sind sie so singulär im Rahmen des bislang Gewußten, daß sie trotz aller Vorläufigkeiten publiziert zu werden verdienen. Dabei kommt Anna Kindhäuser und Marcus Kalbitzer das besondere Verdienst zu, die redaktionellen Arbeiten ganz wesentlich bewältigt zu haben.

Dieser Band eröffnet zugleich eine neue Reihe im Lit-Verlag, die von Claus Eurich und Barbara Mettler-v.Meibom zum Thema Kommunikationsökologie herausgegeben wird. Weitere Bände, in denen sich der Begriff Kommunikationsökologie weiter erschließen wird, folgen in loser Reihenfolge. Mit der Kommunikationsökologie wird das ökologische Paradigma auf Kommunikationszusammenhänge angewendet. Danach sind Wirkungen technischer Innovationen in lebendigen Systemen zielgerichtet, irreversibel und prinzipiell unvorhersehbar. Der Begriff Kommunikationsökologie stammt aus der Technikfolgenforschung, die sich bei technischen Innovationen darum bemüht, unerwartete und unerwünschte Wirkungen zu antizipieren, um konzeptionell und politisch Wege dafür zu ebnen, wie mit eventuellen Gefährdungen präventiv umgegangen werden kann. Gleichzeitig geht es den Herausgebern darum, Wege für gelingende Kommunikation in einer durch Medien geprägten Gesellschaft zu finden. Dies ist allerdings nicht nur eine medienstrukturelle und medienpolitische, sondern insbesondere eine geistig-ethische Frage.

Barbara Mettler-v.Meibom August 1996

III. WEGE AUS DER EINSAMKEIT: TELEFONISCHE KONTAKTDIENSTE

Torsten Borgers, Harald Buerger, Marcus Kalbitzer, Dieter Reinmuth, Mathias Tränkle

EINLEITUNG

Einsamkeit in der Mediengesellschaft, so lautete das Thema eines Lehrforschungsprojektes an der Universität - Gesamthochschule - Essen. Was war es? War es ein rein akademisches Unterfangen oder erlaubte es Auseinandersetzung mit existentiellen Erfahrungen jedes einzelnen? War es primär ein Versuch, den Umgang mit Forschungskonzepten und -methoden zu erlernen oder war es ein Vorhaben, bei dem Forschende und Beforschte sich nicht mehr einfach in Subjekte und Objekte aufteilen ließen? Es bedurfte nur eines kleinen Anstoßes als Einstieg in das Thema: "eine Woche ohne Fernsehen", und wir schauten der Besucherin Einsamkeit ins Gesicht. Wir begegneten uns selbst.

Es wurde ein sehr ungewöhnliches Lehrforschungsprojekt und es lohnt, diese Ungewöhnlichkeit wenigstens in einigen nüchternen Stichworten zu umreißen:

Rund ein Drittel der über den Zeitraum eines Jahres verteilten Sitzungen der Gesamtgruppe waren der Themenfindung gewidmet. Die Folge: die Gruppenmitglieder bestimmten ihre Themen selbst. Dies ging nicht ohne Ängste und Unsicherheiten, so daß das Lehrforschungsprojekt in der Anfangsphase mehr als einmal vor der Gefahr des Scheiterns stand. Welche Themen gewählt wurden, war nicht vorhersehbar: Die Gruppe machte schließlich ihre eigene Generation, ihre Lebensweise und ihren Umgang mit Medien zum Forschungsobjekt. Kein Ausweichen auf andere soziale Gruppen - Kinder und Jugendliche, Alte, Frauen mit Kindern - sämtlich wohlbekannte Problemgruppen zum Thema Einsamkeit. Nein, sich selbst wollten sie untersuchen. Doch mit unterschiedlicher Radikalität der Selbstbegegnung:

Da gab es diejenigen, die den Umgang mit Einsamkeit ganz unmittelbar bei sich erforschen wollten, die also sich selbst befragen wollten. War die Wahl des Mediums, das im Zentrum stehen sollte, noch naheliegend, nämlich der Fernseher, so war der Focus, unter dem dies geschehen sollte, schon alles andere als normal. Eine Ahnung, eine innere Spur tauchten in den Suchbewegungen auf, daß Einsamkeit etwas mit Spiritualität zu tun haben könne und daß es deswegen lohnend sei, sich des Wechselverhältnisses von Einsamkeit-Fernsehen-Spiritualität (Teil II) zu vergewissern. Dies konnte in einer so spiritualitätsfeindlichen Umgebung wie einer Universität nicht ohne ein Aufbrechen massiver Aggressionen bleiben: Spinnerei, Neurose, Unfähigkeit, Unwissenschaftlichkeit waren noch die freundlicheren Vokabeln, die teils hinter verdeckter Hand, teils lautstark denen ins Gesicht gesagt wurden, die sich auf diese Reise ins Ungewisse begeben wollten. Und außerdem waren es auch noch - abgesehen von einer Ausnahme - Frauen, also ein schlichtweg nicht ernstzunehmender 'Weiberkram'!

Sichereren Boden versprach es da, nicht sich selbst zum Befragungs- und Untersuchungsobjekt zu machen, sondern andere der eigenen Generation und der eigenen Lebenslage hierfür zu wählen. Konkret sollte der Umgang mit Telefondiensten (Teil III) untersucht werden, für deren Nutzung in den Medien mit dem Versprechen geworben wird, endlich Freunde zu finden und aus der Einsamkeit herauszutreten. Als Zielgruppe wählte man sich junge Leute, Studierende, Leser und Leserinnen von Szenezeitschriften, junge Nutzer und Nutzerinnen von Telefondiensten. War es ein Zufall? Hier war 'man'= Mann; auf Dauer scharten sich nur Männer um dieses Thema.

Theorie (Teil I) - schien anfangs Ziel- und Fluchtpunkt für die zu sein, die sich weder auf den einen noch den anderen Weg der Begegnung mit sich selbst einlassen wollten. Doch was vergleichsweise unverbindlich, im Gewande wissenschaftlicher Objektivierbarkeit daherkam, entpuppte sich bald als etwas ganz anderes: Als Konfrontation mit dem Wissen, daß das Thema Einsamkeit in der Mediengesellschaft niemanden unberührt läßt: Einsamkeit erwies sich als existentielle Grunderfahrung des Menschen. Liebe und Spiritualität wurden als Kräfte erkennbar, die helfen, Einsamkeit so zu transformieren, daß daraus Bezogenheit entsteht. Daß außerdem politische Sprengkraft in der Art des Umgangs mit Einsamkeit steckt, wurde zumindest angedeutet. Und in Konturen zeigte sich bereits auf theoretischer Ebene, daß Medien ein wesentliches Hindernis sein können, um die befreiende und transformierende Kraft von Einsamkeit zu erfahren.

So bildete sich im Laufe des einen Jahres eine Trias von Bemühungen und Suchbewegungen, die sich auf vielfältige Weise in den drei Gruppen und im gemeinsamen Nachvollzug und Weiterdenken in der Großgruppe vollzog. Daß daraus ein Gewebe aufeinander bezogener Textteile entstand, das nun vorliegt und an dem insgesamt 19 Personen mitgewirkt haben (nur einer schied nach einem halben Jahr aus), erscheint mir als der eigentliche Glanz dieses Projektes. Es ist der sichtbare Ausdruck eines Prozesses, der sich nicht nur auf der kognitiven Ebene abgespielt hat. Hier wurde nicht nur über Einsamkeit geforscht, sondern es geschah eine Öffnung füreinander und für sich selbst, die ein gemeinsames Werk, das die jeweils anderen zur Kenntnis nimmt, möglich machte.

Doch um dorthin zu kommen, waren mannigfaltige Konflikte und Ängste zu durchschreiten: Wenn eine Gruppe (Fernsehen und Spiritualität) davon lebte, daß sie in ihrem Binnenraum ein Klima gewachsenen Vertrauens erzeugt hatte, in dem es möglich war, seelische Verletzungen zu zeigen, die bislang noch kein Mensch vorher zu hören bekommen hatte, so wurde damit etwas 'geboren', was nicht unbedingt Platz vor anderen Augen und Ohren haben sollte. Es konnte trotzdem geschehen, und das nur, weil auf allen Seiten persönliche Wachstumsprozesse stattgefunden hatten. Die Abwehr des Fremden, des Angstmachenden, machte dem identifikatorischen Verstehen Platz. Auch Unterschiede innerhalb der jeweiligen Arbeitsgruppen galt es zu bewältigen: individuelle, ja individualistische Effizienz stieß an ihre Grenzen. Das forsche, nach vorne preschende Temperament oder die abgehobene Verfolgung eigener Vorlieben und Fragen mußten hinter der Orientierung am Gemeinsamen, an der Leistung der Gruppe insgesamt zurückstehen. Es galt immer, aus der ichbezogenen Perspektive, jener Grundlage aller Einsamkeit, herauszutreten, sollte das gemeinsame Werk gelingen.

Nun liegt es vor, in aller Vorläufigkeit. Hätten wir mehr Zeit und Muße gehabt, als sie dieses eine Jahr zuließen, so wäre noch manches der Vorläufigkeit überwindbar gewesen. Der Prozeß des sich inhaltlich Aufeinander-Beziehens und Zubewegens hätte noch produktiv für alle fortgesetzt werden können. Auch handwerklich-formal hätte noch viel verbessert werden können. Doch die Zeit der Veranstaltungs- und Semesterrhythmen hat dafür nicht gereicht. Eine andere Zeit, die subjektive Zeit, wird zeigen, was daraus für jede und jeden auf der persönlichen Ebene noch erwachsen mag.

Barbara Mettler-v.Meibom

I. EINSAMKEIT ALS EXISTENTIELLE GRUNDERFAHRUNG

1. Begreifen, Bewerten, Behandeln von Einsamkeit

In den Tagen unserer Kindheit haben wir sie schon kennengelernt. Und seitdem, bisweilen, umfängt sie uns und nimmt uns ein. Seien wir jung oder alt, Frau oder Mann - alle sind wir ihr wohl schon begegnet: der Einsamkeit. Der Einsamkeit können wir Menschen nicht wirklich aus dem Wege gehen. Im Gegenteil: Die Einsamkeit ist ein Teil unseres Lebensweges, ja, sie begleitet menschliche Geschichte überhaupt. Denn das Phänomen der Einsamkeit erfaßt nicht nur uns Zeitgenossen, sondern betraf schon vergangene Generationen und wird auch künftige betreffen.

Der Umgang mit Einsamkeit berührt also jeden einzelnen Menschen. Er stellt uns vor die Problematik, wie wir unsere persönliche Einsamkeit eigentlich verarbeiten können und sollen - und führt uns so in die Thematik des *Begreifens*, *Bewertens* und *Behandelns* von Einsamkeit. Wir haben beispielsweise zu *begreifen*, wie wir unsere persönliche Einsamkeit wahrnehmen können, *wie* wir sie wahrnehmen, *als was* wir sie jeweils wahrnehmen, was also das Phänomen Einsamkeit eigentlich ist. Zu *bewerten* haben wir, wie wir unsere Einsamkeit wahrnehmen sollen, wie wir mit ihr umgehen sollen, wie wir uns also überhaupt zur Einsamkeit stellen sollen. Soll Einsamkeit sein? Ist sie entweder ein zu begrüßendes und möglichst intensiv zu erlebendes Gut? Als eine elementare qualitative Begabung ein konstitutives Moment des menschlichen Seins? Ein Vermögen, wie etwa jene zu Lust und Leid, zu Freude und Angst, zu Schmerz und Glück, und als solches unabdingbar für das erlebnisreiche, ausgefüllte Dasein des Menschen? Oder ist Einsamkeit vielmehr ein zu meidendes und möglichst stark abzuschwächendes Übel? Ein tiefgreifendes seelisches Leiden? Ein zwar natürlicher, aber pathologischer Zustand seelischer Schwäche, respektive Krankheit, dem es zu wehren gilt? Schließlich haben wir Einsamkeit zu *behandeln*, oder besser: Behandlungs-Stategien zu entwickeln, wie wir uns in bezug auf unsere Einsamkeit verhalten und mit ihr umgehen wollen, also gangbare Wege aufzuzeigen, die gezielt in die Einsamkeit führen und/oder aus ihr heraus.

1.1. Das Begreifen von Einsamkeit

Wenden wir uns daher nicht von unserer Einsamkeit ab, sondern dem möglichst umfassenden Begreifen menschlicher Einsamkeit zu. Die Annäherung an ein wissenschaftliches Einsamkeitsmodell vollzieht sich in dieser Schrift in zwei Schritten. Zunächst wird als Ausgangspunkt das umgangssprachliche Verständnis von Einsamkeit thematisiert und sprachanalytisch betrachtet. Daran schließen sich phänomenologische Betrachtungen von Einsamkeit, also des Einsam-sein-Könnens, sowie des Erlebens von Einsamkeit, des Einsamseins, an.

Zum umgangssprachlichen Einsamkeitsbegriff

"Einsamkeit" erscheint uns spontan als ein klarer, das heißt ein- und nicht mehrdeutiger Begriff. In der Umgangssprache kann Einsamkeit gefaßt werden als "die Abgeschiedenheit des einzelnen Menschen von seiner Umwelt im räumlichen oder (so meist gemeint) im seelischen Sinn"[1]. Als wissenschaftliche Explikation erweist sich diese Begriffskonzeption aufgrund ihres zu kleinen Inhalts, der Intension, und des zu großen Umfangs, der Extension, allerdings als nur bedingt tauglich. Zumal der Umfang des Einsamkeitsbegriffes in der Umgangssprache offenbar sogar noch übergreifender verwandt wird. Gelegentlich wird der Einsamkeitsbegriff nämlich nicht nur mit Menschen, sondern auch mit Dingen in Verbindung gebracht und bezeichnet deren Abgeschieden- beziehungsweise Abgelegenheit - etwa wenn von einer "einsamen Gegend", einer "einsamen Hütte" etc. die Rede ist. Der Grund für diese metaphorische Verwendungspraxis beruht vermutlich auf dem Sich-hineinprojizieren des Menschen in das Ding und dem dabei erlebten Einsamkeitsgefühl. Der alltagssprachliche Begriff von "Einsamkeit" erscheint daher als zu umfangreich, um letztlich systematisch-tiefgreifende Erkenntnisse über die Einsamkeit zu eröffnen - kann er sich doch einmal auf Dinge und ein anderes Mal auf Menschen beziehen, Bezug nehmen auf räumliches Befinden sowie auf die seelische Befindlichkeit des Menschen zur Umwelt.

---

[1]Brockhaus Enzyklopädie (1988), Bd.6, S. 189.

Aber nicht nur das Bezeichnende des Einsamkeitsbegriffs, also das Wort "Einsamkeit", sondern auch das von ihm Bezeichnete, also das Phänomen und Erleben von Einsamkeit, wird allgemein vielfältig gedeutet. Um die Gefühlszustände bei Einsamkeit zu ermitteln, fragten Rubenstein und Shaver[2]: "How do you usually feel when you are lonely? Circle all that apply"[3]. Als Antwortmöglichkeiten gaben sie 27 wählbare Begriffe vor. Eine Faktorenanalyse dieser Begriffe habe vier Faktoren ergeben, nämlich Verzweiflung (engl.: desperation), Depression (depression), ungeduldige Langeweile (impatient boredom) und Selbstablehnung (self-deprecation).[4]

In dieser Studie wird über die von Mensch zu Mensch verschieden gewählten Begriffe zum einen illustriert, daß die Wahrnehmungen des Einsamkeitsgefühls unterschiedlich - weil subjektiv konstruiert - sind. *Das* Einsamkeitsgefühl gibt es offenbar nicht. Was wir als Gefühl der Einsamkeit bezeichnen und als Einsamsein erleben, ist vermutlich der im Detail bei jeder Persönlichkeit individuell und einzigartig herausgebildete Einklang vielfältigster emotionaler Schwingungen zu einer spezifischen Gemütsstimmung. Zum anderen wird deutlich, daß auch das persönliche Einsamkeitsgefühl nur bis zu einem relativen Grade bestimmbar ist. Denn die Bestimmung des einen Begriffs, wie zum Beispiel des Begriffs "Einsamkeit", über andere erfordert wiederum deren Bestimmungen. Obgleich es für uns selber sinnvoll erscheint, dem eigenen Ein-

---

[2]C. Rubenstein; P. Shaver: In search of intimacy. Surprising conclusions from a nationwide survey on loneliness and what to do about it. New York: Delacorte Press 1982. In: Wichard Puls: Soziale Isolation und Einsamkeit. Wiesbaden 1989, S. 55f. Puls berichtet an dieser Stelle, daß auf den "sehr umfangreichen Fragebogen, der im Frühjahr 1978 in der Sonntagsbeilage mehrerer Zeitungen an der amerikanischen Ostküste veröffentlicht wurde... mehr als 25000 Rücksendungen eingingen", von denen 3500 für die Auswertung verwendet worden seien.

[3]Dem deutschen Begriff "Einsamkeit" entsprechen im Englischen in etwa "loneliness", "lonesomeness" und "solitude"; wobei "loneliness" im Sinne von 'von Freund und Gefährte abgeschieden' sowie 'gefährdet' und "lonesomeness" im Sinne von 'Traurigkeit aufgrund des Alleinseins' eher negativ, "solitude" dagegen eher positiv konnotiert sind. Vgl. Eberhard Elbing: Einsamkeit, Psychologische Konzepte, Forschungsbefunde und Treatmentansätze. Göttingen 1991, S. 7.

[4]Die Autoren deuten die Faktoren Depression sowie Selbstablehnung als *Reaktionen* von Einsamkeitsgefühlen, hingegen Verzweiflung (als Korrelat emotionaler Isolation) sowie ungeduldige Langeweile (als Korrelat sozialer Isolation) als deren *Ursache*.

samkeitsgefühl möglichst tief nachzuspüren, ist daher festzustellen, daß wir einem durch die Aneinanderreihung von Begriffsbestimmungen entstehenden unendlichen Regreß nur entgehen können, indem wir das Bestimmen der Begriffe früher oder später beenden - und damit auch das Beantworten der Frage, wie der Mensch sich eigentlich fühlt, wenn er einsam ist, und was wir mit dem Einsamsein meinen.

Factor 1 Desperation	Factor 2 Depression	Factor 3 Impatient Boredom	Factor 4 Self-deprecation
Desperate	Sad	Impatient	Unattractive
Panicked	Depressed	Bored	Down on self
Helpless	Empty	Desire to be elsewhere	Stupid
Afraid	Isolated	Uneasy	Ashamed
Without hope	Sorry for self	Angry	Insecure
Abandoned	Melancholy	Unable to concentrate	
Vulnerable	Alienated		
	Longing to be with one special person		

Quelle: Rubenstein/Shaver 1982, S. 212

Aber inwiefern können wir uns dann eigentlich sicher sein, daß wir ähnliches meinen, wenn wir vom Einsamsein sprechen, und nicht vielmehr völlig unterschiedliche Gefühlsmuster? Die in empirischer Schau, beispielsweise von Rubenstein und Shaver, erfaßten grundlegenden Ähnlichkeiten der Einsamkeitserlebnisse, die wir individuell erfahren, deuten darauf hin, daß sie in einer allgemeinen Rahmenbedingung begründet sind, die uns gemeinsam widerfährt: dem Einsam-sein-Können beziehungsweise dem Phänomen der Einsamkeit.

Zum Phänomen und Erlebnis der Einsamkeit

Da Einsamkeit im Dasein eines jeden Menschen eine zentrale Rolle innehat, ist zu vermuten, daß sie im Grunde untrennbar im Sein der menschlichen Existenz verwurzelt ist und somit gewissermaßen aus dem Wesen des Menschen erwächst. Der Frage: Was ist Einsamkeit? geht daher die kant'sche Frage: *Was ist der Mensch?* voraus.

Der Mensch wird im folgenden als eine Einheit betrachtet. Aus der theoretischen Perspektive der Mikroebene besteht er aus den (Teil-)Einheiten Körper, Seele und Geist, deren Beschaffenheiten miteinander zusammenhängen, in Kontakt sind und gegenseitig aufeinander einwirken. In der Perspektive der Makroebene wird der Mensch selbst zur Teileinheit der Einheit Welt, so daß die Beschaffenheiten der Teileinheit Mensch mit den anderen Teileinheiten der (Um)Welt zusammenhängen, in Kontakt sind und auch gegenseitig aufeinander einwirken. Es entsteht ein Dualismus: Mensch - Welt.

Die makroskopische Betrachtungsebene ist als Erklärungmodell für Einsamkeit zweifach relevant: sie kann (a) in einer existentialen Auslegung das Phänomen Einsamkeit erklären und (b) in einer situativen das Erlebnis Einsamkeit.

Zu (a): Das Phämonen Einsamkeit kann als Produkt der Bindungsstruktur Mensch - Welt *per se*, also der ontologischen Dualität des Menschen mit seiner Umwelt aufgefaßt werden; diese Deutung erklärt, wie das Phänomen Einsamkeit mit unserer Existenz zusammenhängt; nämlich über die Existenz seines Trägers. Einsamkeit wird somit als eine fixe Eigenschaft des Menschen gefaßt, als Beschaffenheit der gesamten Einheit Mensch. Prinzipiell gilt: Der Mensch ist einsam. Diese Position nimmt zum Beispiel Erich Fromm ein:

"*Der Mensch besitzt ein Bewußtsein seiner selbst, seiner Mitmenschen, seiner Vergangenheit und den Möglichkeiten seiner Zukunft. Ihm ist bewußt, daß er eine kurze Lebensspanne vor sich hat, daß er gegen seinen Willen geboren und auch sterben wird. In ihm ist eine Angst verankert, die sich darin äußert, daß er allein und abgesondert den Kräften der Natur und der Gesellschaft ausgeliefert sein könnte. Seine abgesonderte einsame Existenz wird für ihn zu einem unerträglichen Gefängnis. Wenn der Mensch nicht nach anderen Menschen Kontakt suchen würde, und sich mit einer Welt außerhalb seiner selbst vereinigen könnte, würde er dem Wahnsinn verfallen.... Das tiefste Bedürfnis des Menschen ist demnach, seine Abgetrenntheit zu überwinden und aus dem Gefängnis seiner Einsamkeit herauszukommen.*"[5]

Zu (b): In situativer Sicht kann das Erlebnis Einsamkeit als Produkt des Gehaltes der Bindungsstruktur Mensch - Welt, also der qualitativen und quantitativen Beschaffenheit der Kontakte, angesehen werden. Diese Deutung erklärt, wie das Erlebnis Einsamkeit in unser Leben kommt, nämlich, kommunikationsökologisch formuliert, wenn die qualitative und quantitative Beschaffenheit unserer Kontakte zur Welt einen für uns jeweils mindesterforderlichen seelischen Gleichgewichtszustand verletzen. Einsamkeit wird als Beschaffenheit nur der Teileinheit Seele gefaßt und als eine seelische Erfahrung, als ein Gefühl erlebt, so daß gilt: Der Mensch fühlt sich in einzelnen Situationen einsam.

Während also in der Theorie das Phänomen Einsamkeit aus der ontologischen Abgetrenntheit des Menschen von seiner Welt resultiert, entsteht das Erleben von Einsamkeit in der Praxis aus der im Seelischen begründeten Erfahrung der Getrenntheit von der Welt.

Versuchen wir, das Erleben von Einsamkeit etwas genauer im Licht einer Kommunikationsökologie[6] zu erhellen. Um handlungs- und orientierungsfähig zu sein, sind wir angewiesen, mit unserer Umwelt Kontakte zu schaffen und Verbindungen zu knüpfen. Aus diesem Kontaktbedarf mag, ob a priori als angeborener Trieb oder a posteriori als erlerntes Bedürfnis, die Erwartung des Menschen von Kontakten zu seiner Umwelt evolviert sein. Über diese gespannten Bänder - die man sich als Bild wie die Fäden einer Marionette vorstellen kann - und entwickelten Netzwerke können wir Gemeinschaften begründen, die uns Halt, Sicherheit und Wohlbefinden gewähren.

---

[5]Erich Fromm: Die Kunst des Liebens. Frankfurt a.M./Berlin: Ullstein 1980, S. 18 f.

[6]Siehe Erläuterungen zum wissenschaftlichen Forschungsprogramm Kommunikationsökologie in: Barbara Mettler-v.Meibom: Kommunikation in der Mediengesellschaft. Tendenzen - Gefährdungen - Orientierungen. Berlin: edition sigma 1994; sowie insbesondere in: dies.: Perspektiven aus kommunikationsökologischer Sicht. In: B. Böttger; G. Fieguth (Hg.): Zukunft der Informationstechnologie. Münster: Westfälisches Dampfboot 1992, S. 194-207.

Ein solcher Prozeß, in dem eine Einheit mit einer anderen in einem Kontakt ist, aus dem eine neue Einheit, eine Gemeinschaft (lat.: communio) generiert wird, kann im weiten Sinne als Kommunikation bezeichnet werden.[7] Das bedeutet, daß über den Prozeß kommunikativer Bindung die Struktur der Einheit beziehungsweise Eingebundenheit entsteht.

Auf den Begriff der Kommunikation übertragen ergibt sich somit erstens, daß der Mensch über Kommunikation Beziehungen und Gemeinschaften mit seiner Umwelt erschafft; zweitens, daß er auf Kommunikation mit seiner Umwelt angewiesen ist; und drittens, daß für das Ausmaß der Kommunikation des Menschen mit seiner Umwelt, also Mangel oder Überschuß, individuell spezifische Schwellen- und Grenzwerte existieren, die nicht unter- beziehungsweise überschritten werden können, ohne seinen Halt, seine Sicherheit und sein Wohlbefinden zu beeinträchtigen. Analog dem Warncharakter von Schmerzen auf körperliche Funktionsdefizite kann das Erleben von Einsamkeit als Warnsignal von Kommunikationsdefiziten verstanden werden: Einsamkeit als "Mangel kommunikativer Bindung"[8].

Kann aber das Erleben von Einsamkeit wie auch von Desorientierung nicht auch aus einem Überschuß an kommunikativen Bindungen erwachsen? Diese auf die Quantität kommunikativer Bindungen ausgerichtete Fragestellung legt nahe, deren Qualität genauer zu betrachten. Die kommunikativen Bindungen einer natürlichen Einheit, etwa von Pflanze, Tier, Mensch, zu ihrer Umwelt können sehr vielfältiger Natur sein. Wichtig ist, daß sie nicht beliebig sind, sondern Beziehungen und Gemeinschaften möglichst *guter* Qualität sein sollten, um zum Beispiel dem Menschen ein *gutes*, das bedeutet angemessenes Maß an Halt, Sicherheit und Wohlbefinden zu ermöglichen. Eine solche möglichst gute Kommunikation bedarf wesensgemäßer - nicht wesensgleicher! - Kontakte. Je wesensentsprechender die Kontakte sind, desto besser kann sich die Kommunikation entfalten. Beispielsweise verbindet uns Menschen mehr mit dem Wesen von unseresgleichen als mit dem Wesen des Tieres, der Pflanze oder gar Nicht-Belebtem. Frei nach dem Goethe-Wort: *Der Mensch ist dem Menschen das Interessanteste*, läßt sich dem Menschen daher mit seinesglei-

[7]Vgl. Frederic Vester: Leitmotiv vernetztes Denken. Für einen besseren Umgang mit der Welt. München: Heyne 1992, S. 76 ff.

[8]Karl Jaspers: Philosophie. Bd. II: Existenzerhellung. München: Piper 1994, S. 79.

chen der beste Kontakt bilden, die intensivste Kommunikation und innigste Gemeinschaft, so daß sich mit Bettina von Arnim schwärmen läßt: *Höheres gibt es nichts, als daß sich der Mensch im Menschen fühlbar mache.*

Die Natur der kommunikativen Bedürfnisse des Menschen, die der Natur seiner Bedürfnisse als Körper-Seele-Geist-Wesen entsprechen, können daher nur über zwischenmenschliche Kommunikation erfüllt werden - und somit beispielsweise nicht über die sogenannte reine Mensch-Maschine-Kommunikation. Wir können *Einsamkeit als einen Mangel von guten kommunikativen Bindungen* auch bei einem Übermaß von kommunikativen Bindungen mit beispielsweise technischen Medien auf Kosten eines Mangels an zwischenmenschlicher Kommunikation erleben.

Daß der Mensch dem Menschen so viel bedeutet und daß die zwischenmenschliche Kommunikation seine Verfassung derart prägt, mag ein Grund dafür sein, daß in der Literatur Einsamkeit häufig auf soziale Isolation reduziert wird. Dabei ist die Nicht-Entsprechung von Einsamsein und Alleinsein unmittelbar einsichtig. Denn wir können einsam sein, ohne allein zu sein, und wir können allein sein, ohne zu vereinsamen. Selbst Kinder haben diesen Unterschied deutlich vor Augen. So schreibt ein dreizehnjähriges Mädchen:

"... *niemand kann verstehen, daß ein Mädchen von dreizehn ganz allein auf der Welt steht. Das ist auch nicht wahr. Ich habe liebe Eltern und eine Schwester von sechzehn, ich habe, alle zusammengezählt, mindestens dreißig Bekannte oder was man so Freundinnen nennt. Ich habe einen Haufen Anbeter, die mir alles von den Augen ablesen und sogar, wenn's sein muß, in der Klasse versuchen, mit Hilfe eines zerbrochenen Taschenspiegels einen Schimmer von mir aufzufangen. Ich habe Verwandte und ein gutes Zuhause. Nein, es fehlt mir offensichtlich nichts, außer die Freundin. Ich kann mit keinen von meinen Bekannten etwas anderes tun als Spaß machen, ich kann nur über alltägliche Dinge sprechen und werde nie intimer mit ihnen. Das ist der Haken. Vielleicht liegt dieser Mangel an Vertraulichkeit auch an mir. Jedenfalls ist es so, leider, und nicht zu ändern. Darum das Tagebuch. Um nun die Vorstellung der ersehnten Freundin in meiner Phantasie noch zu steigern, will ich nicht einfach Tatsachen in mein Tagebuch schreiben wie alle andern, sondern ich will dieses Tagebuch die Freundin selbst sein lassen, und diese Freundin heißt Kitty.*"[9]

Die Geschichte der Anne Frank mit ihrem Tagebuch bekundet: Umgeben von vielen Menschen, die ihr wohlgesonnen sind, sie sogar umschwärmen und verehren, ist Anne Frank sich bewußt, daß sie nicht allein ist und sich doch einsam fühlt. Den Gedanken des Aristoteles aufgreifend: *Ein Freund ist eine Seele in zwei Körpern*, nimmt Anne Frank das Fehlen *ihrer* Freundin wahr und spürt ihr Ermangeln einer Seelengemeinschaft, einer intimen, guten kommunikativen Bindung und Eingebundenheit.

Ein etwas tiefgründigerer Blick in die Persönlichkeitsstruktur der Anne Frank läßt uns vermuten, daß ihr der Austausch mit einer Seelenverwandten besonders deshalb so am Herzen liegt, weil sie in ihrem Inneren eine seelische Unausgeglichenheit fühlt. In ihrem Tagebuch beschreibt sie das Durchdringen von Brüchen der eigenen Persönlichkeitsstruktur, das Ringen der "leichten" Anne gegen die "schwerere", ihrer "schönen", "reinen" und "tiefen" Seite[10] gegen ihre andere, also eine in ihrem Inneren begründete Bedürftigkeit. Daher kann es Anne Frank gelingen, ihre Einsamkeitsgefühle zu bewältigen, nicht über eine *wirkliche* Freundin, sondern über das zur *fiktiven* besten Freundin "Kitty" personalisierte Tagebuch. Sie wendet sich also ins Innere hinein, trägt sich buchstäblich hinein und schreibt über ihr Selbst.

Damit eröffnet sich eine neue Dimension: Neben den Einflüssen sozialer und allgemein äußerer kommunikativer Bindungen scheint das Erleben von Einsamkeit auch maßgeblich mit inneren Strukturen verbunden zu sein. Wir verlassen die theoretische Perspektive der Makroebene und schreiten zur Mikroebene, in der der Mensch als Einheit von Körper, Seele und Geist erscheint. Damit betreten wir das Reich der Kommunikation des Menschen mit sich selbst beziehungsweise seinem Selbst, seiner Innenwelt. Denn um handlungs- und orientierungsfähig zu sein, bedarf es neben den Kontakten zur Umwelt gleichfalls auch der Kontakte zur Innenwelt. Diese innenweltlichen Kontakte zwischen den Teileinheiten Körper, Seele und Geist begründen das Selbst und erschaffen eigentlich erst den vollen Menschen. Sie setzen das über den Körper

---

[9] Anne Frank: Das Tagebuch der Anne Frank. Frankfurt a.M.: Fischer 1961/1994, S. 18 ff.
[10] Ebd., S. 312f.

vollzogene Handeln, das im Seelischen vollzogene Fühlen und das im Geistigen beheimatete Denken in Bezug zueinander, fügen es zu einem Haus (altgr.: oikos[11]) zusammen und formen auf diese Weise die Einheit und spezifische Identität des Menschen. Sie ermöglichen dem Menschen zum einen das Erwachsen seiner Persönlichkeitsstruktur, also das Ausbilden von Wertsystemen und Verhaltensmustern, und zum anderen das Vermögen, Außenweltliches zu verinnerlichen, mit Innerweltlichem in Beziehung zu setzen, aufgrund der eigens ausgebildeten Wertsysteme und Verhaltensmuster zu bewerten und auf dieser Grundlage wieder auf die Außenwelt einzuwirken.[12]

Auch für die Kommunikation mit der Innenwelt sind aus kommunikationsökologischer Sicht Schwellen- und Grenzwerte mindesterforderlicher Kommunikation anzunehmen, die den Halt, die Sicherheit und das Wohlbefinden der Persönlichkeit prägen.[13] Schmerzlich erscheint in diesem Zusammenhang die Vermutung, daß Menschen, die zu sich selbst in Bezug stehen, ihr inneres Einsamsein wahrnehmen können und durch das "Nach-Innen-Gehen", also innenweltliche Kommunikation verarbeiten können - während Menschen, die nicht zu sich selbst in Bezug stehen, zunehmend weniger wahrnehmen können, daß ihr inneres Einsamsein einem Mangel an innerweltlicher Kommunikation entspricht. Denn über das Mißverständnis Einsamsein = Alleinsein werden sie zunehmend "nach außen gehen" und in einen Kollektivismus und/oder Aktivismus fliehen, so daß sich ihr Einsamsein ständig verstärkt.

Zum wissenschaftlichen Einsamkeitsbegriff

Auf der Grundlage des bisher gewonnenen Begriffs von Einsamkeit und Einsamsein lassen sich für den weiteren Gang der Ausführungen folgende terminologische Klärungen vorschlagen: In bezug auf den Kontakt eines Menschen als psycho-physisches Wesen mit seiner (Um)Welt sind in Anlehnung an Eberhard

---

[11]Der Begriff der Ökologie entstammt dem altgriechischen Oikos und kann als die Lehre vom Haus beziehungsweise vom ungestörten Haushalt der Natur bezeichnet werden.

[12]Vgl. José Ortega y Gasset: Insichselbstversenkung und Selbstentfremdung. In: ders.: Die Verteibung aus der Kunst. München: dtv 1964, S. 107-130.

[13] Vgl. Mettler-v. Meibom 1994, S. 179 ff.; 184.

Elbing[14] die physische und die psychische Betrachtungsebene streng voneinander zu scheiden. Auf der physischen Ebene kann beispielsweise differenziert werden zwischen "Zusammensein" als objektiver Gemeinschaft mit anderen und "Alleinsein" als objektivem Getrenntsein von anderen. Alleinsein ist gegenüber Zusammensein ein grundsätzlich gleichwertiger Zustand. Denn Alleinsein, wie auch Zusammensein, ist ein existentiales Grundbedürfnis des Menschen.[15]

Auf der psychischen Ebene wird das psychische Erleben des physischen Allein- und Zusammenseins zu erfassen versucht. Dabei seien jeweils drei Erlebenszustände herausgehoben, nämlich ein negativer, ein indifferenter und ein positiver.

	negativ	*indifferent*	*positiv*
Zusammensein	gegeneinander	nebeneinander	füreinander
Alleinsein	einsam	gleichgültig	für sich sein

Quelle: Elbing 1991, S. 8

Während also "Für-sich-Sein" den positiven Erlebnisbereich des Alleinseins kennzeichnet, bezeichnet "Einsam-Sein" den negativen Erlebnisbereich des Alleinseins, des Alleingelassenseins, des Nicht-Kontakt-finden-Könnens, der Einsamkeit in der Zweisamkeit bzw. Gemeinschaft, aber auch die Selbstentfremdung bzw. die "Einsamkeit des inneren Selbst"[16]. Psychologische Merkmale des Erlebens von Getrenntheit sind beispielsweise: "Unfreiwilligkeit, Aufgezwungensein, Hilflosigkeit, Erfahrung eigener Schwäche, Selbstunsicherheit, Selbstabwertung, Auf-Sich-Verwiesensein, Trennung vom eigenen Ich, emotionale Trennung von anderen sowie Sehnsucht nach sozialer Eingebundenheit und Wertigkeit".[17]

---

[14]Vgl. Elbing 1991, S. 4 ff.

[15]Ebd., S. 9.

[16]Ebd., S.12.

[17]Ebd.

Fazit: Einsamkeit ist eine existentielle Grunderfahrung des Menschen. Sie kann jedem Menschen begegnen - jeder fühlt sich zuweilen einsam. Daß wir uns einsam fühlen können, ist offenbar in der ontologischen Abgetrenntheit des Menschen von seiner Welt begründet, also in der Mensch-Welt-Dualität. Einsamkeit wird als ein Gefühlsmuster, das Einsamsein, erlebt und erwächst aus der Erfahrung des Getrenntseins von der Welt, also - kommunikationsökologisch formuliert - dem Mangel von guten kommunikativen Bindungen zur Innen- und/oder Umwelt.

1.2. Das Bewerten von Einsamkeit

Der Annäherung an die deskriptive, auf eine Begriffsbestimmung zielende Fragestellung, "Was ist Einsamkeit?", kann eine Annäherung an die präskriptive ethische Fragestellung, "Soll Einsamkeit sein? Soll der Mensch sich einsam fühlen?", folgen.

Nehmen wir als zentrales Kriterium für eine solche normative Bewertung von Einsamkeit deren gesundheitliche Auswirkung auf den Menschen an! Von der Weltgesundheitsorganisation WHO wurde Gesundheit bereits 1948 als "körperliches, seelisches und soziales Wohlbefinden" definiert. Damit wird auch auf den *sozialen* Aspekt des menschlichen Lebens aufmerksam gemacht, also auf den Tatbestand, daß die uns umgebende soziale Mitwelt und die Gesellschaft, in der wir leben, unsere Befindlichkeit außerordentlich prägen. Ob wir uns in der Gesellschaft zu Hause fühlen oder eher nicht, ob wir am Los unserer Freunde unmittelbar Anteil nehmen und es verinnerlichen oder eher nicht, entwickelt sich zu einem Teil unseres Charakters und unserer Verfassung. Deshalb wird in der WHO-Definition die soziale Sphäre zu Recht als dem Individuum zugehörig beziehungsweise teilhaftig eingeschätzt.

Als wissenschaftliche Theorie wird dieser Gedanke in dem Konzept des "sozialen Atoms" vom Sozialphilosophen und Therapeuten Jakob Moreno[18] reflektiert. Als kleinste Einheit bestimmt Moreno nicht das einzelne Individu-

---

[18] "Soziometrie" ist, wie J. Moreno erklärt, als die Messung von sozialen Beziehungen zu verstehen. In: Jakob L. Moreno: Ausgewählte Werke. Bd. 1: Soziometrie als experimentelle Methode. Paderborn: Junfermann 1981, S. 22.

um, sondern das soziale Atom, welches samt dem Individuum auch die Menschen umfaßt, mit denen das Individuum emotional verbunden ist.[19] Der so vollzogene Wechsel von einer individual-zentrierten auf eine gesellschaftsbezogene Perspektive führt neben der angenommenen Existenz eines Todes von innen, also des Körpers und der Seele, auch zur Annahme der Existenz eines Todes von außen, dem sozialen Tod, wobei der soziale Tod dem körperlichen und seelischen lange seine Schatten vorauswerfen.[20]

Diesen Verdacht stützend, seien zwei geschichtliche Begebenheiten genannt. Um herauszufinden, welche die von Gott gegebene und dem Menschen von Natur aus angeborene Sprache sei, wies Friedrich der Zweite Ammen an, Neugeborene aufzuziehen, ohne mit ihnen zu sprechen. Der Kommunikationswissenschaftler Paul Watzlawick trägt vor, daß ein Chronist festhielt: "Es war leider vergebliche Liebesmühe, denn die Kleinen starben alle."[21] Als zweites Beispiel sei der Soziologe Norbert Elias über den 36-jährig verstorbenen Wolf-

---

[19]Moreno 1981, S. 93f.

[20]Vgl. Moreno 1981, S. 95.

[21]Paul Watzlawick: Vom Unsinn des Sinns oder vom Sinn des Unsinns. Wien: Picus 1993, S. 19 f. Von einem ähnlichen "Experiment", dessen Authentizität in der geschilderten Version anzuzweifeln ist, berichtet übrigens schon Herodot: "Als Psammetichos trotz allen Forschens die Frage nicht lösen konnte, wer die ersten Menschen gewesen seien, hatte er folgenden Einfall: Er gibt einem Hirten zwei neugeborene Kinder von beliebigen Eltern; der Hirt sollte sie mit seiner Herde folgendermaßen aufziehen: Niemand durfte, so ordnete er an, in Gegenwart der Kinder etwas verlauten lassen. Sie sollten ganz allein für sich in einer einsamen Hütte liegen. Zu bestimmten Zeiten sollte er Ziegen zu ihnen führen; und wenn er den Kindern genug Milch gegeben habe, sollte er seinen anderen Geschäften nachgehen. Diese Anordnungen traf Psammetichos, weil er gern wissen wollte, was für ein Wort die Kinder wohl zuerst aussprechen würden, wenn die Zeit des Lallens vorbei wäre. Seine Befehle wurden ausgeführt. Als der Hirt die Kinder zwei Jahre auf diese Weise versorgt hatte, stürzten sie beide, als er die Tür öffnete und hereintrat, auf ihn zu und lallten das Wort 'Bekos', wobei sie ihm die Hände emporstreckten... Psammetichos hörte das Wort gleichfalls und forschte nach, in welcher Sprache diese Bezeichnung 'Bekos' vorkäme; da fand er, daß die Phryger so das Brot bezeichneten; aus dieser Geschichte schlossen die Ägypter und gaben zu, daß die Phryger älter seien als sie selbst." In: Herodot: Historien. Hrsg. von Josef Feix. München: Heimeran 1977, Bd. 1, Buch 2, S. 201.

gang Amadeus Mozart zitiert: "... ohne Zweifel wurde er einsamer. Vielleicht gab er sich am Ende einfach auf und ließ sich fallen."[22]

Die beschriebenen Schicksale bekunden, daß der Mensch - ob als "zoon politicon" völlig sozial mit Aristoteles oder lediglich als "mäßig gesellig" mit Aldous Huxley - über ein Bedürfnis nach sozialen Kontakten verfügt, deren Nicht-Befriedigung uns gesundheitlich schadet, erkranken läßt, ja sogar das Leben kosten kann.

Was ergibt sich nunmehr für die Beurteilung von Einsamkeit? Auf der Grundlage des Gesundheitsverständnisses der Weltgesundheitsorganisation WHO erweist sich das *Erleben von Einsamkeit* als ein nicht-gesunder Zustand - lassen sich doch die mit Einsamkeit verbundenen Gefühlsmuster[23] geradezu als seelisches und soziales Mißbefinden deuten. Zu einer entsprechenden *empirisch* fundierten Bewertung gelangt der Soziologe Anselm Eder, der zwei von der WHO koordinierte, vergleichende Studien über das Gesundheitsverhalten von Schülern in Europa analysiert:

"Im Zusammenhang mit diesen 'Risikofaktoren' [Rauchen, Trinken, sich ungünstig Ernähren, eine schlechte Konstitution haben] für gesundheitliches Wohlbefinden nehmen aber die soziale Integration und das Gefühl der Einsamkeit einen Stellenwert ein, der mit den 'klassischen', oben genannten Risikofaktoren durchaus vergleichbar ist. Soziale Integration, gemessen am sozialen Kontaktverhalten, korreliert mit gesundheitlichen Beschwerden; und noch wesentlich stärker tut dies das subjektive Gefühl der Einsamkeit."[24]

Darüber hinaus wird der schädigende Charakter von Einsamkeitsgefühlen deutlich anhand der in den letzten Jahrzehnten entwickelten medizinischen Systemtheorie beziehungsweise medizinischen systemischen Theorie mit deren Fassung von Gesundheit als "Status guter Kommunikation innerhalb eines so-

---

[22]Norbert Elias: Mozart. Hrsg. von Michael Schröter. Frankfurt a.M.: Suhrkamp 1991, S. 10 f.

[23]Vgl. Rubenstein/Shaver 1982.

[24]Anselm Eder (Hg.): Risikofaktor Einsamkeit. Theorien und Materialien zu einem systemischen Gesundheitsbegriff. Wien/New York: Springer 1990, S. 166.

zialen Netzwerkes"[25]. Denn gemäß der kommunikationsökologischen Konzeption wurde Einsamkeit ja gerade als ein Mangel von guter kommunikativer Bindung und Einbindung erkannt.[26] Somit vermag die Kommunikationsökologie auf der Grundlage der medizinischen Systemtheorie die Bewertung des Einsamkeitsgefühls als Risikofaktor unserer Gesundheit auf der *theoretischen* Ebene zu begründen.

Das Erleben von Einsamkeit ist nicht nur einseitig negativ als ein Risikofaktor unserer Gesundheit und Lebenskonstitution zu bewerten, sondern gleichfalls auch positiv als Indikation unserer Lebensgestaltung. Als gewissermaßen seelischer Kompaß fungierend, kann uns das Erleben von Einsamkeit anzeigen, daß wir eine Krise, einen Mangel an guten kommunikativen Bindungen erleiden. Das Einsamkeitsgefühl kann uns die Richtung zurück auf unseren wahren Lebensweg in bezug auf die Gemeinschaft weisen und den angemessenen Umgang mit uns und unseren Mitmenschen signalisieren.

Damit ist die Bedeutsamkeit des *Einsam-sein-Könnens* angesprochen. Einsamkeit kann als ein Gefühls-Indikator gedeutet werden, der infolge der Störung eines Gleichgewichtes im Menschen erscheint, um diese wahrzunehmen, abzuwenden und so die natürliche Balance wieder herstellen zu können. Analog den körperlichen Schmerzen bei körperlichen Funktionsdefiziten bildet Einsamkeit als sozialer Seelenschmerz bei Leiden in unserem sozialen und Seelenleben einen konstitutiven und unabdingbaren Teil des menschlichen Regulierungsystems[27].

Fazit: Der Zustand des Erlebens von Einsamkeit ist ein Risikofaktor unserer Gesundheit. Er kann eine Krankheit zur Folge haben, schlimmstenfalls wohl sogar unseren Tod. Deshalb sollte das Erleben von Einsamkeit möglichst gemieden beziehungsweise gemindert werden. *Das Vermögen des Einsamsein-Könnens* hingegen als derjenige Teil des internen menschlichen Regulierungs-

---

[25]Hans Strotzka: Gesundheitskonzepte als Basis der Medizinsoziologie, S. 5. In: Eder (Hg) 1990, S. 1-6.

[26]Vgl. Mathias Donath: Kommunikationsökologie. Magisterarbeit an der Universität GH Essen 1996.

[27]Vgl. Niek Brouw: Wachstum in der Balance. Freiburg: Alf Lüchow 1990.

systems, der über seelischen Schmerz einen Mangel an guten kommunikativen Bindungen signalisiert, kann eine Kraft sein, um unsere Gesundheit wiederherzustellen. Das Einsam-sein-Können ist daher unbedingt zu schützen bzw. zu stärken. Mit anderen Worten: wir sollten möglichst nicht/wenig einsam sein, aber wir sollten, wenn wir es sind, unsere Einsamkeit auch bemerken und fühlen können.

1.3. Das Behandeln von Einsamkeit

Nachdem wir uns der Frage: Wie sollen wir Einsamkeit bewerten? zugewandt haben, können wir uns im folgenden der Frage widmen: Was können wir tun in bezug auf Einsamkeit? Der Erkenntnis verpflichtet, daß unser Einsamsein-Können bewahrt beziehungsweise befördert und unser Einsamsein abgewendet beziehungsweise abgeschwächt werden soll, stellen sich dabei zwei Fragen: (a) Was können wir tun, damit wir uns einsam fühlen können? und (b) was können wir tun, damit wir uns nicht einsam fühlen?

Zu (a): Das Einsamfühlen-Können setzt das Fühlen-Können voraus. Einsam können wir uns nur fühlen, wenn wir zum einen *empfindsam* sind, also allgemein Empfindungen sensibel wahrnehmen und ihnen nachspüren, sie nicht unterdrücken oder verdrängen. Zum anderen, wenn wir darüber hinaus uns und unseren Empfindungen gegenüber *ehrlich* sind und versuchen, auch die unangenehmen und schmerzhaften Empfindungen als solche zuzulassen, sie wahrzunehmen und zu ertragen.

Als innere Rahmenbedingung bedürfen wir dafür Zuversicht, Vertrauen in das eigene Selbst und Mut. Denn erst auf der Grundlage der Zuversicht, daß schmerzhafte Gefühle überwindbar sind, kann unser Selbstvertrauen erwachsen, daß auch wir sie ertragen können, und unser Mut gedeihen, uns ihnen zu öffnen. Diese Kraft, das eigene Leiden freiwillig zuzulassen, werden wir aber nur aufbringen können, wenn wir erkennen, daß unser Leid letztlich doch dem eigenen Wohl dient und es deshalb aus Selbstliebe auf uns nehmen. Die grundlegende Kraft für unsere innere Stärke ist also die Liebe zu uns selbst.

Als äußere Rahmenbedingung ist ein zeitweiliges Alleinsein anzunehmen und damit die Möglichkeit, sich in sich selbst zurückzuziehen, um die Empfindung verarbeiten zu können. Das Erleben von Einsamkeit wird ermöglicht durch die Zuwendung zu uns selbst und unserer Mitte, also über Konzentration und Kontemplation, nicht hingegen durch Ablenkung und Zerstreuung unseres Selbst, also nicht über Animation und Entertainment.

Zu (b): Das Erleben von Einsamkeit kann im Grunde nicht überwunden werden, indem wir es verdrängen, sondern nur, indem wir es verarbeiten. Denn das Fühlen des Mangels von guten kommunikativen Bindungen können wir zwar über das Einnehmen anderer Gefühlszustände kurzfristig überdecken - unsere Einsamkeit wird jedoch nur über das Aufheben des Mangels weichen.

Unser Einsamsein kann aus dem Mangel von kommunikativen Bindungen in bezug auf unsere Innenwelt und/oder Umwelt gründen. Damit zeichnen sich zwei Wege ab, um sie zu beheben: einer nach innen und/oder einer nach außen. Diese Lösungswege aus der Einsamkeit scheint Friedrich Nietzsche erkannt zu haben - tragisch berichtet er: "Ein tiefer Mensch braucht Freunde; es wär denn, daß er seinen Gott noch hat. - Und ich habe weder Gott noch Freunde -."[28]

Das Beheben des Mangels von guten inneren kommunikativen Bindungen kann erfolgen über die Kultivierung der Innenwelt. Diese Entfaltung des eigenen Selbst mag sich sowohl über das Eintauchen in das Selbst via Spiritualität, Meditation, Religiosität ergeben als auch über das Ausdrücken des Selbst via Kreativität. In beiden Fällen wirkt als die uns bewegende Kraft die Kraft der Liebe. Denn die liebevolle Beschäftigung mit sich selbst ist ein Zeichen eigener Wertschätzung.

Wird Einsamkeit aufgrund eines Mangels an guten kommunikativen Bindungen zur Umwelt entflammt, kann sie über soziale Kontakte erlöschen. Mit jeder zwischenmenschlichen Einheit schon kann das Gefühl des Abgetrenntseins überwunden werden - bereits in der geselligen Bekanntschaft, mehr noch in der herzlichen Freundschaft und unermeßlich in der intimen Liebschaft. Die Kraft, die uns in die zwischenmenschlichen Einheiten treibt, ist natürlich die Liebe -

---

[28]Herbert Werner Rüssel: Das Lob der rechten Einsamkeit. Zürich/Brüssel: Occident/Pantheon 1940, S. 44.

ganz im Sinne des Lew Tolstoi als "Streben der menschlichen Seelen nach Vereinigung"[29].

Es ist somit ein und dieselbe Kraft, die uns befähigt, Einsamkeit wahrnehmen zu können, sie zu ertragen und zu überwinden: die Liebe. Die Liebe überwindet unser Getrenntsein und erfüllt unsere Sehnsucht nach Einheit.[30] Sie ist mit Erich Fromm die Antwort auf das Problem der menschlichen Existenz.[31]

Fazit: Was also ist zu tun in bezug auf unsere Einsamkeit, jener uns allen gemeinsamen existentiellen Grunderfahrung? Wir können und sollten im Umgang mit Einsamkeit versuchen, uns innerlich zu öffnen und kontemplativ zu erleuchten, Liebe zu schöpfen und auszustrahlen - dann wird Einsamkeit bewältigt. Oder beschrieben, wie es Fjodor Dostojewskij so wundersam glückte: "Werden Sie eine Sonne, und alle werden Sie sehen. Eine Sonne muß vor allem eine Sonne sein."[32]

---

[29]Lew Tolstoi: Brief an Mahatma Gandhi vom 07.09.1910. In: Ein Lesebuch für unsere Zeit. Berlin: Aufbau Taschenbuch 1992, S. 604.

[30]Vgl. Fromm 1980, S. 43.

[31]Vgl. Fromm 1980, S. 17ff.

[32]Fjodor Dostojewskij: Schuld und Sühne. München: dtv 1990, S. 590.

2. Einsamkeit, Spiritualität, Liebe

2.1. Liebe als verbindende Kraft

Liebe ist also die Kraft zur Überwindung und Transzendierung von Einsamkeit - sowohl im Individuell-Privaten als auch im Gesellschaftlich-Politischen. Erich Fromm spricht von der *Kunst des Liebens* als einer erlernbaren Fähigkeit.[33] Wollen oder sollen wir etwas lernen, ist es hilfreich, sich den Lerngegenstand genauer vor Augen zu führen.

Im folgenden werden Phänomene der Liebe näher erläutert, die sich immer in kommunikativen Bezügen manifestiert, und es wird aufgezeigt, welche Zusammenhänge zwischen Privatem und Politschem möglich sind. Wie läßt sich unter den besonderen Bedingungen der Mediengesellschaft darauf achten, daß es nicht nur zur *Kommunikation* oder *Parakommunikation*, sondern ebenfalls - man möge ob des Begriffes, der auch im Religiösen verwandt wird, nicht erschrecken - zur *Kommunion* kommen kann? Schließlich wird versucht, auf die besondere Funktion hinzuweisen, die Fernsehen und Telefon für Liebe, Spiritualität und Einsamkeit haben.

Vom Wesen der Liebe: *Eros* und *Agape*

Zu Beginn unserer abendländischen Kulturgeschichte finden wir im Griechischen zwei Worte zur Bezeichnung von *Liebe*. Platon philosophiert über *Eros* als der entscheidenden Macht. Im Neuen Testament wird von *Agape* als der alles bewegenden Kraft gesprochen. Meist werden diese beiden Ausprägungen von *Liebe* als einander jeweils ausschließend verstanden.[34]

Im "Gastmahl" finden sich Sokrates und seine Schüler zu einem "Lehrforschungsprojekt" über das Wesen der Liebe zusammen. *Eros* wird als Entwicklungsweg in siebenfältigen Stufen gepriesen. Er ist der ehrwürdigste und älteste der Götter, der Sehnsucht nach Edlem verleiht und Abscheu vor

---

[33] Vgl. Fromm 1980, 17ff.

[34] Vgl. Eduard Lenz: Gelebte Zukunft. Briefe - Aufsätze - Dokumente. Stuttgart: Urachhaus 1982, S. 254f.

Laster bewirkt. Es wird unterschieden zwischen irdisch-körperlicher und himmlischer Liebe (davon ist der Begriff der "platonischen Liebe" abgeleitet). *Eros* wirkt als die universelle Kraft im Menschen und in den Naturgesetzen, die bei jedem Brückenschlag zwischen Gegensätzen wirksam ist und mit dem Willen der Götter in Einklang steht. Vom Mythos über den zweigeschlechtlichen (androgynen) Urmenschen wird berichtet, der in paradiesischer Seligkeit lebt, bis er sich gegen die Götter empört. Zur Strafe teilt ihn Zeus. Nun sucht jeder Mensch seine verlorene Hälfte und sehnt sich nach der Einheit himmlischen Glücks. Aber *Eros* lebt auch als göttliche Kraft in allem, was hoffnungsvoll, zukunftsträchtig keimend sich entwickeln will. Sokrates selbst weist darauf hin, daß *Eros* als die Sehnsucht nach vollkommener Güte und Schönheit dem Menschen zukommen müsse, damit er den Göttern gleiche. Zuletzt, als höchste Stufe, läßt Platon eine Frau, Diotima, mit seherischer Weisheit sprechen: Entzündet von der Liebe zu körperlicher Schönheit, entdeckt *Eros* die Schönheit aller Dinge, verehrt Tugend und Weisheit und erkennt die Vollkommenheit der Schöpfung. In vielerlei Gestalt ist so das Ziel des *Eros* die Schau der göttlichen Schönheit und Weisheit.[35]

Häufig dazu im Widerspruch gesehen, doch als weitere Steigerung denkbar, tritt im Neuen Testament *Agape* auf, das Gewahrwerden der göttlichen Liebe, die in den Menschen hineinströmen kann. In allem Irdischen spricht sich *Agape* aus (wenn hier von "allem" die Rede ist, wirft das die Frage nach der Bedeutung des Bösen in der Welt auf). Es bedarf keiner Worte, nur der aufmerksamen Wahrnehmung des offenen Herzens. Daraus kann eine innere Freude wachsen, die mit Genuß (d.h. sich etwas aneignend, es nur für sich gebrauchen) nichts zu tun hat. *Agape* schenkt, sie begehrt nicht. Sie weiß: indem sie schenkt, erhält sie auch selber das, was sie schenkt.

Agape kann in Geduld Entwicklung abwarten, da sie das Schicksal des anderen achtet. Sie "meckert und nörgelt nicht rum", sondern unterstützt durch Gesinnung und Tat das Du in seinem besten Bemühen. Dazu gehört auch anteilnehmende Kritik, denn Liebe und Freundschaft heißt nicht, zu applaudieren, wenn jemand Unrecht tut. Darüber hinaus verhilft *Agape* zu innerer Ruhe und Harmonie - nicht durch Abstumpfung der Sinne und Leidenschaften, sondern

[35]Vgl. Platon: Das Gastmahl. Stuttgart: Reclam 1992.

durch wache Aufmerksamkeit für das Göttliche im anderen, in der Welt und in uns selbst.

"Doch will ich euch den Weg weisen, der höher als alle anderen ist:
...Die Liebe macht die Seele groß...
sie treibt die Selbstsucht aus,
sie läßt nicht die Besinnung verlieren,
sie trägt niemandem Böses nach,
sie freut sich nicht über Unrecht,
sie freut sich nur mit der Wahrheit..."[36]

Fragen wir uns, welcher Art unsere Liebe ist, so mißt sich *Eros* an der Leidenschaft, an der Intensität des Begehrens, der Sehnsucht und der Bereitschaft, in Erregung und Ekstase Hindernisse um der Beziehung willen zu überwinden, selbst Schmerz zu ertragen.

"Ich bin so wild nach deinem Erdbeermund,
ich schrie mir schon die Lungen wund
nach deinem weißen Leib, du Weib
im Klee, da hat der Mai ein Bett gemacht,
da blüht ein schöner Zeitvertreib
mit deinem Leib die lange Nacht.
Da will ich sein im tiefen Tal
*dein Nachtgebet und auch dein Sterngemahl".*37

Agape spricht sich in gegenseitigem achtungsvollen Vertrauen aus, in dem Wunsch, sich selbst gegenüber ehrlich zu sein, damit die Beziehung wachsen und - außer an möglicher (aber nicht notwendiger) körperlicher Intimität - auch an seelisch-geistiger Nähe gewinnen kann. Vorherrschende Gefühle sind Klarheit, Unterstützung, Verständnis, Freude und Wohlbehagen.

---

[36]Das Neue Testament, 1. Korintherbrief 13, S. 436f.

[37]François Villon, Nachdichtung Paul Zech: Die lasterhaften Balladen und Lieder des François Villon. München: dtv 1963, S. 98.

"Abgewandt

Abgewandt
warte ich auf dich
weit fort von den Lebenden weilst du
oder nahe.

Abgewandt
warte ich auf dich
denn nicht dürfen Freigelassene
mit Schlingen der Sehnsucht
eingefangen werden,
noch gekrönt
mit der Krone aus Planetenstaub -

die Liebe ist eine Sandpflanze
die im Feuer dient
und nicht verzehrt wird -

Abgewandt
wartet sie auf dich -".[38]

Zum Menschsein gehören gewiß beide Formen der Liebe. Aber vielleicht wissen wir alle schmerzlich, daß die eine Art der "wahren" Liebe nicht notwendigerweise mit der anderen verbunden ist oder sich dahin entwickelt.

Zum Abschluß dieses Abschnitts können wir uns höchstens fragen: Wie, wann und wem gegenüber verzichten wir aus Furcht vor dem Unbekannten in uns und zwischen uns auf wirkliche Nähe und bedingungslose Liebe?

[38]Nelly Sachs: Fahrt ins Staublose. Frankfurt a.M.: Suhrkamp 1988, S. 322.

2.2. Liebe als politische Kraft - und ihr grausam verzerrtes Gegenbild

Die Kraft der Liebe ist nicht nur individuell unverzichtbar, um unsere im Menschsein immanent liegende Einsamkeit zu überwinden. Auch politisch ist sie möglicherweise der wichtigste Antrieb, um aus den Verstrickungen von Gewalt und Inhumanität herauszuführen. Dies jedenfalls ist die Botschaft großer Vertreter und Vertreterinnen des gewaltlosen Widerstandes. Wie sehr Liebe als Politikum begriffen werden muß, wird gerade im Kontrast zu der grausam pervertierten, teuflisch verdrehten und brutal instrumentalisierten "Liebeskraft" der Nationalsozialisten deutlich, die eine furchtbare Gewalttätigkeit zur Folge hatte, der alle wahre Menschlichkeit zum Opfer fiel.

a) Mahatma Ghandi, geboren 1869, ermordet 1948.

Mahatma Ghandi, die "Große Seele" Indiens, ist zutiefst überzeugt, daß Gewalt nie zur Wahrheit führt und Gerechtigkeit niemals auf Haß basieren kann.

Güte, Sanftmut, absolute Wahrhaftigkeit begreift er als mächtiger als jede weltliche Macht. Anstelle brachialer Gewalt will er nicht wissenschaftlich-technische Intelligenz einsetzen, sondern das *Herz*. Politischer Kampf wird möglich durch *Satyagraha*, unbeirrbares Sich-an-die-Wahrheit-Halten, vertrauend auf die Macht des Geistes, auf Wahrheit und Liebe, auf die Gotteskraft im Menschen.[39]

"*Und wenn ich auch besser denn je erkenne, wie fern ich dem Ziele noch bin, bleibt doch das Gesetz vollkommener Liebe für mich das Gesetz meines Daseins. Und jeder Fehltritt soll mein Streben stärker anspornen.*"[40]

"*Nicht-Gewalt ist eine Waffe der Starken. Beim Schwachen kann sie leicht zur Heuchelei werden. Furcht und Liebe sind widersprechende Begriffe. Liebe ist*

---

[39] Mahatma Ghandi: Handeln aus dem Geist. Freiburg: Herder 1993, S.14f.

[40] Ebd., S. 100.

tollkühn im Sichverschwenden, unbekümmert darum, was sie dagegen empfängt."[41]

Ghandi meditiert und lauscht fastend auf die Innere Stimme, die ihm wegweisend ist. Er ist bereit, selbst sein Leben zum Opfer zu bringen. Nicht um "Druck" zu machen, verbunden mit Vorwürfen, sondern:

"*Das Leben interessiert mich [Ghandi] nicht mehr, wenn nicht überall, in ganz Indien, in ganz Pakistan Frieden eintritt. Das ist der Sinn meines Opfers.*"[42]

So gelingt es ihm - ohne moderne Informations- und Kommunikationstechniken - 400 Millionen vor allem auf Dörfern lebende Inder in Bewegung zu bringen, das Britische Weltreich zu erschüttern und Indiens Unabhängigkeit den Weg zu bereiten.

b) Rudolf Höß, geboren 1900, gehenkt 1947.

Zeitgleich mit Ghandis gewaltlosem Wirken in Indien werden im nationalsozialistischen Deutschland unter Befehl des Kommandanten von Auschwitz 1,5 Millionen Menschen getötet, ohne daß dieser das Gefühl des Mordens hat. Höß' Handeln kann als prototypisch begriffen werden für die Perversion jeglichen Moralbegriffs, indem bestimmten Gruppen von Menschen die Menschenwürde abgesprochen und die eigene Gewissensstimme als "volkszersetzend" verurteilt wird. Sie soll sogar im Dienste eines vermeintlich höheren Ganzen überwunden werden.

Freiheit, Gleichheit und Brüderlichkeit - die großen Menschheitsideale, basierend auf der Achtung vor jedem Individuum - werden zertreten mit dem Satz: "Du bist nichts, Dein Volk ist alles." Und nur wer zur willkürlich definierten "Herrenrasse" gehört und sich bedingungslos dem ethischen Zerrbild

[41]Ebd., S. 113.

[42]Burghard Bartos: Abenteuer Menschenrecht. Mahatma Ghandi. Wien: Überreuter 1989, S. 74.

unterwirft, hat ein Recht auf Leben. Dies ist jedoch jederzeit absprechbar, wenn es dem "Führer" nicht mehr paßt. Im Dienste eines solchen "Führers" scheint die eigene Verantwortung - wie ein Opfer - aufgehoben. Die Seele ist verkauft um den Preis eines sicheren Platzes in einem klar definierten, eng begrenzten, diesseitigen Sinngefüge. Ich-Identität und Ich-Stärke müssen nicht mehr selbst erworben werden, sondern werden zugesprochen. So entsteht eine Geborgenheit unter Aufgabe des eigenen Ich, die Einsamkeit und Lebensangst nicht mehr spüren läßt.

Höß freut sich, statt nervenzermürbender Exekutionen mit dem Gas Zyklon B unblutige Massentötungen fabrikmäßig "sauber" vornehmen zu können.

"*Doch ich muß offen sagen, auf mich wirkten diese Vergasungen beruhigend, da ja in absehbarer Zeit mit der Massen-Vernichtung der Juden begonnen werden mußte, und noch war weder Eichmann noch mir die Tötung dieser zu erwartenden Massen klar. Durch Gas sollte es wohl sein, aber wie und was für ein Gas? Nun hatten wir das Gas und auch den Vorgang entdeckt. - Mir graute immer vor den Erschießungen, wenn ich an die Massen, die Frauen und Kinder dachte. Nun war ich doch beruhigt, daß uns allen diese Blutbäder erspart bleiben sollten, daß auch die Opfer bis zum letzten Moment geschont werden konnten.*"[43]

Der KZ-Kommandant erlebt brutalste Vernichtungsmethoden als recht und unumgänglich. Pflichtbesessen und autoritätsgläubig gelingt es ihm sogar, heimtückischen Mord an wehrlosen Kindern in die Tragik des Mörders zu verwandeln. Zum Versuch der Ausrottung des Volkes der Roma und Sinti "wie Ungeziefer" schreibt der Kommandant vor seiner Verurteilung nach Kriegsende:

"*...waren sie mir doch meine liebsten Häftlinge... Ihrem Leben und Treiben zuzusehen, wäre interessant gewesen, hätte ich nicht dahinter das große Grauen gesehen - den Vernichtungsbefehl, den in Auschwitz außer mir bis Mitte 1944 nur die Ärzte kannten. Diese hatten laut RFSS-Befehl [RFSS = Reichsführer SS] die Kranken, besonders die Kinder unauffällig zu beseitigen. Und gerade die hatten solch Zutrauen zu den Ärzten. Nichts ist wohl schwe-*

[43]Rudolf Höß: Kommandant in Auschwitz. München: dtv 1963, S. 126f.

rer, als über dieses kalt, mitleidslos, ohne Erbarmen hinwegschreiten zu müssen."[44]

Höß und die o.g. Ärzte bezogen ihr Selbstbewußtsein und ihre Weisung nicht aus der inneren göttlichen Gewissensstimme, sondern aus der Identifikation mit mörderischen Autoritäten.

Wie kann das zustande kommen? Plakativ benennt es der Psychoanalytiker Horst-Eberhard Richter mit einem Buchtitel: "Wer nicht leiden will muß hassen". Richter führt zu den Ursachen von Gewalt aus: Wer nicht leidensfähig und leidensbereit ist, eigene Schwächen und Einsamkeiten zu spüren, wahrzunehmen und zu zeigen, braucht Gewalt, um seine Identität zu finden.[45] Die Fähigkeit, mit eigenen Nöten umzugehen, Schmerzen auszuhalten, sich selbst mit Unvollkommenheiten anzunehmen - ohne sich darauf auszuruhen, aber auch ohne sich dafür zu bestrafen - ist existentiell notwendig, um lieben zu können. Leidens- und Liebesfähigkeit gehören zusammen.

Rechtfertigungsmechanismen, die Gewalt fördern, werden von dem Psychiater und Konfliktforscher Friedrich Hacker demaskiert:

"*Sie fühlen sich alle legitimiert, die Tyrannen und Herrscher, die Partisanen und Revolutionäre, sie alle dienen einem höheren Zweck, nur einem jeweils anderen: der legitimen Durchsetzung des Herrschaftsanspruches eines Herrenvolkes, der Befreiung des Vaterlandes, der Verhinderung weiterer unsinniger Greueltaten, der Demokratisierung und endgültigen Herstellung des Friedens und der Bekräftigung, daß derartiges in Zukunft nicht mehr möglich sein solle. Das abschreckende Beispiel wird zur Tradition, die Gewaltapotheose zur Gewohnheit und das 'nie wieder' zum 'Immer aufs neue'.*"[46]

---

[44]Ebd., S. 109 ff.

[45]Vgl. Horst-Eberhard Richter: Wer nicht leiden will muß hassen. Hamburg: Hoffmann&Campe 1993.

[46]Friedrich Hacker: Aggression. Die Brutalisierung unserer Welt. Frankfurt a.M./Berlin: Ullstein 1988, S. 68.

c) Dag Hammarskjöld, geboren 1905, gestorben bei einem Flugzeugabsturz 1961.

Der Schwede wurde 1953 zum Generalsekretär der Vereinten Nationen berufen und 1957 wiedergewählt. In seine Amtszeit fielen die Suezkrise und der Aufstand in Ungarn. Er setzte sich für die Respektierung der Menschenrechte in Laos und Südafrika ein und war besonders in den Unabhängigkeitsbestrebungen der afrikanischen Völker engagiert. Hammarskjöld starb bei einem bis heute ungeklärten Flugzeugunglück, als er versuchte, einen Waffenstillstand im Bürgerkrieg im Kongo (souverän 1960) zu erwirken. In seinen tagebuchartigen "Zeichen am Weg" finden wir:

"*Die Vergebung zerbricht die Ursachenkette dadurch, daß der, der - aus Liebe - vergibt, die Verantwortung auf sich nimmt für die Folgen dessen, was du tatest. Der Preis für deine eigene Befreiung durch eines anderen Opfer ist, daß du selber willig bist, auf die gleiche Weise zu befreien, ungeachtet des Einsatzes.*"[47]

Der Generalsekretär der UNO hat sein Leben lang um die Notwendigkeit liebevollen Handelns und die Bedeutung der Einsamkeit gerungen. Für ihn konnte sich letztere nur in der Freundschaft und in der Zwiesprache mit Gott auflösen. Auch die Wichtigkeit des Schweigens war ihm bekannt:

"*Schweigen ist der Raum um jede Tat und jede Gemeinschaft von Menschen. Freundschaft bedarf keiner Worte - sie ist Einsamkeit, frei von der Angst der Einsamkeit.*"[48]

Oder:

"*Verstehen - durch Stille.*
Wirken - aus Stille.
Gewinnen - in Stille."[49]

---

[47]Dag Hammarskjöld: Zeichen am Weg. München: Knaur 1965, S. 105.
[48]Ebd., S. 18.

Über den Zusammenhang zwischen Lieben, Leiden und Erkennen hat er nachgesonnen und sein persönliches und politisches Tun danach auszurichten versucht:

"Vielleicht wird eine große Freundschaft nie erwidert. Vielleicht würde sie, von dem Ergänzenden erwärmt und beschützt, niemals reifen. - Sie gibt uns nichts. Aber im Raum ihrer Einsamkeit führt sie zu Höhen mit weiten Einblikken."[50]

d) Martin Luther King jr., geboren 1929, Friedensnobelpreis 1964, ermordet 1968.

Der schwarze Pfarrer und Bürgerrechtler hat im Kampf für die Menschenrechte Entscheidendes für die Gleichberechtigung der farbigen Bürger in den U.S.A. bewirkt. Ausdrücklich beruft sich Martin Luther King auf Mahatma Ghandi (und Jesus Christus) als Vorbild. Für ihn gehören Religion und Politik zusammen.

"Im Mittelpunkt der Lehre vom gewaltlosen Widerstand steht das Gebot der Liebe. Jeder müßte Verstand und Moral genug haben, um die Kette des Hasses zu zerreißen. Das kann nur geschehen, wenn wir die Liebe zum Mittelpunkt unseres Lebens machen."[51]

"Die ganze Menschheit ist in einen einzigen Prozeß verwickelt, und alle Menschen sind Brüder. In dem Maße, wie ich meinem Bruder schade, ganz gleich, was er mir antut, in dem Maße schade ich mir selbst."[52]

Für King sind alle Menschen, die die Menschenwürde anderer nicht achten, krank. Sein gewaltloser Widerstand ist gegen die Macht des Bösen gerichtet,

---

[49]Ebd., S. 70.
[50]Ebd., S. 31.
[51]Martin Luther King: Der Traum vom Frieden. Gütersloh: Mohn 1991, S. 29.
[52]Ebd., S. 34.

nicht gegen die Personen, die Böses tun. Er will seine Gegner nicht vernichten oder demütigen, sondern ihr Verständnis und ihre Freundschaft gewinnen. Im Zeitalter der Gleichschaltung durch Massenmedien und Massenkonsum fordert er Individualität: die Fähigkeit zu eigener, selbstverantworteter Entscheidung:

"Und ich rufe alle Menschen guten Willens auf, nicht-angepaßt zu sein, weil es sehr wohl sein könnte, daß die Rettung unserer Welt in den Händen der Nicht-Angepaßten liegt."[53]

e) Dalai Lama, geboren 1935, Friedensnobelpreis 1989.

Der Dalai Lama ist das nach der gewaltsamen chinesischen Annexion Tibets 1950 im Exil lebende geistige und politische Oberhaupt seines Volkes. Als Sohn eines Bauern wurde er mit zwei Jahren als 14. Reinkarnation des tibetischen Schutzgottes entdeckt. Zu seinen Studien gehören Metaphysik, Religionswissenschaften, Mystik und Naturwissenschaften. Intensive Meditation in Stille und Abgeschiedenheit ist fester Bestandteil seines Alltags. Weltweit ist er ob seiner geistigen Autorität bekannt, die sich durch große Bescheidenheit auszeichnet. In der von ihm vertretenen Politik der Güte weiß er, daß für den, der Macht und Geld hat, die Wahrheit häufig etwas ist, dem man keinen großen Wert beimißt. Aber trotz aller Gehirnwäsche und Greueltaten bleibt die Wahrheit immer die Wahrheit. So ist Gewaltlosigkeit für ihn zwar oft ein langsamer, aber sehr wirkungsvoller Prozeß gegenüber den Waffen der Supermächte. Mahatma Ghandi sieht er als wegweisende Persönlichkeit, der die alte hinduistische Philosophie der Gewaltlosigkeit mit Erfolg in die moderne Politik einführte.
Unser persönliches Glück erkennt der Dalai Lama als abhängig vom Glück aller Lebewesen[54]:

---

[53]Ebd., S. 47.

[54]Vgl. Dalai Lama: Eine Politik der Güte. Hrsg. v. Sidney Piburn. Olten: Walter 1992; Dalai Lama: Das Buch der Freiheit. Die Autobiographie des Friedensnobelpreisträgers. Bergisch Gladbach: Bastei Lübbe 1993.

"*Wahres Glück entsteht nicht aus der beschränkten Sorge um das eigene Wohlbefinden oder dasjenige derer, denen man sich nahe fühlt, sondern aus der Entwicklung von Liebe und Mitempfinden für alle fühlenden Wesen. Liebe bedeutet hier der Wunsch, daß alle fühlenden Wesen glücklich werden sollen, und Mitgefühl bezeichnet den Wunsch, daß sie von Leid frei sein sollen.*"[55]

In der von ihm mit dem Geld des Friedensnobelpreises initiierten "Tibetischen Stiftung für universelle Verantwortlichkeit" werden gewaltlose Methoden in aller Welt unterstützt, sollen die Kommunikation zwischen Religion und Wissenschaft verbessert, Menschenrechte und demokratische Freiheiten gesichert werden. Und - noch einen Schritt weiter - es werden damit Projekte zur Bewahrung und Wiederherstellung "unserer kostbaren Mutter Erde gefördert".[56] Denn die Achtung vor dem Gegenüber - seien es Mensch, Tier, Pflanze, Erde oder Kosmos - macht uns selber erst zum Menschen.

Sind wir gebunden durch eigene Erfahrungen, an eigene Bedürftigkeiten oder angepaßt an die Vorstellungen äußerer Autoritäten, die wir nicht durch die Stimme unseres Gewissens überprüfen können (sei es aus Angst oder weil wir nicht darin geübt sind, diese Stimme zu hören), so gelingt es uns kaum, dem "hic et nunc", dem Hier und Jetzt gerecht zu werden.[57] Frei und schöpferisch handlungsfähig sein bedeutet - mit den Worten des Naturwissenschaftlers Georg Kühlewind -, etwas Neues zu beginnen, "trotz allem, was rational, sinnvoll begründet ist, trotz allem, was aus anderem ist als aus Liebe".[58]

Seinerzeit sprach Martin Luther bei der Verteidigung seiner Thesen zur Reformierung der Kirche - die schließlich deren Spaltung und die Entstehung der evangelischen Kirche bewirkte: "Hier stehe ich, ich kann nicht anders", als man ihn der Gotteslästerung beschuldigte. Heute können wir bei jedem Akt der Zivilcourage, der Liebe sagen: "Hier stehe ich, ich könnte auch anders", nämlich wegschauen, mich "verdrücken" oder anpassen. Liebe läßt alle Berechnungen außer Betracht, überschreitet jedes Gesetz und verwirklicht es so.

---

[55]Dalai Lama 1992, S. 112f.

[56]Ebd., S. 145f.

[57]Vgl. Rudolf Steiner: Die Philosophie der Freiheit. Stuttgart: Behrendt 1947.

[58]Georg Kühlewind: Die Wahrheit tun. Erfahrungen und Konsequenzen des intuitiven Denkens. Frankfurt a.M.: Fischer 1985, S. 108.

Das bedeutet: Nur in Freiheit von eigener innerer oder von außen herangetragener Bedürftigkeit können wir Liebe - *Agape* - das allgemein übergeordnete Gesetz von Liebe und Wahrhaftigkeit, Ghandis *Satyagraha* verwirklichen.

2.3. Liebe - Sexualität - Gewalt - Spiritualität

Liebe erweist sich als die entscheidende Kraft, um individuell und kollektiv die Gräben des Mißtrauens und der Mißachtung zu überwinden. Sie kann uns aus der Einsamkeit, der "abgetrennten Existenz"[59] heraus zum Du führen. Was bringt Liebe jedoch in so engen Zusammenhang mit sexueller Perversion und Gewalt? Als Erwachsene sind wir selten so berührbar wie in den Augenblicken erotischer körperlicher und seelischer Intimität. Nachdenklich macht, daß die Sprache der sexuellen Liebe häufig dem Wortschatz des Krieges entnommen ist. Wir sprechen z. B. von "Eroberung" oder "Aufreißen". Als besonders abschreckendes Beispiel die Aufforderung zu einer Massenvergewaltigung: "Präsentiert das Gewehr."[60] Was liegt dem zu Grunde? Was führt Liebe und Gewalt zusammen? Auch hier läßt sich in unserem Rahmen nur andeuten: In Liebe wie im Tod erfüllt sich Intimität, existentielle transzendente Begegnung.[61]

Wir wissen, daß es zu körperlich-sexuellen Reaktionen bei Gewalttaten kommen kann. Menschenverachtend wurde dies im Vietnamkrieg dadurch benutzt, daß junge amerikanische Soldaten vor dem Einsatz Gewaltpornos gezeigt bekamen, um sie in ihrer Triebstruktur so aufzustacheln, daß sie sich im Kampf leichter über Gewissens- und Mitleidsregungen hinwegsetzen sollten.[62]

Die Sehnsucht des Menschen nach Intimität und Transzendenz, wie sie sich im Orgasmus seelisch-geistig erfüllen kann, drückt sich einerseits in unserem Wunsch nach Bindung, Liebe und Leben aus, andererseits in der Faszination,

---

[59]Vgl. Fromm 1980.

[60]Zeugenaussage vor Gericht während Gutachtertätigkeit der Autorin.

[61]Vgl. Doris Janshen: Liebe. Zur politischen Dimension eines Gefühls. Universitas. Zeitschrift für Wissenschaft, Kunst und Literatur, Heft 6/1988, S. 668-680.

[62]Persönliche Mitteilung amerikanischer Soldaten an die Autorin.

die Haß und Tod haben können.[63] Manche Gewalttäter benennen es sogar, daß sie im langsamen sadistischen Quälen und Töten ihrer Opfer erkennen wollten, was das Leben sei. In Höß' autobiographischen Aufzeichnungen finden sich hierzu Anklänge, wie auch in den Berichten der Massenmedien von jungen Menschen, die Obdachlose, Ausländer oder Behinderte "klatschen" wollen. Etwas davon begegnet uns in manchen dunklen spirituellen Bewegungen, in denen Sexualität kultisch eingesetzt wird, um transzendente Kräfte zu erlangen.[64]

Viel alltäglicher ist jedoch sexuelle Gewalt im Geschlechterverhältnis. Das besonders Schlimme an gewaltsamen sexuellen Handlungen ist, daß im Moment größter seelischer Offenheit, im körperlichen Liebesakt, keine Achtung und keine Freiheit herrscht. Bei einer Vergewaltigung erscheint der Mann von seiner Triebbedürftigkeit in menschlicher Würdelosigkeit "übermannt" und handelt deshalb unfrei gemäß einer negativen Vorstellung von sich selbst. Die Frau wird nicht mehr persönlich gemeint, sondern nur als Mittel zur Triebbefriedigung benutzt - wie eine lebendige Gummipuppe.

So wird die Sehnsucht nach existentieller Wesensbegegnung grausam verzerrt. Das innerliche Erschrecken ob der eigenen unmenschlichen Brutalität ist kaum ertragbar. Deshalb kommt es zu "flotten Sprüchen", zu Verdrängungen, schlimmstenfalls zu Kompensierungsversuchen, indem durch Wiederholungstaten das Unfaßbare wieder normalisiert werden soll.[65] Solche Berührung zwischen Liebe, Gewalt, Intimität und Sexualität hat sich exemplarisch auch bei dem Kindermörder Jürgen Bartsch - einem zutiefst einsamen Menschen - dargestellt.[66] Dieselben Mechanismen gelten für sexuelle Gewalt, die von Frauen oder gegenüber Kindern ausgeübt wird.[67] Dennoch:

"*Obwohl es vielen Menschen einzusehen schwerfällt, liegt die Triebkraft zum Sexuellen nicht in der Sexualität selbst, und nicht in der Vorstellung eines*

---

[63] Vgl. Janshen 1988.

[64] Vgl. Flensburger Hefte 33, 6/1991: Destruktive Kulte, Schwarze Magie, Sexualmagie.

[65] Vgl. Janshen 1988; eigene Erfahrungen aus der Psychotherapie von psychisch kranken Sexualstraftätern; vgl. Arno Gruen: Der Verrat am Selbst. München: dtv 1986.

[66] Alice Miller: Am Anfang war Erziehung. Frankfurt a.M.: Suhrkamp 1983; dies.: Du sollst nicht merken. Frankfurt a.M.: Suhrkamp 1983.

[67] Vgl. Flensburger Hefte, Sonderheft 1, 1991: Partnerschaft und Ehe.

Genießens, sondern in der Suche nach einem Menschen. Im Suchen nach einem Menschen, der die Einsamkeit des Suchenden aufheben kann, der das Gefühl des Alleinseins, der Zusammenhanglosigkeit vertreiben kann. Noch in dem unpersönlichsten Geschlechtsakt ist dieses Motiv zu entdecken."[68]

Selbst hinter der Benutzung von Video-Peep-Shows, Telefongesprächen oder Fernsehfilmen als Masturbationshilfen steht die arg verkrüppelte Sehnsucht nach liebevoller Annahme durch ein Du, oftmals kaschiert hinter einem vermeintlich als entscheidend gesehenem starkem Triebdruck - wie langjährige psychotherapeutische Beratungspraxis und die Therapie psychisch kranker Sexualstraftäter zeigen. Die Tragik aller Ersatzhandlungen für die körperlich-seelisch-geistige Wesensbegegnung liegt darin, daß sie die eigentliche Sehnsucht nie stillen können und die entstehende schmerzhafte Leere vor sich selbst und anderen bemäntelt, kaschiert, negiert wird - werden muß, wenn wir nicht in der Lage sind, unsere Einsamkeit zu begreifen, zu bewerten und zu behandeln. Hören wir nicht auf den "unbewußten Gott"[69] in uns, so spricht und handelt der "unbewußte Teufel" durch uns.

2.4. Kommunikation - Parakommunikation - Kommunion

Welche Möglichkeiten der Kommunikation hat nun der Mensch, um aus der Einsamkeit herauszutreten und die Begegnung von Ich und Du zu leben? Grob läßt sich zwischen drei prinzipiell verschiedenen Arten von Kommunikation unterscheiden:

Kommunikation kann verstanden werden als der reale verbale und/oder nonverbale Austausch zwischen lebendigen Menschen und - im erweiterten Sinn - zwischen Mensch, Tier, Pflanze, Erde, Kosmos.[70]

---

[68]Georg Kühlewind: Vom Normalen zum Gesunden. Stuttgart: Freies Geistesleben 1986, S. 151f.

[69]Vgl. Viktor E. Frankl: Der unbewußte Gott. Psychotherapie und Religion. München: dtv 1994.

[70]Hier geht es nicht um die derzeitige Diskussion der Konstruktivismustheorie in den Kommunikationswissenschaften, sondern um die im folgenden vorgenommenen Abgrenzungen zu Parakommunikation und Kommunion.

Parakommunikation hingegen ist einseitig initiierte und/oder durch entsprechende Angebote bewirkte Kommunikation zwischen einem lebendigen Menschen mit einem pseudorealen, medial und/oder technisch vermittelten Gegenüber. "Para" kommt aus dem Griechischen und bedeutet - wertfrei - "neben". Wir können neben den Menschen unseres realen sozialen Netzes parasozial die Familien der 'Lindenstraße', Talkshowstars, Johann Wolfgang v. Goethe, Mikkey Mouse oder den Terminator in unseren Bekanntenkreis miteinbeziehen, um uns parakommunikativ mit ihnen zu unterhalten. Durch die technische Produktion und Vermittlungsmöglichkeit unseres Gesprächsgegenübers, das durch Fernsehbilder zusätzlich lebendig scheint, erleichtern sich für viele Menschen parakommunikative Beziehungsformen, die beliebig verfügbar sind und zudem auch noch räumlich und zeitlich versetzt genutzt werden können.

Bei der technischen Schaffung virtueller Realitäten durch Cyberspace bzw. interaktives Fernsehen werden noch komplexere Wirklichkeits- und Beziehungsmöglichkeiten bewirkt. Hierzu ein Hinweis: Auch in der Auseinandersetzung mit der oft gruselig-wohligen Spannung von Science-Fiction-Literatur und -Filmen tritt die Sehnsucht des Menschen nach Wirklichkeiten zutage, die sich jenseits des handfest Irdischen, mit unseren gewöhnlichen Sinnen Wahrnehmbaren, befinden und mit denen man ins Gespräch kommen will. Die technischen Möglichkeiten unserer Zeit können diesen ersehnten Austausch mit einer geistigen Welt, die sich nach menschlichem Willen materialisiert, medientechnisch "para-geistig" verwirklichen.[71] Wie Technik an sich, ist auch dies zunächst wertneutral. Es liegen darin große Chancen und große Gefahren.

Kommunion ist der Begriff für die sakramentale Begegnung mit dem Göttlichen. Gewöhnlich verstehen wir in unserem christlichen Kulturkreis darunter das Sakrament des Heiligen Abendmahls. Je nach erfolgter Sozialisation durch Kirche und religiöse Angebote kann dieses Wort vielfältige Empfindungen auslösen, durch die Distanzierung vieler Menschen von den traditionellen Kirchen häufig auch sehr ablehnende. Andererseits leben wir in einer Zeit (Stichwort "New Age"), in der zunehmend eine mehr oder weniger bewußte Auseinandersetzung mit Religiösem und Spirituellem erfolgt.[72]

---

[71] Vgl. Heinz Buddemeier: Leben in künstlichen Welten. Stuttgart: Urachhaus 1993.

[72] Vgl. DER SPIEGEL Nr. 52, 26.12.1994: Die Flucht ins Spirituelle. Sehnsucht nach Sinn.

Betrachten wir den Wortsinn: "Communio" ist lateinisch und bedeutet Verbindung, Aufhebung von Dualität (im mehrfachen Sinn des Wortes), Begegnung, bei der etwas Drittes entsteht.[73] Martin Buber definiert das sehr exakt: Es gibt Ich-Es-Beziehungen, bei denen das Ich beobachtet, behandelt und getrennt ist. In der Ich-Du-Beziehung begegnen wir hingegen unserem Gegenüber (Mensch, Tier, Pflanze, Erde, Kosmos) als gleichwertig; es kommt zu einer wirklichen Wesensbegegnung. In dem Maße, wie dieses in existentieller Intimität und Transzendenz geschieht, entsteht ein Drittes, ein "Zwischen". Dieses Dritte besitzt über die Realität der-sich-Begegnenden hinaus eine eigene, sehr wirksame Wirklichkeit.[74] Wann kann solch eine "communio" möglich werden? Seit dem "Kleinen Prinzen" von Antoine de Saint-Exupéry wissen wir: "Man muß mit dem Herzen sehen."[75]

2.5. Die Kraft des Schweigens und des inneren Sehens

Liegt hier die Bedeutung von "Schweigen" und "Innerem Sehen"? Kann Wesensbegegnung ohne Worte zustande kommen, ohne visuelle Kontaktaufnahme? Wie läßt sich das Unhörbare hinter den Worten hören und verstehen? Gibt es ein Sehen, das auch bei Blindheit oder in absoluter Dunkelheit möglich ist?

Mit dem Germanisten Rainer Patzlaff betrachten wir das Phänomen des Verstummens. Alle vorhandenen Worte schienen nach Auschwitz abgegriffen und mißbraucht. Deutschsprachige Lyriker und Lyrikerinnen entdeckten, daß im Schweigen eine besondere Kraft liegen kann, wenn sie für das furchtbar Erlebte keine Worte mehr wußten, die ihnen wahrhaftig genug klangen. Beispielhaft steht dafür ein Gedicht von Marie Luise Kaschnitz, für die das Verstummen schmerzlich notwendig wird, um überhaupt noch eine sinnvolle Aussage machen zu können.[76]

---

[73]Vgl. Barbara Mettler-v.Meibom: Pflanze - Tier - Mensch. Eingebundensein und Verantwortung in der Mediengesellschaft. In: Helga Egner (Hg.): Tier - Pflanze - Mensch. Eingebundensein und Verantwortung. Hamburg: Walter 1993.

[74]Vgl. Martin Buber: Das Dialogische Prinzip. Heidelberg: Lambert Schneider 1984.

[75]Antoine de Saint-Exupéry: Der kleine Prinz. Düsseldorf: Karl Rauch 1966.

[76]Vgl. Rainer Patzlaff: Sprachzerfall und Aggression. Geistige Hintergründe der Gewalt und des Nationalismus. Stuttgart: Freies Geistesleben 1994, S. 60 ff.

"Schluß

Dein Gedicht
Schlag es dir in den Hals
Bring dich zum Schweigen

Wenn du redest geht dir nicht ein
Was die andern zu sagen haben

Das Ohneich
Das Ohnedu
Das Ohnewann
Das Ohnewo

Die Maschine
In der man es manchmal
Knirschen hört

Schluchzen nicht mehr.
Nur die Handvoll Mensch im Getriebe.
Schweig."[77]

"Ihr stummer Schrei, ihr unsägliches, unaussprechliches Leid wird in der Stille laut, in einer Stille, die sich selbst erst herstellen muß, indem sie den eigenen Rededrang zum Schweigen bringt."[78]

Hier wird Wortlosigkeit nicht als Leere erlebt. Damit ein neues Hören möglich sein kann, wird darauf verzichtet, mit unzureichenden Worten eigene Meinungen und Empfindungen auszudrücken.

---

[77]Marie Luise Kaschnitz zitiert nach Patzlaff 1994, S.62.
[78]Patzlaff 1994, S.63

Voraussetzung dafür ist natürlich, daß wir um diese Innenwelt wissen, sie bekennen, bewerten und so behandeln, daß wir auf ihre Mitteilungen verzichten, weil es uns um etwas anderes, Höheres, geht. Ein solcher Umgang mit dem Wort - durch das Lauschen nach Innen auf eine höhere Wahrhaftigkeit - ist Vorbedingung für eine "communio", die Begegnung mit Geistigem in Wahrheit und Liebe. Ghandi sprach von seiner Inneren Stimme, deren Sprache er verstehen wollte, damit sie ihm Weisung geben könne.

Daß aus solcher Haltung, aus solcher "Kommunion", trotz Angst, Not und Gefahr eine moralische Kraft entstehen kann, die stärker ist als bestehende politische Gewalt, hat sich in der nach dem Historiker Golo Mann "freudigsten Revolution der Geschichte" 1989 in der DDR gezeigt. Bei riesigen, oftmals schweigenden Massenversammlungen (bis zu einer Million Menschen in Ost-Berlin) konnte äußerste Disziplin und Friedfertigkeit gewahrt werden.[79] Welche inneren Nöte müssen wahrgenommen, ausgehalten, vor sich selber bekannt worden sein, damit bei aller dramatischen Spannung ein so wirksamer gewaltloser Widerstand und solches Vertrauen möglich wurden? Ohne charismatische Identifikationsfigur an der Spitze der Bewegung, wie es seinerzeit Mahatma Ghandi in Indien oder Martin Luther King jr. in den U.S.A. waren, sondern durch den Zusammenschluß vieler Einzelner, Nichtangepaßter!

Auch der Schriftsteller Vaclav Havel, jetziger Präsident von Tschechien, war trotz Unterdrückung, Verfolgung und vielfacher Haftstrafen davon überzeugt, daß Wahrheit und Liebe siegen würden. Vaclav Havel behielt recht.[80]

Gleichfalls aus unserer Gegenwart berichtet Jaques Lusseyran, der blinde Professor für Philosophie und französische Literatur, was es mit einem Sehen ohne funktionierendes Sinnesorgan auf sich haben könne. Wie es für ihn als junger Mensch bei seiner Tätigkeit in der französischen Resistance als Blinder möglich war, die moralischen Qualitäten anderer farbig sehend wahrzunehmen, lesen wir in seiner weitbekannten Autobiographie "Das wiedergefundene Licht".[81] Wie wichtig ist es ihm deshalb, in seiner Lehrtätigkeit nach dem Krieg auf die Gefahren "einer Verschmutzung des Ich" hinzuweisen! In der Beobachtung und Teilhabe an unserer Medien- und Konsumgesellschaft erlebte er unse-

---

[79]Vgl. ebd., S. 65.

[80]Siehe auch Vaclav Havel: Versuch in der Wahrheit zu leben. Reinbek: Rowohlt 1989.

[81]Jaques Lusseyran: Das wiedergefundene Licht. Hamburg: Siebenstern 1971.

ren Innenraum, unser *Ich* als "tödlich" bedroht durch die Krankheit der Nicht-Kommunikation, durch Leistungswettbewerb und Konsumorientierung, die nur zur "Ego"-Befriedigung unserer Bequemlichkeit und Lust dienen. Ohne Muße, Kontemplation, die Fähigkeit zu stillem, besinnendem Innehalten, wird unser Inneres zu einem Durcheinander von Bildfetzen, Bruchstücken von Worten, Tönen, Wünschen, die nicht mehr die eigenen sind, sondern die von anderen, durch von uns genutzte bzw. uns "berieselnde" Medien pausenlos in uns hineingelegt werden.[82]

Auch Lusseyran war im Konzentrationslager in Buchenwald. Obwohl blind, überlebte er und berichtet (wie Victor Frankl, der "Vater" der Logotherapie): Nur die konnten überleben, die ihren persönlichen Sinn, ihr Selbstbewußtsein nicht an Äußerem festmachen mußten, denn alles äußerlich Persönliche wurde von den SS-Schergen ausradiert bis hin zur Desinfektion wie ein Stück Vieh und zur demütigenden Schur aller Körperhaare. Selbst Menschen, die lange miteinander vertraut oder sogar verwandt waren, konnten sich gegenseitig nicht mehr erkennen. [83] Es brauchte das Hören auf die Innere Stimme in uns selbst und im Gegenüber, das Sehen höherer Qualitäten, um einen inneren Halt zu entwickeln, der Überleben möglich machte. [84] Die brutalen Haftbedingungen und Vernichtungsmechanismen waren für alle gleich. Doch einige konnten überleben.[85] Und manche von denen, die dennoch physisch starben, leben durch ihre Aufzeichnungen und Bekenntnisse weiter unter uns, "so daß derjenige, der nach ihnen kommt, nicht ganz von neuem anfangen muß und es nicht mehr so schwer hat."[86]

Anne Frank - die 15jährig im KZ Bergen-Belsen im März 1945 kurz vor der Befreiung starb - gibt auch heute noch durch ihr Tagebuch (das in 50 Sprachen

---

[82]Jaques Lusseyran: Gegen die Verschmutzung des Ich. Stuttgart: Freies Geistesleben 1972.
[83]Persönliche Mitteilung Überlebender an die Autorin anläßlich der 50-Jahres-Feier zur Befreiung des KZ Auschwitz im Januar 1945.
[84]Vgl. Lusseyran 1971.
[85]Vgl. Victor E. Frankl: Trotzdem Ja zum Leben sagen. München: dtv 1992.
[86]Vgl. Etty Hillesum: Das denkende Herz. Tagebücher 1941-43. Reinbek: Rowohlt 1985.

übersetzt wurde und zu den meistgelesenen Büchern der Welt gehört[87]) vielen Menschen bei ihrer Sinnsuche Hilfestellung.[88]

Zusammenfassend läßt sich sagen, daß die Sehnsucht des Menschen nach einer das handfeste Äußere überschreitenden Wesensbegegnung, der Wunsch nach Geborgenheit im anderen und in einem höheren Sinngefüge in der Bedeutung von "communio", offen, verdeckt, unterschwellig, verzerrt in allen Formen der Kommunikation wahrnehmbar sein kann für den, "der mit dem Herzen sucht".[89]

Parakommunikation, parasoziale Beziehungen, virtuelle Realitäten sind per se Möglichkeiten des Kontaktes. Sie werden dann zur Gefahr, wenn sie Ersatzfunktion haben, nicht ich-gesteuert sind und wenn nicht gleichzeitig die Fähigkeit zu innerem Besinnen, zum Stillwerden geübt wird.

Die übergeordnete politische Verantwortung für die Gestaltung von Arbeit, Familie, Alltag und Erziehung verlangt ein Bewußtsein für die enorme Verführungskraft aller technischen Kommunikationsmöglichkeiten, wenn sie machtpolitisch oder konsumorientiert zur Lustbefriedigung eingesetzt werden. Denn im Gegensatz zu den manipulierenden und faszinierenden medientechnischen Möglichkeiten, verlangt jede ich-gesteuerte Begegnung höchste eigene Wachsamkeit und Aktivität. Das scheint zunächst oft unbequem und anstrengend, führt bei Gelingen jedoch zu "communio", zu innerer Freude und Freiheit.[90]

---

[87]Vgl. Hayke Lamwert: Ich will fortleben nach dem Tode. WAZ v. 13.06.1992, Sonntagsbeilage.

[88]Anne Frank 1961/1994, vgl. die Tagebucheintragung vom 20.09.1942 von Etty Hillsesum (deportiert aus Holland nach Auschwitz am 07.08.1943, gest. in Auschwitz am 30.11.1943) zur selbstgestellten Frage, worauf es für sie in diesem Leben ankommt, das sie sinnvoll findet, trotzdem sie weiß, daß die totale Vernichtung aller Juden durch die Nationalsozialisten geplant ist:

"Treu sein im umfassendsten Sinn des Wortes, sich selber treu zu bleiben, Gott und seinen eigenen besten Augenblicken treu zu bleiben. Und wo meine Treue noch wachsen muß, und wo ich am meisten versage: dem Treu zu sein, was ich mein schöpferisches Talent nenne, so gering es auch sein mag" (Etty Hillesum 1985, 193).

[89]A.K.J. Wiedemann: Werke, Wirksamkeit und Offenbarung des Ich. Breslau: Arno Ullrich 1936.

[90]Vgl. Kühlewind 1986; Steiner 1947.

Nichtsprechen-Verstummen, Nichtsehen-Blindheit können besondere Wahrnehmungsfähigkeiten freisetzen. So ist Lusseyran gerade auch durch seine Blindheit in die Lage versetzt worden, die Phänomene der Liebe - auch in der Geschlechterbeziehung - in ihren vielfältigen Facetten subtil zu erkennen.[91]

2.6. Ausblick

Morgens, mittags, abends und zwischendurch können wir täglich in Nachrichtensendungen hören, was für uns in der Welt wichtig sein soll. Die Regelmäßigkeit der Sendungen erinnert an die Gebetszeiten in Klöstern für das als grundlegend betrachtete Gespräch mit Gott...

Ein familiäres Ritual - abends oder am Sonntag wurde in der Bibel gelesen, um so Kraft und Weisung für die Alltagsbewältigung zu erhalten - hat sich hingegen weitgehend verloren. Obwohl es in manchen religiösen Gemeinschaften wieder Ansätze für neue Rituale gibt, gehen wir möglicherweise - wie Victor Frankl meint - "nicht auf eine universale, vielmehr auf eine personale - eine zutiefst personalisierte Religiosität zu. Aus ihr heraus findet jeder zu seiner persönlichen, seiner eigenen, seiner ureigensten Sprache, wenn er sich an Gott wendet".[92]

Meist jedoch müssen wir heute aufpassen, daß der Fernseher und andere Medien nicht den Platz des Hausaltars einnehmen, nach dem alles wie zum Allerheiligsten in der Kirche hin ausgerichtet ist.

Unsere islamischen MitbürgerInnen versuchen, oftmals unter Schwierigkeiten, ihre Gebetszeiten in unseren Arbeitsalltag zu integrieren. Die Sabbatruhe - "nichts ist los" - wird von gläubigen Juden zur inneren Einkehr eingehalten. Unser Sonntag - "langweilige Friedhofsruhe" - kann festlich zur lebendigen Begegnung mit uns selbst, der Familie und Freunden, vielleicht auch zum Gottesdienst genutzt werden.

Wenn wir uns einsam fühlen und keinen eigenen Sinn finden, bieten Telefon und Fernsehen mögliche Ablenkung von innerer Leere und können dadurch

---

[91] Jaques Lusseyran: Bekenntnis einer Liebe. Stuttgart: Freies Geistesleben 1994.

[92] Victor E. Frankl: Das Leiden am sinnlosen Leben. Psychotherapie für heute. Wien: Herder Spektrum 1991.

vielleicht vorübergehend sogar lebensrettend sein. Dennoch kann Ich-Stärke bedeuten, die "Glotze" abzuschalten und statt zu telefonieren sich auf den Weg zu machen oder einen Brief zu schreiben. Genauso kann es Ich-Stärke zeigen, wenn wir Medien gezielt und bewußt zur Information und Unterhaltung nutzen! Haben wir vor dem "technischen Teufelszeug" Angst, ist dies Ausdruck eines schwachen Ichs.

Deswegen muß im Umgang mit technischen Medien in unserer Mediengesellschaft bedacht werden, daß wir nicht mit Ich-Stärke geboren werden, sondern sie uns erst im Verlauf von Kindheit, Jugend und Erwachsenenalter erwerben. So ist zu überlegen, was wir unseren Kindern und Jugendlichen zumuten können. Zu denken kann vielleicht geben, daß kein Erwachsener einem Dreijährigen oder auch Zehnjährigen zumuten würde, einen 20 kg schweren Koffer zu schleppen, weil die körperliche Stärke in diesem Alter entwicklungsbedingt noch nicht ausreicht. Wir wissen bei körperlicher Schwäche von vielfältigen heilgymnastischen Übungen zur Kräftigung des kindlichen Körpers. Dazu gehört nicht, daß wir den Drei- oder Zehnjährigen jeden Tag über Stunden 20 kg stemmen lassen. Analoges gilt für "mediale" Zumutungen.

Auch bedarf der Erwerb von Ich-Stärke im Umgang mit sich und der Welt gewisser Voraussetzungen. Kinder müssen ihre Umwelt, die Menschen um sie herum, liebevoll mit allen Sinnen und ihren sich entwickelnden Fähigkeiten gemäß erfahren und erkunden dürfen. Echte, lebendige Kommunikation mit "echter" (nicht virtueller!) lebendiger Realität ist Voraussetzung für die Erfahrungen des Geborgen- und Aufgehobenseins, die "communio" mit Mensch, Tier, Pflanze, Erde und Kosmos.[93] Wenn das glückt, bieten Formen der Parakommunikation, bieten parasoziale Beziehungen keine Gefahr, sondern können sogar mit ihrem zurechtgerückten Stellenwert anregend und bereichernd sein.

Wie schwierig und gefährdet dies jedoch ist, erleben wir tagtäglich überall in unserer Gesellschaft.[94] Vielleicht geht es nicht darum, mit der Medienerziehung

---

[93] Vgl. Mettler-v.Meibom 1994.

[94] Vgl. Herbert Rosendorfer: Briefe in die chinesische Vergangenheit. München: dtv 1994, S. 221ff. Zum Gebrauch des Fernsehers schreibt der aus dem konfuzianischen China in unsere Zeit gereiste Gelehrte an den Freund in der chinesischen Vergangenheit folgendes: "Und wenn sich die Großnasen nicht streiten, denke ich mir, tun sie das, was sie überhaupt am liebsten tun: lieber als essen und trinken, lieber als schlafen, lieber als geschlechtlich zu verkehren - sie betrachten die Fern-Blick-Maschine."

die Medien zu erziehen, sondern darum, in der Kinder- und Selbsterziehung uns Menschen zu erziehen?[95]

Martin Buber zitiert in seinen chassidischen Geschichten Rabbi Schlomo; dieser fragte seine Schüler: "Was ist die schlimmste Tat des Bösen Triebs? Und er antwortete: 'Wenn der Mensch vergißt, daß er ein Königssohn ist'."[96] Königssöhne und Königstöchter können wir Menschen mit diametral entgegengesetzten Verhaltensweisen sein, denn nicht die äußere Handlung, sondern die Gesinnung ist entscheidend.

"Wir kennen nur, was wir lieben." Dieses Wort, in einem hohen Sinn gemeint, schließt den Weg des *Eros* zu *Agape* ein. Es gilt ebenfalls für unseren Umgang mit den Medien. Weder Verzückung noch Verteufelung bringen uns weiter. "Es gibt in Wahrheit kein letztes Verständnis ohne Liebe."[97] Jedoch: "Alles wirkliche Lieben ist schwer"[98], und "wir sind verantwortlich für die Bilder, die uns führen".[99]

---

[95]Dann ist auch die Suchtgefährdung und Persönlichkeitsveränderung durch Medien infolge der Wirkung chemischer Toxine, elektromagnetischer Einflüsse, hochfrequenter Reizsetzung und ähnlichem auffangbar. Vgl. Ute Recht: Verhaltensstörungen durch Fehlernährung. Schaffhausen: Novalis 1993; Udo Dollmer et al.: Prost Mahlzeit! Krank durch gesunde Ernährung. Köln: Kiepenheuer&Witsch 1994.

[96]Martin Buber: Die Erzählungen des Chassidim. Zürich: Manesse 1949, S. 434.

[97]Christian Morgenstern: Vom offenbaren Geheimnis. Aphorismen. München: Piper 1961, S. 20.

[98]Rainer Maria Rilke: Briefe an einen jungen Dichter. Frankfurt a.M.: Insel 1985.

[99]Vgl. Karl Jaspers: Kleine Schule des philosophischen Denkens. München: Piper 1965, S. 52.

3. Mediengesellschaft als Rahmenbedingung für den Umgang mit Einsamkeit

3.1. Zum Begriff der Mediengesellschaft

Der Begriff "Mediengesellschaft" bezieht sich auf die westlichen Industriegesellschaften der späten 80er und der 90er Jahre in der westlichen Welt. Kaum jemand würde auf den Gedanken kommen, beispielsweise die vom Buchwesen geprägte Gesellschaft des neunzehnten Jahrhunderts, die Gesellschaft der dreißiger und vierziger Jahre, die stark von der Verbreitung des Radios geprägt war, oder auch Gesellschaften in Entwicklungsländern - wie zum Beispiel Indien, welches das Land mit der größten Anzahl von Filmproduktionen ist - mit dem Terminus "Mediengesellschaft" zu belegen. Daraus wird ersichtlich, daß nur dann von Mediengesellschaft die Rede ist, wenn es um eine Gesellschaft geht, in der das Zusammenleben der Menschen und die Art der gesellschaftlichen Strukturen umfassend von Medien geprägt sind. Grundlage hierfür sind derzeit eine zunehmende Verbreitung von insbesondere Telefon, Fersehen, Radio und Computer bzw. von allen technischen Medien, die aus einem Zusammenspiel von Datenverarbeitung, Telekommunikation, Unterhaltungselektronik und Bürokommunikation erwachsen.

Unterschiedlich sind allerdings die Bewertungen und Assoziationen, die Menschen mit dem Begriff Mediengesellschaft verbinden. Dabei können im groben drei Bewertungsschemata unterschieden werden:

Zum einen gibt es den wertungsfreien Umgang mit dem Begriff "Mediengesellschaft". In diesem Sinne ist Mediengesellschaft lediglich eine Gesellschaft, in der die (elektronischen) Medien Vermittlungscharakter haben; diese vermitteln zwischen dem Menschen und der Umwelt. Die Vermittlung wird als Informationsfluß und -austausch verstanden. In diesem Sinne bewirken Medien zwar eine Veränderung der Kommunikationsstruktur und damit auch der Gesellschaftsstruktur; dieser Umstand wird allerdings nicht als positives oder negatives Phänomen bewertet.

Eine andere Möglichkeit besteht darin, den Begriff "Mediengesellschaft" positiv zu belegen. Dabei wird die Auffassung vertreten, daß Medien dem Menschen durch das Wegfallen der räumlichen und zeitlichen Begrenzung von Kommunikation das Kommunizieren erleichtern. Ein anderer positiver Aspekt ist demnach die Tatsache, daß Medien zeitsparend sind (zum Beispiel Computer bei Berechnungen oder bei der Erstellung von Manuskripten) und daß sie quantitativ mehr Information ermöglichen (zum Beispiel durch Nachrichtensendungen im Fernsehen). Medien werden auch als Erweiterungen der menschlichen Körperteile (Rad) und Sinne (Auge, Ohr) angesehen, wie es u.a. Marshall McLuhan in seinem Werk "Die magischen Kanäle"[100] beschreibt und damit die Auffassung vertritt, daß die Menschen dadurch mit mehr Fähigkeiten ausgestattet werden. Wer "Mediengesellschaft" heute in diesem Sinne positiv bewertet, verwendet stattdessen vielfach den Begriff der Informationsgesellschaft.

Die dritte Position im Umgang mit dem Begriff "Mediengesellschaft" ist die kritische, die sich mit Gefährdungen befaßt, die die Mediengesellschaft mit sich bringt. Die anfängliche Euphorie im Hinblick auf die ungeahnten Möglichkeiten der Überbrückung von Raum und Zeit bei der Kommunikation hat in breiten Schichten der Bevölkerung einer schwer zu erklärenden Unzufriedenheit Platz gemacht. Diese Unzufriedenheit hat viele Aspekte und Facetten. Unter anderem wird befürchtet, daß der Mensch der medialen Entwicklung nicht mehr Herr wird, sondern ihr hilflos ausgeliefert und hoffnungslos überfordert ist. Die Gesellschaft scheint von Medien vereinnahmt und beherrscht zu werden und in eine Abhängigkeit zu geraten, die die Menschen passiv und kontaktarm werden läßt, weil die personalen Kontakte zunehmend durch Kontakte mit und über Medien ersetzt werden.

Eine andere Gefahr wird darin gesehen, daß Medien - und hier insbesondere das Fernsehen - nicht die Realität darstellen oder übermitteln, sondern (nur) ein Abbild davon. Dies kann nach Meinung der Vetreter dieser Richtung zu einer Wahrnehmungsentfremdung führen, zur totalen Vermischung von Realität und medialer Fiktion, die beispielsweise bei den sogenannten "Reality-Shows" (wie z.B. Notruf, Retter etc.) in extremem Maße beobachtet werden könne. Der Mensch, der den Wahrheitsgehalt von Bildern und von Information nicht mehr einschätzen kann, würde dadurch manipulierbar und stehe hilflos einer Macht gegenüber, der er sich nur schwer entziehen könne.

---

[100]Marshall McLuhan: Die magischen Kanäle. Understanding Media. Düsseoldorf: Econ 1992 (Erstausgabe 1964).

Das Interessante bei der Hinterfragung der unterschiedlichen Bewertungen zum Thema Mediengesellschaft ist, daß die meisten Menschen sowohl positive als auch negative Vorstellungen von der Mediengesellschaft haben und diese Diskrepanz stillschweigend akzeptieren. In der Tat scheint unsere Gesellschaft viel zu sehr von Medien in den Bann gezogen zu sein, als daß man diese Entwicklung rückläufig machen oder sich ihr ganz entziehen könnte. Man lebt in einer unbefriedigenden Ambivalenz und hofft, daß man selbst der Entwicklung auf seine persönliche Art und Weise Herr wird.

Doch wie wird die Mediengesellschaft erklärt? Ein wichtiger Erklärungsansatz ist der ökonomische. Der Soziologe Peter Hunziker[101] geht beispielsweise davon aus, daß jedem Medium eine bestimmte Organisationsform der Kommunikationsproduktion obliegt, die durch das grundlegende Merkmal aller Organisationsformen - die Arbeitsteilung - geprägt wird. Medienorganisationen sind seiner Meinung nach von zwei Leistungsorientierungen geprägt: zum einen von der der kreativ Medienschaffenden, die sich auf journalistische und/oder künstlerische Qualität der Produkte konzentrieren, die sie herstellen. Diese Leistungsorientierung sei eine kurzfristige; es gehe darum, daß das Produkt (beispielsweise die Sendung) zum ausgestrahlten Zeitpunkt von möglichst vielen Leuten gesehen und positiv bewertet wird.

Diese Orientierung stehe im Gegensatz zu derjenigen des Medienmanagements, welches ausschließlich Wert auf den wirtschaftlichen Erfolg des Produktes lege und damit längerfristig orientiert sei. Das Mediensystem, welches sich in die Bereiche Produktionssystem einerseits und Verteilungssystem andererseits gliedert, sei finanziell abhängig von der Wirtschaft, die als Gegenleistung beispielsweise Sendeplätze für die Ausstrahlung von Werbespots kauft. Die Kosten für diese Werbespots werden von den Unternehmen dem Verbraucher durch erhöhte Preise aufgedrückt.

Hunziker verweist in diesem Zusammenhange auf DeFleurs[102] These vom "Low-taste-context". Diese besagt, daß die Verbindungen zwischen Medien und Gesellschaft überwiegend über den ökonomischen Weg laufen und die Medien von der Wirtschaft abhängig sind. Deswegen würden über diese vor-

---

[101]Peter Hunziker: Medien, Kommunikation und Gesellschaft. Einführung in die Soziologie der Massenkommunikation. Darmstadt 1988.

[102]M.L. DeFleur: Theories of Mass Communication. New York 1970.

wiegend Inhalte verbreitet, "die auf einem relativ niedrigen Niveau den Geschmack der breiten Massen befriedigen"[103]. Dies sei die Vorbedingung dafür, daß mit der Werbung ein möglichst großes Nachfragepotential angesprochen und zum Kauf von Produkten animiert werden könne.

Die Mediengesellschaft erklärt sich hier also aus einer ökonomischen Sichtweise. Sie entsteht unter dem Primat der Wirtschaft, die großen Einfluß auf die Gesellschaft, die Kommunikation und deren Strukturen hat. Diese Sicht ist nicht weit entfernt von einer politikwissenschaftlichen Analyse, die davon ausgeht, daß Medien "nicht zufällig, sondern interessegeleitet zur Anwendung gebracht werden"[104].

Wo die Bedeutung der Medien für das soziale Handeln im Fokus des Interesses steht[105], wird Mediengesellschaft als ein System verstanden, in dem die zahlreich vorhandenen Medien die Struktur dieser Gesellschaft - das soziale Handeln - beeinflussen. Bei der wissenschaftlichen Untersuchung des "sozialen Handelns" sind zwei Theorien zu unterscheiden: nach dem verhaltenstheoretischen Ansatz wäre Mediengesellschaft als eine Gesellschaft zu begreifen, in der die Menschen durch Medien zu Handlungen stimuliert werden. Der handlungstheoretische Ansatz hingegen geht davon aus, daß soziales Handeln an einer subjektiven Sinngebung orientiert ist. Sein Erkenntnisinteresse ist es, die Handlungsmotivationen der Menschen zu verstehen, was deswegen schwierig ist, weil diese Motivationen nicht objektiv beobachtbar sind. Medien können auch die Sinngebung und Handlungsstrukturen beeinflussen, und andersherum kann eine bestimmte Handlungsmotivation beim Menschen zur Nutzung von Medien führen, weil er sich von diesen eine Sinngebung verspricht, möglicherweise sogar die Bewältigung seiner Einsamkeit.[106]

---

[103]Hunziker 1988, S. 100.

[104]Ebd., S. 123.

[105]Vgl. Hunziker 1988, S. 57.

[106]Zur intensiven Auseinandersetzung mit dem Thema "Auswirkungen von Medien auf das soziale Handeln" empfiehlt sich die gleichnamige Lektüre von Peter Hunziker 1988, Kapitel IV.

3.2. Mediengesellschaft und Einsamkeit

Es scheint so, als fordere die Mediengesellschaft - in welcher Hinsicht auch immer - dem Menschen einiges ab. Medien werden nach ökonomischen Prinzipien entwickelt und vermarktet, sie liefern neue Verhaltensstimuli und vermitteln Inhalte von vorher nicht bekannten Dingen, können die räumliche und zeitliche Komponente der Kommunikation verändern und beeinflussen mit alledem unser Verhalten und unsere Kommunikation. Dabei scheinen sie die Tendenzen zur Individualisierung einerseits und zur hedonistischen Erlebnisorientierung andererseits zu befördern und zu verstärken, ohne daß dabei bislang erkennbar wäre, daß Menschen in der Regel mit diesen Herausforderungen in einer für sie zuträglichen Weise umgehen könnten.[107] Vielmehr nehmen Kommunikationsstörungen individuell wie kollektiv zu.[108]

Allerdings kann man schwerlich die Medien allein für die individuellen und kollektiven Kommunikationsprobleme verantwortlich machen; wie ließe sich auch eine so vermutete kausale Wirkung nachweisen? Schließlich gibt es auch andere Faktoren: die Industrialisierung, die das Verhältnis des Menschen zur Natur zutiefst gestört hat; die Arbeitslosigkeit, die für die Zunahme an Haß und Gewalt mitverantwortlich ist, oder der Individualisierungsschub, den wir seit einigen Jahrzehnten erfahren haben, nicht zuletzt durch die Aufhebung traditioneller Eingebundenheit in Klassen, Schichten und Milieus, die wiederum durch die Medien unterstützt wird[109]. Aber um einseitige, kausal begründbare und eindeutige Schuldfragen soll es hier nicht gehen. Die Frage lautet eher: welche Wechselwirkung besteht zwischen den Medien bzw. der Mediengesellschaft und den Veränderungen der Kommunikation, unter denen heute viele zu leiden haben? Wenn jemand in seiner Kommunikation zur inneren oder äußeren Umwelt/Mitwelt gestört ist, ob allgemein oder nur in einer bestimmten Situation, hat er Schwierigkeiten, "richtig" sozial zu handeln. Denn Kommunikation ist eine soziale Handlung und eine soziale Handlung ist im weitesten Sinne Kom-

[107] Vgl. Teil III, 1.1.

[108] Vgl. Mettler-v. Meibom 1994, S. 16.

[109] Vgl. Ulrich Beck: Risikogesellschaft. Auf dem Weg in eine andere Moderne. Frankfurt a.M.: Suhrkamp 1986.

munikation[110]. Gestörte Kommunikation bringt Probleme im Umgang mit sich und anderen Menschen. Die Reaktionen darauf können verschieden sein: Austauschen der Personen, mit denen die Kommunikation "nicht mehr richtig läuft", Verdrängung, zwanghaftes Aufrechterhalten der Kommunikationskontakte. Wege zu gelingender Kommunikation sind dies nicht.

So kann es kommen, daß der oder die Betreffende mehr und mehr die sozialen Kontakte meidet, die das Leben so schwer machen, und sich zurückzieht - in sich selbst oder auch nur in die eigene Wohnung. Und in beiden Fällen kann sich ein Gefühl von Unzufriedenheit einstellen, denn der Mensch ist ein Wesen, das soziale Kontakte und Kommunikation genauso braucht wie die Luft zum Atmen. Ein Mensch, der keine befriedigenden Kontakte hat, wird einsam. Möglicherweise wird er sich dieser Einsamkeit nicht sofort bewußt werden. Er wird sich einreden, daß er auch alleine gut zurechtkommt (in der Tat scheint die heutige Gesellschaft genau diese Erwartungen an das Individuum zu stellen) und sich einen Ersatz für die verlorengegangenen Kommunikationsmöglichkeiten suchen. Dabei bieten sich ganz offensichtlich die elektronischen Medien an, insbesondere das Fernsehen, das dem Zuschauer immer erfolgreicher vorgaukelt, daß er beispielsweise Teil hat an den Problemen anderer Menschen (Hans Meiser und andere "Talk-Shows") oder daß er im Fernseher immer auf seine parasozialen Freunde treffen kann.

Man kann sich somit die Frage stellen, ob der Fernseher und andere Medien nicht sogar helfen, Einsamkeit zu verdrängen. Das macht Menschen zwar nicht unbedingt glücklicher, hilft ihnen aber, die wahren Gründe der Unzufriedenheit zu verschleiern. Ein Mensch, der seine Einsamkeit und die Gründe dafür erkennt, kann versuchen, der Einsamkeit zu entkommen, also Wege zu finden, sie zu "behandeln"[111] Doch dies kann nicht zuletzt einen anderen Umgang mit den medialen Gefährten der Einsamkeit, möglicherweise sogar eine erhebliche Einschränkungen oder einen Verzicht von bestimmtem Medienkonsum erfordern.

---

[110] Vgl. Jürgen Habermas: Theorie des kommunikativen Handelns. Frankfurt a.M. 1981; Niklas Luhmann: Soziale Systeme. Grundriß einer allgemeinen Theorie. Frankfurt a.M. 1984/1987.

[111] Siehe oben 1.1.3.

Dies würde jedoch den Interessen von Medienproduzenten und Anbietern zuwiderlaufen. Denn ihr Anliegen ist es, die ZuschauerInnen oder MediennutzerInnen daran zu hindern, sich von dem betreffenden Medium abzuwenden. Eher entspricht es der Logik von Medienproduzenten, Einsamkeitserfahrungen von RezipientInnen auf jeweils andere Medien zu kanalisieren. Dies erklärt vielleicht auch die Zunahme der Telefon-Lines, die dem MediennutzerInnen versprechen, sie könnten ihre Probleme - und dabei wird Einsamkeit durch die vielen Talk-, Party- und "Beziehungs-Lines" am häufigsten vorausgesetzt - mit Hilfe des Mediums Telefon bewältigen. Die Medien selbst jedenfalls vermitteln den Eindruck, sie seien mit Sicherheit nicht "Schuld" an der Vereinsamung des Menschen; sie seien es ja gerade, die dem Menschen zu ungeahnten Möglichkeiten verhelfen würden: Kommunikation mit jedermann an jedem Ort und zu jeder Zeit. Das "globale Dorf" wird gepriesen, in dem es keine kommunikativen Schranken, keine Einschränkungen und keine Hindernisse mehr geben wird.

Könnte es auch anders sein? Inmitten dieses globalen Dorfs sitzt der Mensch, verbunden mit allen, über alles informiert und vor allem über alle Maßen unglücklich und einsam.

II. WEGE AUS DER EINSAMKEIT: FERNSEHEN

Einführung

Früher war es der Pfarrer, der hoch oben von der Kanzel den Gläubigen in der Kirche von Moral und Ethik predigte, Rat und Hoffnung gab und nicht zuletzt Geschichten erzählte, die das Leben schrieb. Heute ist es Hans Meiser, der, auf einen ähnlichen Sockel gehoben, die Menschen um sich versammelt, deren Geschichten das Leben schrieb und die in der Öffentlichkeit berichten, wie Probleme zu lösen sind und somit anderen Menschen Rat und Hoffnung geben, eingerahmt von rührenden Appellen des Moderators an Ethik und Moral.

Dieser Vergleich ist auf den ersten Blick provozierend, gibt jedoch Anstoß dazu, in einer Zeit, in der die Kirchenbesucherzahlen fallen, zugleich aber neue Fernsehsender aus dem Boden sprießen, nicht bei einem oberflächlichen Vergleich zu bleiben, sondern eventuelle Funktionsverschiebungen dieser gesellschaftlichen Institutionen zu untersuchen.

Bis in unser Jahrhundert hatte die Kirche die Aufgabe, Halt zu geben, moralische und ethische Werte zu vermitteln und vor allem den Menschen aus seiner von Geburt an bestehenden Einsamkeit zu befreien. Einsamkeit, die sich einmal im Nicht-beieinander-Sein äußert und zum anderen in dem immer latent vorhandenen Gefühl, nie ein wirkliches seelisches Zusammensein zu erreichen. Hier hatte die Kirche ihre Funktion: Sie versammelte die Menschen, gab ihnen das Gefühl des Zusammenseins und versprach ein Leben nach dem Diesseits, auf das zu hoffen war und das diesem Leben den Sinn gab.

Im Laufe der Industrialisierung und Technisierung kam es immer mehr zur Ent- und Verrückung der ehemals institutionalisierten Werte- und Moralvorstellungen. Der Mensch wurde freier, aber zugleich auch orientierungsloser. Wo früher die Kirche Entscheidungshilfen gab, entstand zunehmend ein Vakuum.

Neue Wege der Sinnsuche müssen in unserer technisierten und medialen Welt gesucht und gefunden werden. Daß nach solchen Wegen gesucht wird, ist an dem gewaltigen Anstieg der Gründungen alternativer Glaubensgemeinschaften zu erkennen. Für den Großteil der Menschen bieten diese Bewegungen jedoch keine Lösungen. Sie suchen nach einem Ersatz, der, ähnlich der Kirche, einen breit akzeptierten Zugang zu Lösungen bietet.

Diese Eigenschaften erfüllt heute keine andere Institution der Gesellschaft besser als das Fernsehen. Fast in jedem Haushalt zu finden, ist es zum ständigen Begleiter der Menschen geworden. Es stellt sich also die Frage, ob der anfänglich etwas lapidar klingende Vergleich von Kirche und Fernsehen unbegründet ist. Um der Antwort auf die Frage näher zu kommen, untersuchen wir, inwieweit sich die darin enthaltene Hypothese bestätigen bzw. widerlegen läßt.

Kapitel 1, "Zum Verhältnis von Einsamkeit - Fernsehen - Spiritualität" leitet ein in die Fragestellungen dieses II. Teils unserer Untersuchung. Das zweite Unterkapitel steht unter dem Motto: "Statt Visionen Televisionen?" und beschäftigt sich mit der Wechselwirkung zwischen Fernsehwirklichkeit und lebensweltlicher Wirklichkeit (2.1), allgemeinen Daten zum Fernsehangebot (2.2) sowie mit Daten zur Fernsehnutzung (2.3). Den Hauptteil bildet Kapitel 3, die Darstellung unserer Ergebnisse der Einzelbefragungen von Mitgliedern des Lehrforschungsprojektes (zum Leitfaden siehe Anhang) (3.2). Vorangehend werden die Methode (insbesondere die Motivation zur Selbstbefragung) beschrieben sowie zehn Hypothesen aufgestellt, die den Leitfaden dieses Teilprojekts bilden (3.1). Abschließend beziehen wir uns zurück auf die Hypothesen, um einer Antwort auf die uns gestellte Frage näherzukommen (3.3 und 4.).

1. Zum Verhältnis von Einsamkeit, Fernsehen und Spiritualität

SAT 1! Und du bist nicht mehr allein!

Das war der Slogan, mit dem der Privatsender zur Weihnachtszeit seine 'Schäflein' in die Obhut seiner Programmbotschaften holen wollte. Die ModeratorInnen, die zum Fest der Liebe einluden, ließen in feierlicher Stimmung eine Kerze kreisen. Staffellauf der Geschmacklosigkeit? In nahezu zynischer Weise wird hier aus der Mediatisierung unserer gesamten Lebenszusammenhänge und den damit verbundenen Verlusten an konkreten sinnlichen Wahrnehmungen und Erfahrungen Profit geschlagen.

Ausgehend von der Kenntnis, daß sich unsere Verständigungsprozesse durch den Einfluß der Medien, speziell der elektronischen Medien, entscheidend verändert haben bzw. verändern und eingebettet in den medienökologischen Ansatz Postmans, daß sich "technischer Wandel" nicht additiv vollzieht, sondern daß er immer etwas vollkommen Neues, eine andere Gesamtheit entstehen läßt[112], fragen wir nach dem Zusammenhang von Einsamkeit und der Sinnsuche sowie danach, welche Rolle der Fernsehkonsum dabei spielt. Ersetzt oder kanalisiert das Fernsehen im Umgang mit Einsamkeit dieses spirituelle Bedürfnis nach Einbindung in ein größeres Ganzes?

Die Suche nach einem Sinn über das materielle Geschehen hinaus hatte für Menschen schon immer eine große Bedeutung. Die westliche cartesianische Wissenschaft, die mit der Trennung von Körper und Geist alles durch die Vernunft zu erklären versuchte, verdrängte das mythische Bewußtsein, welches bis zur Aufklärung als Erklärungsmodell für die Betrachtung der Welt von großer Wichtigkeit war.

Die komplexe Bedrohung, die uns in unserer spätkapitalistischen Gesellschaft umgibt, und die nicht zu bewältigende Informationsflut, die eher Unverständnis und Angst hervorruft, läßt einfache Erläuterungsgsmuster und die Suche nach dem 'eigentlichen' Sinn an Bedeutung gewinnen. Offenbar helfen Medien dabei, elementare, unmittelbare Erfahrungen zu kanalisieren und Sym-

[112]Vgl. Neil Postman: Das Technopol. Frankfurt a.M.: Fischer 1992, S. 26.

bole und Rituale sowie eine grundsätzliche Daseinsorientierung und Alltagsorganisation zu bieten.[113]

In einer Zeit, in der Parfüms Sun Moon Stars, Sun, Eternity oder Elements heißen, in der die Sehnsucht nach Neuem immer mehr (z.T. pseudo-)spirituelle Erlebnisangebote entstehen läßt, die den Menschen an das Grundsätzliche seiner/ihrer Existenz heranführen sollen, liegt ein starker 'Sinnsuche-Boom' auf der Hand. Sollen sie uns den "wuchernden Krebs der Seele, die Angst vor dem Tod"[114] nehmen oder lindern?

Nach der Schätzung des Berufsverbandes Deutscher Psychologen zählt man derzeit 300 religiös orientierte Vereinigungen und Sekten mit 2 Mio. Bundesbürgern[115]. Was ist aus den Sinnangeboten der beiden großen Kirchengemeinden geworden? Es scheint, daß sie keine zufriedenstellenden und glaubwürdigen Antworten geben können, wenn man den Austrittszahlen Glauben schenkt (und den Aspekt der Ersparnisgründe aufgrund der neuen Steuerbelastung außer acht läßt). Auch Eugen Drewermann fordert ein Umdenken, wenn er sagt, daß die Kirche "einen fundamentalistischen Aberglauben verbreitet, den schon 14-jährige durchschauen"[116]. Oder dazu der Theologe Gerhard Ebeling:

"*Das Ausbleiben der zunächst unmittelbar erwarteten Wiederkunft Christi haben Kirche und Christentum im Laufe der Zeit in immer größere Verlegenheit gebracht. Denn weil der christlichen Behauptung von der baldigen Erlösung der Welt de facto immer mehr unerlöste Geschichte folgte, wurde der Glaube immer unglaubwürder. Denn die Geschichte scheint in all ihrer Ambivalenz den Glauben an die Erlösung ständig zu widerlegen und ins Unrecht zu setzen. Und auch das kirchliche Handeln, das sich zwar auf die Botschaft der Liebe gründet, aber dennoch auch immer geschichtliches Handeln ist, wurde so in Frage gestellt.*"[117]

---

[113]Vgl. W. Schmidt: Fernsehen als Religion? In: Claus Eurich; Imme de Haen (Hg.): Hören und Sehen. GEP-Buch. Stuttgart: J.F. Steinkopf 1991, S. 116.

[114]Aus: DER SPIEGEL Nr.52/1994: Soviel Psi war noch nie (Titelgeschichte), S. 78.

[115]Vgl. ebd.

[116]Ebd.

[117]S. Abarbanell: Verhinderung und Segen. Zum Verhältnis von Kirche und Fernsehen. In: epd/Kirche und Rundfunk, Nr. 10/11, 11.02.1989, S. 5.

Der Mensch sucht also nach neuen Deutungsangeboten für die Welt, die er/sie vorfindet. In unserer sogenannten Mediengesellschaft wird ein Ereignis erst durch Medien bzw. durch das Fernsehen zu einem relevanten Teil der sozialen Wirklichkeit. Die gleichzeitige Wahrnehmung des Ereignisses durch eine Vielzahl von Menschen schafft soziale Realität unabhängig von 'objektiver' Realität. Indem der Tagesthemenmoderator Ulrich Wickert "vom Stand der Dinge" berichtet, gestaltet er einen Teil der Wirklichkeit. Die elektronischen Medien haben die Beziehung zwischen der physischen Präsenz und dem Erleben sozialer Ereignisse fundamental verändert. Direkte und vermittelte Kommunikation sind verschmolzen und die Bedeutung von Raum und Zeit für die zwischenmenschliche Interaktion ist stark eingeschränkt.[118] Hier spielen zudem spezifische Charakteristika visueller Wahrnehmung, auf die wir noch eingehen werden, eine Rolle.

Das Anwachsen der Single-Haushalte z.B. antwortet auf diese Entwicklung der Quasi-Unabhängigkeit von Zeit und Raum, indem hier auch persönliche Beziehungen nur noch flüchtig und sporadisch gelebt werden. Aber

"*... auch wenn viele Menschen allein fernsehen, ist das Fernsehen doch in der Lage, ihnen ein Gefühl der Verbundenheit mit der Außenwelt zu verschaffen und gleichzeitig ein Gefühl der Zusammengehörigkeit mit anderen Zuschauern.*"[119]

Johanna Haberer vergleicht den 'Mythos' Fernsehen mit dem Mythos der Religion, da beide nicht die Rationalität, sondern die Emotionalität des Menschen ansprechen, "auf unser Bedürfnis für wahr zu halten, nicht zu wissen".[120] Und in der Tat wissen wir nicht genau - bis auf wenige in den 'Mythos' Eingeweihte -, woher das Fernsehbild kommt oder wer es macht. Wir nehmen es hin, glauben daran, glauben den Bildern. Glauben ist wichtiger denn wissen!

---

118 Vgl. Joshua Meyrowitz: Die Fernsehgesellschaft. Weinheim/Basel: Beltz 1987, S. 38.
119 Ebd. S. 74.
120 J. Haberer: Von der Kirchenbank zum Fernsehsessel. In: Eurich/de Haen 1991, S. 121.

Diese Art von Gemeinschaft unterliegt jedoch dem Zwang der ständigen Vergewisserung, denn dieses Gemeinschaftsgefühl existiert nur vor dem Fernseher, und so "setzt der Mythos ein Ritual aus sich heraus".[121]

Indem wir an dem Mythos teilhaben, schafft er ein Vertrauen in die Macht der Bilder; wir fühlen uns ihnen zugehörig, sie sind ein Teil von unserem Leben und bieten darin die Stabilität, die wir im Alltag suchen.

"*Tendenziell beschäftigen sich Mythen mit der Transzendenz, also mit einer letzten Wirklichkeit. Die mythische Funktion des Fernsehens stellt eine geradezu künstlich geschaffene Wirklichkeit vor, die eine Rolle einnimmt, die nur der Rolle antiker Mythen vergleichbar ist. Die Fernsehmythen drücken nicht nur die offiziellen Regeln einer Gesellschaft aus, wie zum Beispiel die Grundgesetze oder die Heilige Schrift, sondern sie spiegeln die wirklichen Gesetze einer Gesellschaft, die Gesetze hinter den Gesetzen.*"[122]

Familien begegnen sich so mehr und mehr nur noch vor dem Fernseher gemeinsam, oder jedes Familienmitglied in seinem/ihrem Zimmer. Der Fernseher gehört dazu, das Heim wird zum Teil der großen Welt. In der Sendung "Bleiben Sie dran", die am 19.10.94 in der ARD ausgestrahlt wurde[123], spricht eine Frau davon, daß der Fernseher ihr in der Zeit einer schweren Krise "ein wirklicher Kumpel" war; ein älteres Ehepaar pflegte den Fernseher mit besonderer Hingabe, "denn wir haben ja sonst nichts, was wir pflegen können", und ein junges Mädchen rühmt die Eigenschaften ihres "kleinen Freundes", da er nicht zurückschreit, streitet oder weggeht. Er ist immer da. Verführerisch oder beängstigend? Also bleiben wir dran? Rudi Carell kommt schließlich extra 'live zu uns nach Haus'.

Wir haben in den vorhergehenden Kapiteln gesehen, daß Einsamkeit geradezu mit dem Menschsein verbunden ist. Die Frage, ob Menschen diese existentielle Einsamkeit durch das Fernsehen überwinden können, ist nicht relevant, da deren Antwort augenscheinlich ist; denn dieses Gefühl bzw. dessen Überwindung verlangt die Auseinandersetzung mit einem Anderen, mit sich oder

[121]Ebd., S. 124.
[122]Ebd., S. 127.
[123]HR, 19.10.1994, 21.45 Uhr - 22.30 Uhr. Autoren: Claus Strigel und Bertram Verhaag.

der Mitwelt, den konkreten Umgang mit den eigenen (sinnlichen) Wahrnehmungen. In der Mensch-Maschine-Kommunikation kann jedoch kein wirklicher Dialog stattfinden.[124] Die interessante Frage lautet daher: versuchen Menschen ihr Einsamkeitsgefühl durch den Fernseher zu überwinden und ist dabei das Bedürfnis, zu einem größeren Ganzen zu gehören, d.h. die Fernsehwirklichkeit als etwas Transzendentes zu erleben, bestimmend?

Was veranlaßt z.B. Menschen, ein sehr intimes und zumindest für einen gewissen Zeitraum einzigartiges Erlebnis wie die Heirat mit einem Millionenpublikum zu teilen? Dazu Jo Reichertz in der oben erwähnten Sendung:

"... *die Verbindung mit Gesetzen und die Verbindung mit Vernunft reicht vielen nicht mehr aus - man kann hier andere Mächte herbeirufen, um diese Verbindlichkeit zu schaffen, man kann sehr viele Zeugen herbeischaffen, man kann aber auch versuchen, in den religiösen Bereich einzudringen, d.h. eine gewisse transzendentale Welt anzurufen. Und dafür bietet sich das Fernsehen besonders gut an!*"[125]

Es bietet die Möglichkeit, sich einer 'quasi-transzendentalen' Gemeinschaft zugehörig zu fühlen; die RezipientInnen 'erfahren' durch ihre Fernsehwahrnehmung nach Schmidt ein "intuitives Dabeisein"[126], z. B. bei Sportübertragungen, und geraten in eine eher intuitiv-meditative Haltung, als bewußt, reflektiv teilzunehmen.

Übernimmt der Fernseher nun die Aufgaben der kirchlichen Gemeinden, Hans Meiser die Position des Predigers, und haben die 'Kirchengänger' den viel bequemeren Wohnzimmersessel den kalten Kirchenbänken vorgezogen? "Wegen ungünstiger Weltlage findet die Wiederkunft Christi im Fernsehen statt."[127]

Selbst der WDR möchte für 1996 das Konzept für einen Spartensender 'Ratgeber' entwickeln.[128]

---

[124]Vgl. Mettler-v.Meibom 1994, S. 55.

[125]Jo Reichertz in der ARD-Sendung "Bleiben Sie dran!" vom 19.10.1994.

[126]Eurich/de Haen 1991, S. 116.

[127]Abarbanell 1989, S. 7.

[128]Vgl. SZ vom 18.01.1995.

"*In dem Maße, in dem religiöse oder metaphysische Grundverbindlichkeiten erschüttert oder unglaubwürdig werden, übernehmen situationsspezifische, gleichsam partialmoralische Orientierungsangebote deren Funktion.*"[129]

Viele Menschen fühlen sich in der 'Lindenstraße' zu Hause, sie nehmen Anteil am Schicksal der handelnden Personen, als ginge es um ihre eigenen Nachbarn. Die Grenzen zwischen ihrer Wirklichkeit und der des Fernsehens verschwimmen.

"*Die Reaktionen auf den Darsteller sind analog jenen in einer Primärgruppe. Die meisten weitentfernten und illustren Menschen trifft man, als wären sie mitten im Kreis der eigenen Freunde anwesend.*"[130]

Diese sogenannten para-sozialen Partner wirken am stärksten auf sozial Isolierte oder auch alte Menschen. Sind wir zu einem Dasein als gefügige 'couchpotatoes' verdammt, oder bringen wir den Mut auf, uns in Eigenverantwortung und mit Phantasie unsere eigene Wirklichkeit zu konstruieren?

---

[129]P.C. Lang: Wir wohnen alle in der Lindenstraße. In: Medien praktisch, Heft 4/1991, S. 24.

[130]Meyrowitz 1987, S. 95.

2. Statt Visionen Televisionen?

2.1. Fernsehwahrnehmung und Fernsehwirklichkeit

In den fünfziger Jahren, als das Fernsehen sich in der Bundesrepublik als Massenmedium zu etablieren begann, war die euphorische Begeisterung für das neue Medium noch mit leiser Verunsicherung gepaart. Spürbar war damals der (für uns, denen der Fernseher "angewachsen"[131] ist) befremdlich anmutende

" ... *mentale Schock, Raumgrenzen bei Gleichzeitigkeit des Erlebens überwinden zu können, oder auch: den Wahrnehmungshorizont über körperlich-sensuelle Beschränkungen hinweg durch Echtzeit-Übertragungen von realen Ereignissen erweitern zu können.*"[132]

Schon früh galt das Fernsehen aber auch als "Spiegel der Wirklichkeit"[133]. "Die Welt in Deinem Heim!" war das Motto der Funkausstellung 1953. Eine starke Anthropomorphisierung der technischen Vorgänge (so wurde z.B. immer wieder von "Kamera-Augen" gesprochen) und die charakteristische Eingebundenheit des Fernsehers in die Alltagswelt sorgten bald für eine enge Bindung zwischen Mensch und Medium und auch für eine zunehmende Verwässerung der Differenz zwischen 'sehen' und 'fernsehen'.

Nach Peter M. Spangenberg wirken hier auch spezifische Charakteristika visueller Wahrnehmung. Im Gegensatz zu Sprache und Schrift können visuelle Selektionen "einem Bewußtsein leichter als 'natürliche', 'realistische', 'objektive' Selektionen angeboten werden". Die Wahrnehmung visueller Stereotypen erlaubt oft eine schnelle Orientierung im Programm und es wird eine hohe Einprägsamkeit des Gesehenen erreicht. Spangenberg legt hier allerdings Niklas Luhmanns Wahrnehmungsdefinition zugrunde. Danach

---

[131]In ihrem Aufsatz "Der angewachsene Fernseher" führen Monika Elsner und Thomas Müller aus, daß heute für uns "eine medial unverstellte, direkte Sicht auf die Objekte der Welt/Realität *nicht mehr* zu denken ist." Vgl. Monika Elsner/Thomas Müller: Der angewachsene Fernseher. In: Hans Ulrich Gumbrecht; K. Ludwig Pfeiffer (Hg.): Materialität der Kommunikation. Frankfurt a.M.: Suhrkamp 1988, S. 393.

[132]Ebd., S. 394.

[133]K. Tetzner; G. Eckert: Fernsehen ohne Geheimnisse. München 1954, S. 47.

" ... leistet das Wahrnehmen vor allem: hohe Komplexität der Informationsaufnahme bei geringer Analyseschärfe - also einen weitreichenden, aber nur 'ungefähren' Modus des Verständigtseins, der in der Kommunikation nie eingeholt werden kann; ... geringe Negierfähigkeit und geringe Rechenschaftspflicht, also hohe Sicherheit der Gemeinsamkeit eines (wie immer diffusen) Informationsbesitzes ... ."[134]

Eine "wirksame Einübung in oberflächliches Betrachten"[135] ist das Fernsehen für Heinz Buddemeier schon aus technischen Gründen. Das Fernsehbild - eine Täuschung, die ohne die Trägheit unseres Auges nur ein wandernder Punkt wäre - weist danach eine vertiefende Betrachtung prinzipiell zurück. "Unter weitgehender Ausschaltung von Wille und Denken"[136] ruft diese Art von Wahrnehmung beim Zuschauer ein intensives und zugleich unverbindliches Fühlen hervor, das Buddemeier mit Wirkungen der Hypnose gleichsetzt. In diesem hypnotischen Zustand kann beispielsweise die eigene reale Angst durch eine künstliche, noch stärkere Angst überdeckt werden, die sich aber - weil sie eine(n) nicht wirklich angeht - genießen läßt. Diese "anstrengungsfreie Fluchtmöglichkeit"[137] verhindert ein Angehen von "Problemen", zu denen wir nach Buddemeiers Verständnis sicher auch die Einsamkeit zählen dürfen.

Durch die schnellen und wechselvollen Darbietungen des Fernsehens werden innere Verbalisierungen, die nach Hertha Sturm zum Verständnis und zum Nachvollzug von Gesehenem unerläßlich sind, erschwert. Bei den wahrnehmungsmäßig überforderten Zuschauern beobachtet Sturm ein Verstummen der inneren Benennung, eine hohe physiologische Erregung und emotionales Unbefriedigtsein - Folgen der "fehlenden Halbsekunde" bei der Präsentation von Fernsehbildern.[138]

---

[134]Peter M. Spangenberg: TV, Hören und Sehen. In: Gumbrecht/Pfeiffer 1988, S. 783 ff.; Anmerkung. 20, S. 795.

[135]Heinz Buddemeier: Illusion und Manipulation. Die Wirkung von Film und Fernsehen auf Individuum und Gesellschaft. Stuttgart: Urachhaus 1987, S. 27; 51; 53.

[136]Ebd., S. 51.

[137]Ebd., S. 53.

[138]Hertha Sturm: Wahrnehmung und Fernsehen: Die fehlende Halbsekunde. Plädoyer für eine zuschauerfreundliche Mediendramaturgie. In: Media Perspektiven 1/1984, S. 58-64.

Existentieller faßt Peter M. Spangenberg die Wirkung der Fernsehwahrnehmung. Danach sind visuelle Wahrnehmungen ontogenetisch oft an Körpererfahrungen gekoppelt. Das Fernsehen löst die visuell-körperliche Zusammengehörigkeit nachhaltig auf - so muß z.B. bei Gefahr nicht mehr geflüchtet, bei Unglück nicht mehr helfend eingegriffen werden - und führt so beim Fernsehzuschauer zu einer "Entwirklichung von Körpererfahrung"[139]. Vor allem die unter I. 1. dargelegte innerweltliche Kommunikation des Körper-Seele-Geist-Wesens Mensch scheint also durch die Wahrnehmungsform 'Fernsehen' gefährdet.

Bereits zur Anfangszeit des Fernsehens - und erst recht heute - schien der Bildschirm keine Grenze zu bilden, die durch einen Sprung in einen anderen Erlebnisstil überschritten werden mußte. Nach Elsner/Müller garantiert aber die Grenze zwischen der sozialen Konstruktion von Wirklichkeit in der Alltagswelt und anderen Sinnprovinzen eine bestimmte Hierarchie von Wirklichkeiten. In dieser Hierarchie wird für gewöhnlich der Lebenswelt des Alltags der Rang der 'obersten Wirklichkeit' zugewiesen. Die Wirklichkeit des Kinos oder des Theaters sind jeweils durch deutliche Markierungen (ein bestimmter Ort, eine bestimmte Atmosphäre) von der Alltagswirklichkeit abgegrenzt. Das Medium Fernsehen aber unterläuft solche markierten Grenzen und macht Grenzüberschreitungen nicht mehr nachvollziehbar. Als Synthese verschiedener Wirklichkeiten entsteht "eine Wirklichkeitsordnung neuen Typs": die "Fernsehwirklichkeit"[140].

Bei der Beschreibung dieses neuen Wirklichkeitstyps und seiner Wirkung sind die fernsehkritischen Autoren auf Metaphern angewiesen. Claus-Dieter Rath beschreibt Fernsehen als "Fließ-Kulisse":

"Der Raum vor dem Zuschauer bildet eine Art Vexierbild, dessen Realitätsebenen miteinander verschmelzen - die Personen und die Haustiere im

---

Verglichen mit der von Sturm untersuchten Dramaturgie hat sich die Schnittfolge inzwischen noch deutlich erhöht.

[139]Spangenberg 1988, S. 785.

[140]Elsner/Müller 1988, S. 397f.

Vordergrund, durch das Fernsehbild im Hintergrund marschierend, das uns Szenen aus dem japanischen Alltagsleben zeigt."[141]

Die Welt, die als Bild zu uns kommt, ist nach Günther Anders aber "halb an- und halb abwesend, also phantomhaft"[142]. Die Alltagswirklichkeit bleibt davon nicht unberührt:

"... *denn was nun durch TV zu Hause herrscht, ist die gesendete - wirkliche oder fiktive - Außenwelt; und diese herrscht so unumschränkt, daß sie damit die Realität des Heims ... ungültig und phantomhaft macht. Wenn das Ferne zu nahe tritt, entfernt oder verwischt sich das Nahe. Wenn das Phantom wirklich wird, wird das Wirkliche phantomhaft.*"[143]

Während nach Jean Baudrillard das Kino hinter dem Bild noch Raum läßt "für die Transzendenz der Phantasie", beseitigt das Fernsehen jeden Unterschied und läßt nur Raum für Bilder, die auf sich selbst verweisen. Genau jenes Medium, das vorgibt, die Realität als Realität zu inszenieren, ist in Wirklichkeit "die Inszenierung der Fiktion als Fiktion". Nicht nur im Wohnzimmer des Fernsehzuschauers breitet sich die Scheinwelt aus: Wo demonstrierende Menschenmassen vor Kameras, die sich außerdem noch gegenseitig filmen, zusammenlaufen, wird die ganze Straße für Baudrillard

" ... *zu einer Erweiterung des Studios, d.h. zu einer Erweiterung des Nicht-Ortes, des virtuellen Ortes, an dem sich alles abspielt ... Der einzige Zwang ist der, diesen Nicht-Ort zu besetzen.*"[144]

Mitte der fünfziger Jahre wurden die bundesdeutschen Fernsehzuschauer aufgefordert, die erste deutsche "Fernsehfamilie" - die 'Schölermanns' aus der Se-

---

141 Claus-Dieter Rath: Das fernsehende Auge. In: Kamper; Wulf (Hg.): Das Schwinden der Sinne. Frankfurt a.M.: Suhrkamp 1984, S. 39.

142 Günther Anders: Die Antiquiertheit des Menschen. Über die Seele im Zeitalter der zweiten industriellen Revolution. München: C.H. Beck 1987 (Erstausgabe 1956), S. 111.

143 Ebd., S. 105.

144 Jean Baudrillard: Die Telekratie. In: Kaiser; Matejovski; Fedrowitz (Hg.): Kultur und Technik im 21. Jahrhundert. Frankfurt a.M./New York: Campus 1993, S. 256; 258.

rie 'Unsere Nachbarn von Nebenan' - als "Gast" bei sich zu Hause zu "empfangen". Wollten die Zuschauer diese Aufforderung ernst nehmen - und daß sie dies taten, belegt nach Elsner/Müller die historische Rückschau -, so mußte die "Dichotomisierungs-Fähigkeit zwischen menschlichem Körper und menschlichem Geist" vorangetrieben werden. Das Fernsehen intensivierte die mentale Trennung, die schon durch Radio und Telefon gelernt worden war: Es eröffnete erstmals die Möglichkeit, interaktionsähnliche Beziehungen zu Menschen aufzubauen, die nur vermittelt durch elektronische Medien erlebt wurden. Das 'Alleinsein' an einem bestimmten Ort bekam so durch das Fernsehen eine ganz neue Bedeutung. Das Medium trennt den physischen vom sozialen Ort. Seine para-sozialen Akteure sind nach Joshua Meyrowitz "paradoxerweise ... in der Lage, 'Intimität mit Millionen' zu erreichen"[145].

Während sich aber die 'Schölermanns' in harmonischer Runde um ihren Familientisch versammelt präsentierten, wurde bei ihren 'Gastgebern' der Fernseher zum "negativen Familientisch". Nach Günther Anders ist der Fernseher dabei nicht einmal ersatzweise gemeinsamer Mittelpunkt, sondern gemeinsamer Fluchtpunkt der Familie:

" ... *die Möglichkeit, einander anzusehen, besteht nur noch aus Versehen ... Nicht mehr zusammen sind sie, sondern nur noch beieinander, nein nebeneinander, bloße Zuschauer.*"[146]

So wird gerade die Familienserie

" ... *zur Substitution für Formen von face-to-face-Kommunikation, die Medienwand des Bildschirms (beginnt) dünner zu werden als die 'Nachbarschaftswand'*"[147].

Seine Einsamkeit jedoch, das existentielle Gefühl der "Abgetrenntheit", das Erich Fromm beschreibt, kann der Mensch durch para-soziale Interaktion nicht überwinden. Barbara Mettler-v. Meibom spricht davon, daß den

---

[145]Elsner/Müller 1988, S. 404f.
[146]Anders 1987, S. 106.
[147]Elsner/Müller 1988, S. 408.

" ... *künstlichen Nachbarschaften ... das Entscheidende fehlt, nämlich die lebendige Auseinandersetzung zwischen lebenden Wesen.*"[148]

Nur über reale Erfahrungen und reale zwischenmenschliche Interaktion kann danach der Mensch sein Selbstwertgefühl bestimmen und seinen Anlagen gemäß leben. Bei einer deutlichen Reduzierung zwischenmenschlicher Kontakte ist die Fernsehfamilie sicher überfordert, wirksam eine soziale Lücke zu schließen. Die Verkleisterung dieser Lücke durch eine scheinbar hautnahe Teilhabe am medialen Ausfluß der Gefühle reicht gerade aus, um ein Bewußtmachen der eigenen Einsamkeit zu verhindern. So kann der produktive Umgang mit diesem Gefühl verstellt werden.

2.2. 'Immer mehr vom Selben?' Tendenzen der Angebotsentwicklung

Wenn wir davon ausgehen, daß Menschen versuchen, spirituelle Bedürfnisse durch das Fernsehen zu befriedigen und/oder Einsamkeit zu verdrängen, dann ist es unumgänglich, danach zu suchen, was ihnen von der Seite der Anbieter zur Verfügung gestellt wird.

Eine Suche, die uns automatisch in eine schwierige Doppelrolle drängt: die der WissenschaftlerInnen, die zum Thema erhobene Daten analysieren und sie mit den Daten vergangener Jahre in Relation setzen, um eine Aussage über Veränderungen machen zu können, und die der Fernsehzuschauerinnen, deren Eindruck vom Fernsehangebot schon von ihrer individuellen Art der Nutzung geprägt ist.

---

[148]Barbara Mettler-v. Meibom: Soziale Kosten in der Informationsgesellschaft. Überlegungen zu einer Kommunikationsökologie. Frankfurt a.M.: Fischer 1987, S. 55; dies.: Handlungsstrategien von Müttern bei ausuferndem Medienangebot oder: "Jetzt muß man immer diskutieren, wie und warum nicht". In: Ministerium für Arbeit, Gesundheit und Soziales des Landes Nordrhein-Westfalen (Hg.) (1996): Arbeits- und Orientierungshilfen für die Frauenbildung, S.21 (am Beispiel der Familie E).

Beide Rollen sollen im folgenden Text zu ihrem Recht kommen, und so treffen sich faktengestützte Aussagen mit persönlichen Eindrücken, gerade wenn es um die Angebotsveränderungen bei den vier meistgenutzten Programmen (ARD, ZDF, RTL, SAT1) geht. Daß mit Erweiterung des Fernsehangebots auch qualitativ hochwertige Anbieter wie ARTE und 3SAT in der deutschen Fernsehlandschaft aufgetaucht sind, will dieser Beitrag nicht in Abrede stellen, untersucht sie jedoch auch nicht, da ihre Einschaltquoten weit hinter denen der vier vorher benannten Programmen zurück bleiben und sie damit für unsere Fragestellung nicht oder nur sehr peripher von Bedeutung sind.[149]

Wenn also im Folgenden von den 'Privaten' oder den 'kommerziellen Anbietern' die Rede ist, so sind damit nur die hier betrachteten RTL und SAT1 gemeint. Soweit es sich bei den folgenden Daten um von uns selbst erhobene handelt, haben wir uns ebenfalls auf die Beobachtung der vier großen Sender (ARD, ZDF, RTL, SAT1) beschränkt. Im Text angegebene, weitergehende Untersuchungen belegen die von uns festgestellten Trends jedoch auch für einige der anderen privaten Programme.[150] Die Fragen, die wir uns in diesem Kapitel stellen wollen, lauten:

Zu welchen Zeiten steht Fernsehangebot zur Verfügung und aus welchen Bausteinen setzt sich der mögliche Gefährte der einsamen Stunden zusammen?[151]

2.2.1. Zu welchen Zeiten steht Fernsehangebot zur Verfügung?

Der Titel dieses Unterkapitels ist eine Frage, die doch eigentlich schon seit Jahren nur noch rhethorischer Natur ist. Wie sollte man schon darauf antworten außer mit einem achselzuckenden "IMMER"?

---

[149]Vgl. Wolfgang Darschin; Bernward Frank: Tendenzen im Zuschauerverhalten. In: Media Perspektiven 3/1994, S. 98-110.

[150]Vgl. die Programmstruktur von Pro7, RTL2, Kabel1 an einem beliebigen Wochentag.

[151]Zwischenbemerkung: Der stellenweise ironische Unterton, der sich in die Auflistung der Angebote in diesen Teil unserer Untersuchung geschlichen hat, sollte zukünftige LeserInnen nicht an den erhobenen Zahlen und Erkenntnissen zweifeln lassen, sondern eher unterstützend von der Fassungslosigkeit künden, die die Autorin dieser Zeilen bei der Betrachtung mancher Programmentwicklung erfüllt hat.

Das Fernsehen hat in den letzten zehn Jahren, ohne daß dies in besonderer Weise ins Bewußtsein der Öffentlichkeit getreten wäre, unmerklich die Kategorie der zeitlich begrenzten kulturellen Angebote wie Theater und Kino verlassen, in der es zugegebenermaßen schon immer ein Zwitterdasein geführt hat. Nur das Fernsehgerät im Wohnzimmer war immer da, das Programm war es nicht. Die Sparte, in der es sich allerdings jetzt befindet, setzt sich aus ganz anderen Komponenten zusammen, aus den Dingen nämlich, die wir ständig brauchen und von denen wir glauben, daß wir ohne sie nicht leben können. Wir haben immer Strom, immer Wasser, immer Wärme und seit einigen Jahren auch immer Fernsehprogramm.

Das war jedoch nicht immer so. Mit der sukzessiven Einführung des Dualen Rundfunks Mitte der achtziger Jahre hat sich die Bundesrepublik von einer wohltuend überschaubaren, zeitlich begrenzten Fernsehlandschaft für immer verabschiedet und dem kraftvoll bebilderten, stroboskopartigen Dauerfeuer der Werbetreibenden die Wohnzimmer weit geöffnet. Nach gerade zehn Jahren scheint die Erinnerung an ein Fernsehprogramm, das nicht wie das Radio rund um die Uhr zur Verfügung stand, schon fast verblaßt. Ging es wirklich einmal ohne?

Vor der Einführung der privaten Sender waren große und für die Frage nach dem Verhältnis von Einsamkeit und Fernsehen auch wichtige Zeiträume nur vom Flackern des Testbildes begleitet. Fernsehzeit begann am frühen Nachmittag und endete in den frühen Abendstunden, der Morgen war für das Schulfernsehen und gelegentliche Wiederholungen reserviert, der Mittag war fernsehfrei, und nur selten vereinte eine mitternächtliche Sportveranstaltung die Nation vor den Geräten.

Unter dem Druck der Konkurrenz aber wurden neue Sendezeiten erschlossen. Der Morgen wurde neu entdeckt, und die 'Mittagslücke' mußte plötzlich geschlossen werden, die Zeit nach 23 Uhr garantierte Schutz vor den Jugendschützern, und schneller als gedacht traf die letzte Serienwiederholung in den frühen Morgenstunden auf den ersten Comicclip für aufgeweckte Schulkinder.[152]

[152]Vgl. Wolfgang Darschin; Bernward Frank 1994.

Die Jagd nach den verlorenen Stunden war dabei am Anfang ein ungleiches Rennen, starteten doch die öffentlich-rechtlichen Sendeanstalten schon mit einem sehr hohen Sendevolumen. Aber nachdem die rechtliche Zukunft der Privaten 1987 auf sichere Füße gestellt worden war, expandierte ihr Programm so stark, daß sie schnell eine Angebotsüberlegenheit vermelden konnten.[153]

Eine Überlegenheit, die man aber weder damals noch heute irgendwelchen Programminnovationen zuschreiben könnte, sondern die, vor allem in den als nutzungsschwach bekannten Nachtstunden, aus Wiederholungen bestand und besteht.[154]

Die Devise der kommerziellen Anbieter lautet also offensichtlich: 'ständige Präsenz ist wichtiger als Qualität', und so setzt sich das Nachtprogramm der beiden großen Privatsender aus allem zusammen, was billig ist. Den Aufzeichnungen der schon am Tage nicht life gesendeten Talkshows gehen in der Nacht US-amerikanische Serien voraus, deren Altersbestimmung in den Bereich der Archäologie fiele.[155]

ARD und ZDF haben ihr Abendprogramm zwar auch, vor allem am Wochenende, ausgedehnt, aber wenn nicht gerade der Sport dazwischen kommt, dann verzichten sie auf die Sendezeit zwischen zwei Uhr nachts und sechs Uhr morgens.

Egal, wie man 1995 seine Fernsehbilder in der BRD empfängt, über die Antenne, das Kabel oder die Satellitenschüssel, es gibt keine Stunde mehr am Tag ohne Programm. Was in diesen vielen Stunden gesendet wird, damit befaßt sich das nächste Kapitel.

---

[153]Vgl. Udo Michael Krüger: Infos-Infotainment-Entertainment. Programmanalyse 1988. In: Media Perpektiven 10/1988, Seite 637-663.

[154]Vgl. RTL-Prgramm vom 19.1.1995, 00.30 h- 5.15 h und SAT1-Programm vom gleichen Tag 1.40 h - 5.05 h. Beide Programme strahlen zu dieser Zeit an jedem Wochentag nur Wiederholungen des Tagesprogramms aus.

[155]Vgl. das Programm von RTL und SAT1 eines beliebigen Wochentages im Jahre 1994.

2.2.2. Aus welchen Bausteinen setzt sich der mögliche Gefährte der Einsamkeit zusammen?

Laut Programmauftrag müssen die öffentlich-rechtlichen Sender ein ausgewogenes, vielfältiges, qualitativ hochwertiges Programm anbieten und sehen sich damit in den neunziger Jahren zunehmend in einem Dilemma. Immer mehr wird die Einschaltquote zum einzigen Merkmal für ein erfolgreiches Programm und drängt andere Qualitätsmerkmale in den Hintergrund. Trotzdem erfüllen die öffentlich-rechtlichen Sender die ihnen auferlegten Bedingungen noch immer in einem hohen Maße.

"*Die Einführung von kommerziellem Rundfunk hat nicht ein vorhandenes System ergänzt, sondern ein neues System geschaffen.*"[156]

Programme, die sich durch Werbung finanzieren, müssen und haben andere Ansprüche an ihr Publikum. Anders als die ARD und das ZDF spalten sie ihre Zuschauer in potentielle Interessengruppen für ihre unzähligen Werbetreibenden auf.

Der gemeinsame Fernsehabend der Familie, über dessen kommunikativen Wert Experten lange gestritten haben, weicht dem nach Tageszeiten und Inhalten unterschiedlichen Konsum von einzelnen der anzusprechenden Gruppe.

Der frühe Morgen gehört den unruhig zappenden Kindern, für die mehrere Sender ein Sammelsurium sich täglich wiederholender, kurzer, billiger Comicserien über den Äther schicken. Wenn schon keine dauerhafte Bindung an einen Sender dieses als unruhig bekannten Konsumentenkreises erreicht werden kann, so schafft die allmorgendliche Präsenz der immergleichen Helden vielleicht eine Bindung an die Serien. Ein neues Ritual stellt für viele Kinder den Beginn des Tages dar: Frühstück mit parasozialen Freunden.

Für die Frauen, und hier vor allem für die Hausfrauen, ist der Mittag und der frühe Nachmittag reserviert. Amerikanische *soap-operas* bieten einen nie endenden Zyklus von Liebe, Intrige und Eifersucht in sicherem Abstand zur

[156]Jo Groebel et al.: Bericht zur Lage des Fernsehens für den Präsidenten der Bundesrepublik Deutschland Richard von Weizsäcker, 1994, S. 16.

Realität: Nie zu nah am Leben der Zuschauerinnen und nie zu weit von ihm entfernt.[157]

So viel Teilnahme am Schicksal fremder Menschen verlangt, offensichtlich auch in der Logik der Fernsehwelt, nach einer Phase der Aussprache. Pünktlich um 15.00 Uhr beginnt die erste von mehreren Talkshows, in denen täglich neue Probleme geschaffen und besprochen werden. Immer neue Normabweichungen werden von ExpertInnen erklärt und intime Lebensbeichten werden zur Unterhaltung für ein wohlig entsetztes Publikum. Alle reden mit, die Betroffenen, die ModeratorInnen, die ExpertInnen, die StudiozuschauerInnen, ... und die ZuschauerInnen zu Hause möglicherweise auch.[158]

Der Abend schließlich ist bei den Privaten eine Mischung aus Infotainment, Actionserien, Reality-TV und ganz altmodischer Unterhaltung; offensichtlich ist jetzt die Chance am größten, die gesamte Nation zu erreichen und nach Interessen aufzuteilen.

In den Serieninhalten der großen privaten Sender spielen die einkommensschwachen Gruppen, die Rentner und die Arbeitslosen eine geringe Rolle. Zwar wird ihr Schicksal von den selbsternannten Rächern und Rächerinnen der entrechteten Fernsehnation (Schreinemakers hilft...) gerne thematisiert, dient im Infotainment-Dschungel aber eher dazu, Emotionen bei den erwünschten Zuschauergruppen auszulösen.

Für unser Thema ist gerade diese wachsende Emotionalisierung der Fernsehunterhaltung ein wichtiger Punkt, genau wie die Vielzahl sich täglich wiederholender Sendungen, die sich oftmals plump als Beziehungen anbieten.

Obwohl ARD und ZDF ihre Programmstruktur weitestgehend beibehalten haben und auch das Informationsangebot mit 40% der täglichen Sendezeit[159] weit über dem der privaten Anbieter liegt, haben sie doch in einigen Bereichen dem Diktat der Quoten nachgegeben. Im Januar 1995 schicken nicht länger nur

---

[157]Mit Beginn des Jahres 1995 hat SAT1 Abstand genommen vom morgendlichen Kinderprogramm und sein Talk Angebot um die tägliche Talkshow "Frauen!" erweitert, die, eingerahmt von Ratgeber-Sendungen und Soaps, um 10.45 h ausgestrahlt wird.

[158]Vgl. Gary Bente; Bettina Fromm: Affektfernsehen. Motive, Angebotsweisen und Wirkung. Psychologisches Institut der Universität zu Köln. Zwischenbericht. Köln 1996.

[159]Vgl. Groebel et al. 1994, S. 51.

RTL und SAT1 tägliche Soaps auf die Suche nach bindungswilligen Zuschauerinnen, sondern auch ARD und ZDF sind mit Eigenproduktionen auf den schon in voller Fahrt befindlichen Zug aufgesprungen. Die RTL-Serie 'Gute Zeiten - Schlechte Zeiten' hatte es bewiesen: Alles, was der Zuschauer jeden Tag sieht, und sei es auch noch so schlecht, lernt er zu lieben.

Von den 13 täglichen Serien auf den vier Kanälen sind lediglich vier deutsche Produktionen, der Rest kommt, bis auf eine australische Sendung, aus dem Mutterland dieser Programmgattung, den USA.[160]

Auch der täglichen Talkshow wollte sich die ARD nicht verschließen, wahrte allerdings, für unser Thema sicher nicht uninteressant, den Qualitätsanspruch durch den Einsatz eines evangelischen Pfarrers als Talkmaster.[161]

Ein weiterer Pfeiler der privaten Sender, die tägliche Gameshow, hat bei den öffentlich-rechtlichen Programmen noch keine Heimat gefunden. Die nur schlecht als 'Kindergeburtstag für Erwachsene' getarnten Dauerwerbesendungen würden allzu harsch mit den erlaubten Werbezeiten von ARD und ZDF kollidieren.

Das Bedürfnis nach unterhaltender Ablenkung ist also auf allen Programmen mehr als gedeckt. Ist es aber nur das, was die ZuschauerInnen suchen?

"In Zeiten sozialer und politischer Umbrüche steigt die Nachfrage nach Orientierungshilfen des Fernsehens stark an."[162]

---

[160] **ARD-Serien**: 'Verbotene Liebe', 'Marienhof' (beide BRD). **ZDF-Serie**: 'Macht der Leidenschaft' (USA). **RTL-Serien**: 'Springfield Story', 'California Clan', 'Reich und Schön', 'Zeit der Sehnsucht' (alle USA); 'Unter uns', 'Gute Zeiten, schlechte Zeiten' (BRD). **SAT1-Serien**: 'Nachbarn' (Australien), 'Loving - Wege der Liebe', 'Unter der Sonne Kaliforniens', 'Falcon Crest' (alle USA).

[161] Die Studiodekoration und der Ablauf der ARD-Talkshow 'Fliege' sind mit den Talkshows der Privaten identisch. Auch bei der Themenwahl läßt sich nur schwer ein Unterschied feststellen.

'Fliege'-Themen vom 13.2.-15.2.1995: Opfer von Naturkatastrophen/ Contergan, ein Medikament hat mein Leben bestimmt/ Karrierekids, Glückskinder oder Kinder ohne Glück.

'Hans Meiser' (RTL)-Themen vom 8.2.-10.2.1995: Wenn Ärzte pfuschen/ Ungelöste Mordfälle/ Mütter und Töchter.

'Ilona Christen' (RTL)-Themen vom 8.2.-10.2.1995: Kinder von Prostituierten/ Fahrschul-Erlebnisse/ Böse Stiefmütter?

[162] Groebel et al. 1994, S. 51.

Was wie eine leichte Abwandlung unserer dritten These[163] klingt, ist ein Ergebnis des Berichts zur Lage des Fernsehens, belegt durch das extrem hohe Informationsbedürfnis der Zuschauer im Jahre 1990.

Auf der Suche nach dieser Orientierung aber werden die Zuschauer überschüttet mit einer unüberschaubaren Flut intensiver, oft schrecklicher Bilder, denen im selben Moment lustige Geschichten folgen.

"*Winfried Schulz weist auf die Gefahr von 'Orientierungsproblemen', 'Ratlosigkeit' und 'Mißtrauen' hin, was zu politischer Entfremdung führen könne. Informationsüberlastung könne in eine Art 'medieninduzierte gelernte Hilflosigkeit' gegenüber einer gesellschaftlichen Welt münden, die dem Individuum in teils bestürzenden Bildern und alarmierenden Botschaften nahe rückt, ohne daß es sich noch sicher fühlen kann, Übersicht und Kontrolle zu behalten, vermutet der Schweizer Medienforscher Heinz Bonfadelli.*"[164]

Die möglicherweise folgenschwerste Veränderung im Fernsehangebot stellt also die zunehmende Vermischung von Programmformen dar. Information trifft Unterhaltung im Infotainment, Realität und Fiktion verbinden sich mühelos im Reality-TV.

Dem gegenüber steht die Welt der täglichen Serien mit ihren auf wenige, ständig wiederkehrende Konfliktbereiche beschränkten Problemlagen.

"*Das Grundgerüst der Soap-Opera besteht aus persönlichen Beziehungen, die selbst in denjenigen Serien vorherrschen, deren Haupthandlungsorte Arbeitsplätze wie Büros oder Krankenhäuser sind. Robert Allen spricht von drei Arten von Beziehungen, die seiner Meinung nach für die Soap-Opera-Dramaturgie wesentlich sind: Verwandschafts-, Liebes- und Sozialbeziehungen (in einem engen parochialen Sozialbereich).*"[165]

---

163 Vgl. dazu Teil II, 3.1.

164 Ebd. S. 52.

165 Gerlind Frey-Vor: Charakteristika von Soap-Operas und Telenovelas im internationalen Vergleich. In: Media Perspektiven 8/1990, S. 488-496.

Eine trotz ihrer Konflikte also heile Welt, die zudem noch eine wohl oft vermißte Kontinuität vermittelt und die nie andeutet, daß sie die Zuschauer eines Tages verlassen wird, im Gegenteil:

"*Wegen der auf Langzeit angelegten Erzählstruktur der anglo-amerikanischen Soap-Operas vertritt Dennis Porter die These, daß die Soap-Opera nicht wie andere dramatische und literarische Formen aus Anfang, Mitte und Ende bestehe. Vielmehr bestehe sie aus einer bis ins Unendliche ausdehnbaren Mitte, da man ihren Anfang aus den Augen verliere und es Zweck sei, niemals zu enden.*"[166]

Während also die Realität in den Informationssendungen der Privaten zunehmend zur Bedrohung wird, wird die Fernsehwelt zum Freund. "Ab sofort sind sie täglich unter uns", wirbt RTL für eine neue Serie[167] und bittet die Zuschauer auf ganzseitigen Anzeigen mit den Bildern von Moderatoren und Serienhelden: "Feiern sie Weihnachten mit guten Freunden".

Nur Zuschauer, die es in einem hohen Maße verstehen, dieses Angebot selektiv zu nutzen, haben im verwobenen Durcheinander von Fiktion und Realität eine wirkliche Chance auf Information oder Unterhaltung. Dem großen Rest der wahllos und zunehmend auch alleine Fern-Sehenden bleibt ein Slalom durch eine Welt voller Schreckensnachrichten und zweidimensionaler Freunde.

2.3. Tendenzen der Fernsehnutzung

Die beschriebene Veränderung der Fernsehlandschaft auf der Angebotsseite hat tiefgreifende Folgen für die Nutzung des Mediums Fernsehen in Deutschland. Hier geht es um den Gebrauch, den die Fernsehzuschauer vom verfügbaren und vom vermehrten Programmangebot machen. Wenn mehr Angebot besteht, wird es dann auch mehr genutzt? Es geht also um das altbekannte Wechselspiel von Angebot und Nachfrage.

---

[166]Ebd., S. 492.

[167]Siehe Anlage zu diesem Kapitel.

Die bundesdeutschen Fernsehzuschauer reagieren auf das Mehr an Fernsehsendern mit einem in Maßen erhöhten Fernsehkonsum. Sie scheuen jedoch weder Kosten noch Mühen, um neben den öffentlich-rechtlichen vor allem die sich ständig neu etablierenden privaten Fernsehsender sehen zu können. Nach jahrelang stagnierender Fernsehnutzung sorgt das Zeitalter des Dualen Rundfunksystems durch Beginn der Kabelpilotprojekte 1984 und spätestens seit Verabschiedung des Rundfunkstaatsvertrages von 1987 für eine stetige Veränderung des Fernsehverhaltens.

Zeigten die Ergebnisse der GfK-Fernsehforschung für das Jahr 1985 - also rund ein Jahr nach Einführung erster Kabelpilotprojekte - eine erstmalige Zunahme des Fernsehkonsums der Bundesbürger nach jahrelangem Rückgang der Fernsehaktivitäten zwischen 1979 und 1984, so ist seit Etablierung der privaten Fernsehanbieter ein stetiger Zuwachs des Fernsehkonsums zu verzeichnen. So stiegen die Tagesreichweiten des Fernsehens (Montag bis Sonntag) für Zuschauer über 14 Jahre von 62% im Jahr 1984 um 9% auf 71% im Jahr 1985.[168] Den Grund für diese Zunahme sehen die Autoren jedoch nicht in einem veränderten Programmangebot der öffentlich-rechtlichen Sender, sondern in der zunehmenden Ausstattung der Bundesbürger mit Fernbedienungsgeräten.

Die Zuschauer reagieren also auf jeglichen Komfort positiv - natürlich aus Sicht der Fernsehsender und Programmanbieter. Technische Neuerungen - sei es das Farbfernsehgerät, die Fernbedienung, der Videorekorder, der größere Bildschirm oder die größere Auswahl an Fernsehprogrammen - animieren den Fernsehzuschauer, mehr fernzusehen.

So entfällt im Jahr 1990 ein Drittel der zu Hause verbrachten Freizeit auf das Fernsehen, dem bei diesem enormen Zeitaufwand eine eindeutige Sonderstellung zukommt[169] (siehe Abbildung). "Das Fernsehen ist der Deutschen liebster und meister Zeitvertreib", könnte man lax sagen. Es spiegelt seine enorme Bedeutung für die individuelle Lebensgestaltung wieder.

---

[168]Wolfgang Darschin; Bernward Frank: Tendenzen im Zuschauerverhalten. Ergebnisse der GfK-Fernsehforschung für das Jahr 1985. In: Media Perspektiven 4/1986, S. 209.

[169]Vgl. Jo Groebel et al.: Bericht zur Lage des Fernsehens für den Präsidenten der Bundesrepublik Deutschland Richard von Weizsäcker 1994, S. 75; Abbildung S. 86.

Die GfK-Ergebnisse für das Jahr 1992 (acht Jahre nach Einführung des dualen Rundfunks in Deutschland und zwei Jahre nach der Deutschen Einheit) melden ein erhöhtes Empfangspotential für die Privatsender RTL, SAT.1 und PRO 7, so daß "im Dezember 1992 85 Prozent der westdeutschen Fernsehhaushalte RTL empfangen konnten, 81 Prozent SAT.1 und 57 Prozent PRO 7."[170] Dies hat zwar die Sehdauer der Erwachsenen im Vergleich zu 1991 nicht verändert, wohl aber die der Kinder, so daß die durchschnittliche Einschaltdauer pro Tag von 1991 zu 1992 um +3 Minuten zugenommen hat.

Die durchschnittliche Sehdauer der westdeutschen Erwachsenen pro Tag ist innerhalb von vier Jahren von 152 Min. im Jahre 1988 um +8 Minuten auf 160 Min. im Jahr 1992 gestiegen. Die ostdeutschen Erwachsenen sahen im Jahr 1992 mit 198 Min. nochmal eine halbe Stunde pro Tag länger fern als die Westdeutschen.[171] So sahen die Westdeutschen durchschnittlich mehr als 2,5 Stunden pro Tag fern, die Ostdeutschen sogar mehr als 3,25 Stunden.

Neben der relativ stabilen Sehdauer der Westdeutschen verzeichnet die o.g. Studie jedoch eine Verschiebung der Einschalt- und Sehbeteiligungsverhältnisse von den öffentlich-rechtlichen hin zu den Privatsendern.[172] Dieser Trend über Zugewinne der Privatsender wird an anderer Stelle ebenfalls konstatiert und zusätzlich illustriert. [173]

Die Präferenzen der meisten Zuschauer liegen eindeutig in der Unterhaltungssparte. So wurde z.B. festgestellt, daß bei mehr Programmangebot tendenziell weniger Nachrichten gesehen werden.[174]

Die GfK-Studie für das Jahr 1985 beweist, daß bereits damals ein Trend weg von Informations- hin zu Unterhaltungssendungen auszumachen war. Der Fernsehzuschauer sah demnach Sendungen mit unterhaltendem Charakter lie-

---

[170]Wolfgang Darschin; Bernward Frank: Tendenzen im Zuschauerverhalten. Fernsehgewohnheiten und Fernsehreichweiten 1992. In: Media Perspektiven 3/1993, S. 114.

[171]Vgl. ebd. S. 114.

[172]Vgl. ebd. S. 115.

[173]Groebel et al. 1994, S. 76f.; Abbildung S. 87 sowie Marie-Luise Kiefer: Entwicklungstrends der Mediennutzung als Orientierungshilfe für aktuelle Planungsfragen. In: Media Perspektiven 3/1992, S. 190.

[174]Vgl. Groebel et al. 1994, S. 78.

ber als solche mit informativem Charakter.[175] Da sich die Auswahl damals auf max. drei Programme beschränkte (ARD, ZDF und das jeweilige Landesprogramm der ARD als Drittes Programm), fanden Verschiebungen zwischen den beiden Programmen statt bzw. möglicherweise zu ungunsten der Dritten Programme. Sofern auch ARD und ZDF kein ansprechendes Programm anboten, quittierte der Zuschauer dies notgedrungen damit, daß er sich 'fernsehfrei' nahm.

Im Jahr 1992, als der Fernsehzuschauer - sofern er eine Satellitenempfangsanlage besaß oder sein Fernseher verkabelt war - zwischen einer Fülle von Programmen wählen konnte, hat sich der Trend der verminderten Nutzung von Informationssendungen weiter verstärkt.

Die Autoren der Untersuchung über Fernsehgewohnheiten und Fernsehreichweiten von 1992 sprechen vom "Unterhaltungsslalom der verkabelten Zuschauer"[176] und kommen zu dem Schluß, daß der Zuschauer das erhöhte Informationsangebot bei größerer Programmauswahl nicht nutzt, wohl jedoch das erhöhte Unterhaltungsangebot.[177]

"*Unterhaltende Sendungen werden im Vergleich zu informierenden oder bildenden Sendungen überproportional genutzt: Der Anteil von Unterhaltungssendungen an der Nutzung ist weitaus höher als ihr Anteil am Programmangebot, umgekehrt ist es bei politischen oder kulturellen Sendungen. [...] Dies könnte erwarten lassen, daß das Unterhaltungsbedürfnis so groß ist, daß gar nicht genug Unterhaltung angeboten werden kann.*"[178]

Hiermit ist ein Trend in der Fernsehnutzung ausgemacht. Gibt es weitere? Wie nutzen Zuschauer das Medium Fernsehen? Die Forschung der letzten Jahre spricht vom "individuellen Zuwendungsverhalten"[179]:

---

[175]Vgl. Darschin/Frank. In: Media Perspektiven 4/1986, S. 216.

[176]Darschin/Frank. In: Media Perspektiven 3/1993, S. 125.

[177]Vgl. ebd., S. 126.

[178]Groebel et al. 1994, S. 77.

[179]Uwe Hasebrink; Friedrich Krotz: Wie nutzen Zuschauer das Fernsehen? Konzept zur Analyse individuellen Nutzungsverhaltens anhand telemetrischer Daten. In: Media Perspektiven 11-12/1993, S. 518.

Es wird nicht wie in den fünfziger oder sechziger Jahren im Kreise der Familie am Abend zusammen ferngesehen; vielmehr pickt sich jeder über den ganzen Tag verteilt sein persönliches Fernsehprogramm häppchenweise heraus. Das Gemeinschaftsgefühl kommt nicht mehr auf, nicht zuletzt durch das Programmüberangebot, durch das sich der einzelne Fernsehzuschauer kämpfen muß. Die Forschungsergebnisse belegen, daß ein Zuschauer zu 61 % alleine und nur zu 31 % zu zweit fernsieht[180], wobei sich außerdem herausstellte, daß Fernsehkonsum zu zweit im Schnitt knapp zwei Stunden, alleine jedoch weniger als eineinhalb Stunden dauert.

Hinzu kommt eine weitere Veränderung der Stellung des Fernsehens. Es wird zum Nebenbei-Medium bzw. Lückenfüller, von dem die deutschen Fernsehzuschauer aber - wie bereits konstatiert - zu einem Drittel ihrer Freizeit Gebrauch machen. Es wird zum Wegbegleiter durch den Tag - zumindest dann, wenn man zu Hause ist.

Die tradierten Rezeptionsmuster des Fernsehens sind demnach im Zerfall begriffen. Dieser Trend begann mit der Einführung von Fernbedienungsgeräten im Jahr 1985. Spätestens seit Einführung des Dualen Rundfunksystems liegen die Gründe in der Angebotsvermehrung und im Rund-um-die-Uhr-Fernsehen. Die individuelle Fernsehnutzung, d.h. gemäß den persönlichen Bedürfnissen und Vorlieben, die dank erhöhter Programmauswahl ermöglicht wurde, schottet den einzelnen Fernsehzuschauer von den anderen ab.

Die individuelle Fernsehnutzung, und hier besonders das Vielsehen, aber das vorwiegend alleine, ist möglicherweise ein Grund der fortschreitenden Isolierung und Vereinsamung in unserer Gesellschaft. Man spricht hier von "passiv-kommunikationsarmen Gruppen"[181] bzw. Individuen, die ihre Freizeitgestaltung und ihren Raum für kulturelle und soziale Erfahrungen ausschließlich oder fast ausschließlich auf das Fernsehen beschränken. Bei ihm hoffen sie auf Anregungen und Gestaltungshilfen für ihr Leben.

---

[180]Vgl. ebd., S. 520.

[181]Ebd., S. 84.

3. Auswertung der Fallexplorationen

3.1. Aufbau und Ablauf der Untersuchung

Zu Beginn des Lehrforschungsprojektes "Einsamkeit und Vernachlässigung in der Mediengesellschaft" waren wir gefragt, unsere eigenen Empfindungen, Gedanken und Vorstellungen zum Thema im Rahmen einer Eingangsklausur zu spezifizieren, um daraus die eigentliche Zielsetzung der Untersuchung zu entwickeln. In Arbeitsgruppen werteten wir die Klausurergebnisse aus, d.h. wir faßten sie zu den jeweiligen Fragestellungen zusammen und stellten sie dem Plenum vor. Dabei wurde deutlich, daß sich das gemeinsame Forschungsinteresse auf Einsamkeit richtete, so daß das Phänomen Vernachlässigung ausgeklammert werden konnte. Weiterhin stellte sich heraus, daß ein Großteil der SeminarteilnehmerInnen sich von den Medien tendenziell verführt und sich ihnen ausgeliefert fühlte - die Möglichkeit der Selbstbestimmung ("Abschalten") wurde kaum in Betracht gezogen. Deshalb wurde der Vorschlag einer gemeinsamen Woche Fernsehabstinenz gemacht, um die Aufmerksamkeit für den eigenen Umgang mit Medien zu schärfen. Dieser Vorschlag führte z.T. zu erheblicher Beunruhigung: Der Gedanke, daß wir uns selber vom Thema nicht ausklammern können, stellte die Frage nach dem dazu notwendigen Vertrauen innerhalb der gesamten Seminargruppe.

Nach erfolgreich durchgeführtem und auch lehrreichem Experiment wendeten wir uns erneut der Frage nach Gegenstand, Objekt und Methode der geplanten Untersuchung zu. Eine Kommilitonin machte den Vorschlag, uns selbst zu erforschen - schon aus rein pragmatischen Gründen: eine Gruppe Studierender ungefähr gleichen Alters, sozial- und/oder kommunikationswissenschaftlich orientiert, aus dem großstädtischen Lebensraum, ähnliche Bildungs- und Einkommensverhältnisse und durch eine eher kritische Haltung gegenüber Medien verbunden, boten sich aufgrund der besseren Vergleichbarkeit der Ergebnisse und um ihrer "Verfügbarkeit" willen an. Es lockte darüber hinaus die Möglichkeit, Erfahrungen austauschen, diskutieren und interpretieren zu können, was tiefere Einsichten in die eigene Persönlichkeit und das nähere Kennenlernen der MitstudentInnen versprach. Außerdem bot diese Herangehensweise direkten Zugang zu Informationen und ließ somit auf eine wahrhaftigere, "existentiellere" Ebene der Ergebnisse hoffen, als dies bei einer Fremdbefragung zu erreichen wäre. Solche Vorstellungen wurden aber auch von der Sorge um die "Wissenschaftlichkeit" der Ergebnisse einer Selbstbefragung überschattet. Außerdem führte dieser Vorschlag wiederum zu einer Beunruhigung der Gesamtgruppe: für jede(n) einzelne(n) war damit die Frage gestellt, ob er/sie diese Nähe bzw. Intimität in diesem Rahmen zulassen möchte.

Die strittige Frage nach dem Objekt und Uneinigkeit bezüglich des Gegenstandes der Forschung motivierte die StudentInnen, sich trotz teilweise großen Unbehagens auf eine psychodramatische Lösungsfindung[182] unter Anleitung der Dozentin einzulassen. Als Ergebnis konstituierten sich drei Arbeitsgruppen: die "Theoriegruppe" (sozusagen als "Überbau" und Verbindungsglied), die "Telefongruppe" (die eine Fremdbefragung zum Medium Telefon wählte) und unsere "Fernsehgruppe" (Selbstbefragung zum Thema Fernsehen).

Die ursprüngliche Fragestellung unserer (Fernseh-)Gruppe "Verschleiert Fernsehnutzung das Empfinden von Einsamkeit?" wurde während einer Arbeitssitzung in der Privatwohnung einer Seminarteilnehmerin, beeinflußt durch Raum und Atmosphäre, transzendiert: "Ersetzt Fernsehen Spiritualität im Umgang mit Einsamkeit? Ist Fernsehen Opium fürs Volk?" Folgende Untersuchungshypothesen wurden bezüglich unseres im Kapitel II.1 ausführlich dargestellten Erkenntnisinteresses aufgestellt:

1. Jeder Mensch hat spirituelle Bedürfnisse.
2. Die traditionellen religiösen Glaubensgemeinschaften der westlichen Welt sind im Zerfall begriffen.
3. Halt, Rat, Entscheidungshilfen, Hoffnung werden gerade in Krisenzeiten gesucht.
4. Das Fernsehen hat außer informativem und unterhaltendem Charakter auch die Funktion, "spirituellen Halt" zu geben.
5. Das Fernsehen wird von religiösen Gemeinschaften als Transportmedium genutzt.[183]

---

[182] Dabei handelt es sich um ein gruppendynamisches Verfahren, das hier für eine Entscheidungsfindung eingesetzt wurde.

[183] Im Laufe unserer Untersuchung trat Hypothese 5 völlig in den Hintergrund; sie ist hier nur der Vollständigkeit halber aufgeführt.

6. Unterhaltungssendungen und Talk-Shows geben - ohne offensichtlich religiösen Charakter zu haben - Lösungswege für Alltagskonflikte vor.
7. Eigene Fragen werden durch vorgegebene Fragen erstickt.
8. Vorgegebene Instantlösungen lähmen den Willen und das Zutrauen, individuelle Lösungen selbst zu finden. Die Entwicklung kommunikativer Kompetenz wird gehemmt.
9. Der Fernseher als Berater wird auch als Begleiter der Einsamkeit akzeptiert, so daß Einsamkeit nicht spürbar wird.
10. Um sich in Konfliktsituationen auf den Weg zu machen - auch nach spirituellen Hilfen -, muß man/frau seine/ihre Einsamkeit spüren.

Anschließend entwickelten wir einen an die Hypothesen angelehnten Gesprächsleitfaden für die Interviews, wobei außer Frage stand, daß für uns als Methode nur die qualitative Sozialforschung in Betracht kommen konnte.[184] Auffallend war dabei, daß die Vorstellungen von Spiritualität, Religiosität, Transzendenz vage waren und erst allmählich zu einer gewissen Klärung kamen. Dies drückt sich auch im Umgang mit den entsprechenden Fragen aus.

Zu problematisieren bleibt schließlich unser doch recht ungewöhnliches Konzept der Selbstbefragung, weil es dem Anspruch einer empirischen Erhebung im herkömmlichen Sinne nicht gerecht zu werden scheint. Methodisch erschwerend kommt hinzu, daß die Interviews vor versammelter Unterarbeitsgruppe geführt wurden und somit im Prinzip nicht vergleichbar sind: Die Gruppenmitglieder wurden im Verlauf mehrerer Wochen nach und nach befragt, während eine ständige Weiterentwicklung der TeilnehmerInnen stattfand. Wir hatten uns allerdings im Vorfeld entschlossen, dies billigend in Kauf zu nehmen, denn unser Setting ließ eine hohe Qualität der Antworten und somit auch der Ergebnisse erwarten, was angesichts des komplexen und äußerst sensiblen Themas nur wünschenswert und für uns von oberster Priorität war. Zudem entschlossen wir uns, Kontrollinterviews mit jeweils eine(r) VertreterIn der anderen Arbeitsgruppen zu führen, um offen für andere Sichtweisen zu bleiben - wovon letztendlich nur eines zustande kam.

[184] Vgl. Interviewleitfaden im Anhang.

Die Interviews erstreckten sich über einen Zeitraum von jeweils circa 1,5 Stunden und wurden in unserer Gruppe in Privatwohnungen in Abwesenheit der Dozentin abwechselnd geführt und protokolliert. Es stellte sich als schwierig für den/die jeweilige(n) InterviewerIn(en) heraus, die Balance zwischen unserem Gesprächsleitfaden und dem individuellen Eingehen auf die befragte Person zu finden bzw. zu halten. Daraus resultiert die unterschiedliche Ausprägung der Themenkomplexe in den Befragungen; der Schwerpunkt verschob sich je nach Gesprächsverlauf entsprechend der Haltung der Interviewerin und der befragten Person.

Die Auswertung war ebenfalls mit einigen Problemen verbunden: Da wir die Gespräche protokolliert hatten, anstatt sie mit Hilfe eines Tonbandes aufzuzeichnen und anschließend zu transkribieren, verlor sich ein Stück Authentizität und Lebendigkeit. Als wir sie dann zu systematisieren versuchten, war die jeweilige Person nicht mehr fühlbar - es entstand "ein Gerippe vom Gerippe". Aus diesem Grund entschlossen wir uns, die Falldarstellungen in Form von Portraits (eine Mischung aus Darstellung und Auswertung) festzuhalten. Die Fragen, die den Portaits ihre Struktur geben, orientieren sich weniger an unseren o.g. Hypothesen, vielmehr richten sie sich nach unserer grundlegenden Fragestellung: "Ersetzt Fernsehen Spiritualität im Umgang mit Einsamkeit?" Ihr kommt für die Analyse und abschließende Bewertung ein zentraler Stellenwert zu. Unser Gesprächsleitfaden beinhaltete u.a. die Frage: "Was symbolisiert der Fernseher für dich - in einem Bild, in einem Satz?" Die Antwort hierauf stellen wir als "Motto" oder Überschrift dem jeweiligen Portrait voran.

Durch unser Setting, das die Gruppenmitglieder untereinander sehr vertraut machte, entstand eine große Offenheit hinsichtlich der teilweise sehr persönlichen und existentiellen Fragen. Einige sprachen über Dinge, die sie sonst noch niemandem mitgeteilt hatten und es gelang, den/die Befragte(n) in kritischen Situationen aufzufangen.

Die Öffnung in die "Großgruppe" war dementsprechend mit Hemmungen verbunden und verlangte eine Vorbereitung beider Seiten: Wichtig für die Fernseh-Gruppe war es zu wissen, daß die einzelnen SeminarteilnehmerInnen achtungsvoll und behutsam mit den Inhalten ihrer Portaits umgehen und daß Identifizierungen gegenüber Dritten nicht vorkommen werden. Für die einzelnen Interviewten war es entscheidend, sich noch einmal mit ihren Aussagen zu identifizieren, sie anzunehmen und abzuwägen, was sie einer Öffentlichkeit anvertrauen wollen. Dies führte zu einer erneuten Auseinandersetzung mit den Themen Einsamkeit und Spiritualität.

Die jeweiligen "Fälle" werden im nächsten Kapitel in Form von Portraits einzeln dargestellt. Bei diese Portraits handelt es sich nicht zuletzt um Momentaufnahmen, d.h. sie spiegeln aus einer besonderen Stimmung und Situation heraus gegebene Antworten wieder und stellen somit keine bleibende Charakterstudie dar. Sie werden anschließend (unter 3.3) verglichen und auf Gemeinsamkeiten untersucht. Abschließend (unter 4.) folgt die zusammenfassende Bewertung unserer Forschung und ein Ausblick.

3.2. Portraits

"Der Fernseher ist ein bunter Gefühlsquirl."
Portrait A

1. Soziale Netzwerke und persönliche Lebenssituation

A ist 33 Jahre alt, sie ist Studentin der Kommunikationswissenschaft und lebt mit ihrer Lebensgefährtin in einer 70qm-Wohnung mit gemeinsamer Aufteilung (kein eigenes Zimmer); sie ist sehr mobil und hat keine Finanzprobleme (sie selbst arbeitet als studentische Hilfskraft, ihre Freundin ist voll berufstätig). Zu ihren regelmäßigen Tätigkeiten neben der Uni gehört das leidenschaftliche Lesen und die Teilhabe am kulturellen Leben (in erster Linie Kino, aber auch Theater, Oper, Ballett und Sportveranstaltungen), außerdem schreibt sie selbst Gedichte, Kurzgeschichten und z.Zt. an einem Roman.

A hat keine Familie (ihre Mutter ist vorletztes Jahr gestorben), dennoch fühlt sie sich durch ein stabiles Netzwerk getragen: 2 sehr nahe Freundinnen neben ihrer Lebensgefährtin, die für sie ihre Familie bedeuten, darüber hinaus viele langjährige Freundschaften, die sie unterschiedlich pflegt, z.T. nur über Briefe und Telefon.

2. Einsamkeit: Erfahrungen und Umgang

A erinnert sich an die Situation, als sie mit 17 vollkommen überstürzt von zu Hause auszog. Ihre Mutter war seit einigen Jahren schon psychisch krank und ihr Vater unfähig, mit dieser Situation umzugehen. A ging weg und fühlte sich, ohne Familie und ohne Halt, verlassen. Menschen, die sie schnell kennenlernte oder auch schon kannte, konnten nicht zu ihr durchdringen, da sie es nicht zulassen wollte/konnte. Obwohl sie viele Kontakte hatte, fühlte sie sich einsam und allein.

Erst einige Jahre später konnte sie sich innerhalb einer Liebesbeziehung und einer festen, harmonischen Gruppe, der sie sich zugehörig fühlte, öffnen und ihr Einsamkeitsgefühl abbauen.

Als sie sich dann nach 7 Jahren wieder ziemlich gewaltsam von ihren Bezugspersonen trennte, fiel sie in das alte Gefühl zurück. Sie reagierte mit existentiellen Angstschüben, die sich in einer Kreislaufschwäche äußerten.

Wenig später, nachdem sie sich selbst und innerhalb einer Beziehung gefestigt hatte, stellte sie erstmalig wieder den Kontakt zu ihrer Mutter her, die in einem Pflegeheim lebte. Sie kümmerte sich um sie bis zu ihrem Tod, bei dem alle überstanden geglaubten Gefühle erneut aufbrachen. Das war für A die existentiellste Form von Einsamkeit: "Der Verlust hatte mich von der Welt und von den Menschen getrennt."

Daneben kennt A ein Gefühl des ungewollten Alleinseins, das aber nicht wirklich ein Problem beinhaltet und äußerst kurzzeitig ist.

Für A ist die Überwindung des Gefühls der Einsamkeit sehr stark an die soziale Einbindung geknüpft. Sie sucht das Zusammensein und sich 'Aufgehoben-Fühlen' in dem Kreis von Menschen, die sie liebt. Es gibt zwar Dinge wie Schreiben und Lesen, die A leidenschaftlich und entsprechend häufig macht und bei denen sie das Alleinsein vorzieht oder geradezu sucht, aber bei existentiellen Einsamkeitsgefühlen braucht sie den Kontakt zu ihren Bezugspersonen. Sie kann sich jedoch vorstellen, daß sich das Schreiben für sie zu einer anderen, kreativen Form entwickeln kann, mit Einsamkeit umzugehen.

Allgemein geht für sie Einsamkeit über das bloße Empfinden körperlicher Abwesenheit von Personen hinaus. Sie beinhaltet vielmehr eine existentielle Entwurzelung, vor allem seelischer, aber auch geistiger Art. Für A ist weiterhin klar, daß sie mit diesem Gefühl konkret umgehen muß, daß sie es anschauen und sich auseinandersetzen muß.

3. Spritualität/Religiosität/Transzendenz

Für A ist die Teilhabe am geistigen Erleben anderer Menschen, beispielsweise durch Bücher, aber auch durch Fernsehprogramme, die die Funktion eines "aufgeschlagenen Buches" haben können, ein äußerst "transzendentales" Erlebnis, ebenso kann dies aber auch der Austausch mit anderen Menschen über z.B. Gelesenes oder Erlebtes sein. Sie haßt es, ein Buch zuschlagen zu müssen, wenn sie es zu Ende gelesen hat, "es ist wie Abschied nehmen".

Spritualität ist für sie die Suche nach "Geistern", nach "Energien", nach "Zusammenhängen im Kosmos", nach einem mächtigeren Ganzen, welches größer ist als sie. Allerdings schließt sich A dieser Suche nicht an. Sie kann sich jedoch vorstellen, daß das Gefühl, in der Geschichte aufzugehen, die sie liest oder die sie selbst schreibt, Teil einer sprituellen Suche sein könnte.

Obwohl A katholisch erzogen wurde, lehnt sie diese Religion ab; sie ist aus der Kirche ausgetreten, da dieser Glauben "mit einem so großen Maß an Intoleranz einhergeht". Sie verbindet damit "dunkle Gestalten, die im kalten unbarmherzigen Mittelalter Menschen verbrennen". Außerdem fühlt sie sich als Lesbe ausgegrenzt und diskriminiert.

4. Fernsehkonsum

A ist vielseitig mit Medien ausgestattet. Sie besitzt u.a. einen sehr großen Fernseher mit Bildschirmtext, unverkabelt (ungewollt), Videorecorder und kann die öffentlich-rechtlichen Programme sowie RTL, SAT I und VOX empfangen. Sie telefoniert äußerst ungern (möchte manchmal nicht erreichbar sein). A schaut, abhängig davon, wieviel Zeit sie hat, in der Woche ca. 2 Std. täglich, am Wochenende ca. 3 Std. fern (in den Semesterferien mehr). A guckt lieber mit anderen Menschen, da sie den Austausch über das, was sie sieht, sucht.

Der Fernseher übernimmt für A in manchen Momenten ihre Tageseinteilung: "Ich schreibe bis Star Treck kommt." A hat die Programmstruktur im Kopf. Sie empfindet das Fernsehen als Entspannung, da sie nicht für das, was gesendet wird, verantwortlich sein muß.

Außerdem "versorgt" der Fernseher A "mit Emotionen", wenn beispielsweise Leute, die A mag, im Sport gewinnen, empfindet sie selbst ein Gefühl der Stärke und des Kontaktes mit einer übergeordneten Struktur. A sieht im Fernseher "einen bunten Gefühlsquirl", und sie "mag die Welt, die dieser kreiert". Er gibt ihr die Möglichkeit, mit Menschen zu trauern, sich zu freuen und zu gewinnen.

"... die Geschichten sind zwar fertig, aber der Kontext besteht doch noch nicht. Wenn ich z.B. Fußball gucke, dann passieren auch noch andere Sachen, emotionale, ritualisierte Dinge, wie das Hochrecken des Schals beim Tor. Das sind ganz archaische Rituale. Solche Phänomene sind doch faszinierend, man geht auf in einem größeren Ganzen, man will offensichtlich irgendwo dazugehören."

In Krisenzeiten (wie z.B. dem Golfkrieg) braucht A das Medium als Vergewisserung, in welcher Gefahr sie sich befindet.

5. Bedeutung des Fernsehens für den Umgang mit Einsamkeit

Der Fernseher bildet für A in seiner konstruierten Welt gleichzeitig auch die soziale Wirklichkeit ab; der Fernseher ist also eine Art Spiegelbild der Realität. Indem sie fernsieht und bewußt wahrnimmt, setzt sie sich immer auch mit gesellschaftlicher Wirklichkeit auseinander. Sie versucht alle Botschaften über Sichtbares und Unsichtbares aufzunehmen und zu interpretieren. Sie geht davon aus, daß sie viel über die 'reale' Welt lernen kann, wenn sie das Weltbild der 'Macher' der Fernsehwirklichkeit analysiert.

"Sie (die Fernsehwelt) konstruiert sich aus allen, die sie sehen und allen, die sie machen und aus den Ereignissen, die in der Welt passieren. Sie spiegelt unsere Welt wieder. Wenn es mittags viele Talkshows gibt, weiß ich auch, daß viele Hausfrauen niemanden zum Sprechen haben, wenn sonntags früh viele Kindersendungen kommen, weiß ich, die Kinder sind allein, und die Eltern wollen ausschlafen."

"In den USA gibt es das Land als Nation nur im und durch den Fernseher. Die Amerikaner leben stark nach Vorbildern und dem amerikanischen Traum. Vorbilder werden durch Medien gemacht; Amerika braucht diese Konstruktion, da es dort nur diese Nation gibt. Was haben sonst Schwarze mit Weißen zu tun, oder was haben Menschen aus San Diego mit Menschen aus Boston gemeinsam? Gäbe es den Fernseher nicht, läge Amerika schon einige Jahre im Bürgerkrieg (...). Wir nehmen sehr stark an diesen Träumen teil, da 90% unserer Fernsehkultur deren Träume sind."

Für A selbst enthält das Fernsehen jedoch keine Sinnangebote, ihren Sinn sucht sie in ihren Erfahrungen und in dem, was sie liest. Vielleicht erleichert das Fernsehen für A Augenblicke des situativen Alleinseins oder der Langeweile, vielleicht schafft oder unterstützt es bestimmte emotionale Befindlichkeiten, aber bei dem Gefühl von Einsamkeit kann es für A keine Begleitung sein und spielt so keine Rolle.

Fazit: Fernsehen als Hilfe oder Hindernis für den Umgang mit Einsamkeit

A sieht im Fernsehen eine sozial einende Kraft, die das gesellschaftliche Leben und Denken stark zu steuern vermag. Somit hat der Fernseher in ihren Augen für viele Menschen eine große Bedeutung im Umgang mit bzw. dem Verdrängen ihrer Einsamkeit.

In den Augen von A haben wir die Kontrolle über diese Konstruktion der Wirklichkeit verloren. Sie sieht die Gefahr, daß sich die Welt immer mehr mit der Fernsehwelt vermischen wird und die Menschen in ihr aufgehen werden. Das ist für A die "absolute Transzendenz".

A selbst sieht den Fernseher als eine unerschöpfliche Quelle von Informationen über unsere Wirklichkeit. Sie erlebt ihn durch die Art, wie er Wirklichkeit repräsentiert und konstruiert, einerseits als Wissensbereicherung und andererseits als Transportmedium für große emotionale Ereignisse wie Sportveranstaltungen oder kulturelle Veranstaltungen. Hier kann sie zumindest zeitweise das Gefühl der Verbundenheit spüren kann.

Im Umgang mit ihrer Einsamkeit spielt der Fernseher keine Rolle, da sich A der Situation im konkreten Umgang mit dem Gefühl und der Auseinandersetzung mit anderen Menschen stellen will.

"Das Fernsehen ist ein Fernrohr, ein Zugang zur Welt."
Portrait B

1. Soziale Netzwerke und persönliche Lebenssituation

B ist 32 Jahre alt und lebt mit ihrer Lebensgefährtin in einer gemeinsam aufgeteilten 60qm-Wohnung. Sie ist Studentin und arbeitet als Werbedisponentin im Lokalfunk (25 Wochenstunden; Arbeitszeit: 12.30 Uhr - 17.30 Uhr). Außerdem hat sie 2-3 mal wöchentlich abends Ballettraining. Dazu kommen Tanzvorstellungen und Auftritte als Statistin. Aus Zeitmangel besucht sie nur unregelmäßig, seltener als sie möchte, Kino, Theater, Konzerte oder Ballettaufführungen.

Nach ihrer Lebensgefährtin sind 2-3 andere Freundinnen und ihre Eltern (Mutter und Stiefvater) die wichtigsten Bezugspersonen. B kennt viele Leute, hat aber "aus Zeitmangel" nur wenige enge Kontakte. Sie fühlt sich "vom sozialen Netz getragen".

2. Einsamkeit: Erfahrungen und Umgang

Für B gibt es verschiedene Stufen von Einsamkeit. Als niedrigste Stufe bezeichnet sie ein ungewolltes Alleinsein. Sie wisse dann nichts mit sich anzufangen, habe keine innere Ruhe und frage sich, wo ihr Platz sei: ein vorübergehendes, tägliches Gefühl, das B durch Dehnungs- und Entspannungsübungen behebt, die ihren Geist und ihren Körper entspannen.

Eine andere Form von Einsamkeit empfindet B im Zusammenhang mit ihrer Angst vor dem Tod, den sie als höchste Stufe von Einsamkeit betrachtet. Obwohl bisher noch kein Mensch gestorben ist, der ihr nahe stand, stelle sie sich fast jeden Abend vor dem Einschlafen vor, alleine im Grab zu liegen. B führt das auf die Situation in ihrem Elternhaus zurück. Schlafen ist für B ein "weg-von-der-Welt", ein "kleiner Tod". Sie erzählt von Situationen, in denen sie nicht alleine sein kann: In kleinen, fensterlosen Räumen fühle sie sich existentiell bedroht; eine Bedrohung, die zu zweit nicht auftreten könne. B übe so, wie sie sagt, auch eine Kontrolle über ihre Mitmenschen aus.

Der tiefen Angst/Trauer stehe eine tiefe Sehnsucht gegenüber, die B in einer positiven Einsamkeit/einem positiven Alleinsein auslebe. Sie hört dann Musik und "schafft sich eigene Welten im Tanz". Aus dem Alleinsein entwickelt sich so Kreativität und ein spirituelles Erleben. Voraussetzung ist hierbei ein Gefühl, "sich Zeit nehmen zu dürfen"; um B herum muß dann "Ordnung sein", Sachen müssen "erledigt" sein. Dieses positive Alleinsein suche sie nicht bewußt, es entstehe eher aus dem Moment.

3. Spiritualität/Religiosität/Transzendenz

B hat Mißtrauen gegenüber jeglicher geleiteten Sinnsuche. Als Frau und Lesbe habe sie Schwierigkeiten besonders mit der katholischen Kirche, aber auch mit anderen Religionen (z.B. dem Islam) und deren Machtpotential. Früher sei die evangelische Kirche, später ihre politische Arbeit für sie sinngebend gewesen. Heute versuche sie, die sinngebende Kraft aus sich selbst zu ziehen.

Spiritualität ist für B "die Suche nach einem übergeordneten Sinn ... der Glaube, daß die Welt durch eine Kraft zusammengehalten wird ... Teilhabe an der Gesamtheit ... Lösung von der konkreten Existenz". Die oben beschriebene Sehnsucht sei Ursprung der Sinnsuche. B versucht dann, sich ein Bild von dieser Sehnsucht zu machen. Ziel der Suche seien "Glück, Ruhe, Einheit, Seelenfrieden von allen". Beim Tanzen komme sie diesem Ziel aber "nicht sehr nah". Sie sei empfänglich, ihre sinnliche Wahrnehmung zu verfeinern, widme sich aber der spirituellen Suche zu wenig, weil sie versuche, "vieles miteinander zu verbinden". Eine konsequente Verfolgung dieser Suche würde anderes ausschließen, und B fürchtet, dann im Alltag "nicht mehr so gut funktionieren" zu können.

Spirituelle Antworten auf Einsamkeit finde sie nur, wenn es sich um die alltägliche, die schwächere Form von Einsamkeit handelt. Bezüglich ihrer existentiellen Ängste hält B solche Antworten für möglich, würde sie sich wünschen, glaubt, vielleicht dazu angeleitet werden zu können. Sie habe aber gleichzeitig Angst, sich von ihrem mechanisierten Verhalten zu trennen. Die Situationen, in denen ein Einheitsgefühl dominiert, "stehen auf wackligen Füßen".

4. Fernsehkonsum

B hat einen Fernseher (nicht verkabelt, 5 Programme, normale Größe, Mono, Farbe, Fernbedienung kaputt). Sie hatte lange keinen Fernseher und ist vor 10 Jahren durch ihre damalige Freundin "zum Fernsehen gekommen". Der Fernseher läuft nach ihren Angaben durchschnittlich werktags 1 Std. und am Wochenende 3 Std., jeweils nur abends. Besonders wenn ihre Freundin fernsehe, wende sie sich dem Fernseher nicht aufmerksam zu, sondern lese dabei. Der Anlaß, den Fernseher einzuschalten, sei nach einem anstrengenden Tag der Wunsch, sich zum Abschluß "mit der Welt zu beschäftigen". B gucke gezielt, "nur wenn was kommt". Auch ein "Gefühl von Ausgelaugtsein" könne am Anfang des Fernsehkonsums stehen: Sie wolle dann "nur dumpf gucken". Wenn der Fernseher den ganzen Tag aus gewesen sei, habe sie oft das komische Gefühl, "die Welt könnte untergegangen sein". Auf bestimmte Rituale im Zusammenhang mit ihrem Fernsehkonsum angesprochen, berichtet B, daß sie und ihre Freundin den Fernseher nicht einschalteten, ohne die andere zu fragen, ob sie einverstanden sei - selten laute die Antwort "nein". Bestimmte Sendungen favorisiert B: 'Tagesthemen'/'heute journal', 'Bio', Magazinsendungen auf VOX (aber nicht regelmäßig), Spielfilme, Ballett. Bei großen Sportereignissen möge sie das Gemisch aus "schönen Menschen, Hymnen, Emotionen, Kraft und Siegen". Wenn sie ihr ausgeprägtes Rechtsempfinden nicht verletzten, gucke sie gerne Actionfilme. Auch bei großen politischen Ereignissen und bei Kriegen steige ihr Fernsehkonsum. Personelle Vorlieben liegen bei Ulrich Wickert, Bettina Böttinger (weil sie oft Homosexuelle einlädt), Alfred Biolek, Schmidt/Feuerstein und - bei ihren USA-Besuchen - Arsenio Hall.

5. Bedeutung des Fernsehens für den Umgang mit Einsamkeit

Das Bild des Fernrohrs, des Zugangs zur Welt, das sie mit dem Fernseher verbindet, ruft bei B ein ambivalentes Gefühl hervor. Sie versuche zwar, Nähe herzustellen, aber es werde ihr dadurch bewußt, wie weit weg die Welt sei. Die TV-Welt sei für sie eine übergeordnete Welt, die sie sonst nicht wahrnehme und die ihre Wahrnehmung erweitere.

Sie sei durch Filme oder Sportberichte sehr leicht emotional erregbar, nicht aber im realen Leben, wo sie eher beherrscht auftrete. "Macht sich hier eine tiefe Sehnsucht bemerkbar?", fragt sie sich selbst.

Wenn B mit ihren existentiellen Ängsten alleine sei, könne der Fernseher - als "Ersatzmensch" - kurzfristig helfen: "Uli Wickert ist da." Der Fernseher kann dann aber auch, wenn bestimmte Situationen oder bestimmte Tiere zu sehen sind, angstfördernd wirken.

Fazit: Fernsehen als Hilfe oder Hindernis für den Umgang mit Einsamkeit

Auf die Frage, ob der Fernseher für sie spirituelle Sinnangebote mache, antwortet B mit "nein". Der Fernseher wird instrumentalisiert, um eine "Teilhabe am Ganzen", an den Geschehnissen "der Welt" zu erreichen, einem erfüllenden Gefühl der Teilhabe kommt B jedoch in einer gegenläufigen Tätigkeit wesentlich näher: in der konzentrierten Beschränkung auf sich, auf ihren eigenen Körper beim Tanzen. Der Fernseher ist distanzierte Wahrnehmung, "Fernrohr" - der Tanz ist (Ver-)Bindung, Gestaltung, Nähe.

Dennoch baut sich B durch Fernsehsendungen auf, besonders durch "Filme von starken Frauen", öffnet sich für emotionale Hoch- und Tiefpunkte vor dem Bildschirm leichter als im "normalen Leben" (ein gefahrloses Öffnen!) und benutzt den Fernseher in existentiellen Einsamkeitssituationen als Krücke. Angesichts der eher stabilisierenden Funktion des Fernsehers könnte auch der Wunsch zu "funktionieren", der B von einer intensiveren Beschäftignug mit ihrer körperlich gebundenen Sinnsuche abhält, in einem anderen Licht erscheinen. Wenn wir das Fernsehen als Gegenpol zur konkret körperlichen Erfahrung betrachten (wofür, wie wir unter 'Fernsehwahrnehmung und Fernsehwirklichkeit' (2.1) gesehen haben, einiges spricht), ließe sich die Frage stellen, ob die Einbindungsmöglichkeiten des technischen Mediums nicht gerade im Fall der körperlich sensibilisierten B unbefriedigend und hinderlich, verstellend bleiben müssen. Fernsehen "lähmt" sie, sagt B.

"Der Fernseher ist das Fenster zum Rausgucken in die Welt."
Portrait C

1. Soziale Netzwerke und persönliche Lebenssituation

C ist Studentin der Kommunikationswissenschaften, 25 Jahre alt, lebt seit 3 Jahren alleine in einer 2-Zimmerwohnung am Studienort. In ihrem Heimatort, der in der näheren Umgebung ihres Wohnortes liegt, wohnt ihre Mutter ebenfalls alleine, da ihr Vater vor ca. einem Jahr verstarb; die einzige weitere Verwandte ist ihre Großmutter. Seit ihrer Geburt ist C Mitglied einer Freikirchlichen Gemeinde ihrer Heimatstadt, zu der sie sich mit ihrer Taufe im Alter von 18 Jahren bekannte. Dort ist sie ein- bis zweimal pro Woche in die Gemeindearbeit eingebunden und besucht regelmäßig sonntags den Gottesdienst. Um flexibel zu sein, hat sie ein eigenes Auto, das sie vor allem nutzt, um diese etwas weiteren Strecken schneller zu überbrücken. Auch ermöglicht es ihr, ihren Freundeskreis in der größeren Entfernung zu erreichen. In der Stadt ist sie meist mit der Bahn, im Sommer mit dem Rad unterwegs.

Die Gemeinde hat für sie die Bedeutung einer engen Familie. Als ihr Vater vor einem Jahr starb, waren es die Freunde aus der Gemeinde, die ihr und ihrer Mutter ungefragt Hilfe angeboten und gegeben haben. Aber auch zum Pfarrer besteht ein eher freundschaftliches Verhältnis, daher wird er - sowie andere Mitglieder - auch bei persönlichen Problemen zu Rate gezogen. Vor allem die Gemeinde ist für sie ein Schutzschild gegen Einsamkeit, von dem sie sich nicht vorstellen kann, daß es zerbrechen könnte. Im Falle eines Umzugs ist sie auch sicher, schnell wieder Anschluß an eine solche Gemeinde zu finden.

Sie hat innerhalb der Gemeinde feste Freundinnen gefunden, doch auch ihr Freundeskreis außerhalb der Gemeinde ist ihr wichtig. Sie unternimmt viel mit Freunden und hat auch zu ihrer Mutter, die sie 1-2x pro Woche besucht, ein gutes Verhältnis. Da sie regelmäßig arbeitet und eine Unterstützung bezieht, geht es ihr finanziell gut.

2. Einsamkeit: Erfahrungen und Umgang

C hat ihr Leben so eingerichtet, daß keine "große" Einsamkeit, wie sie es nennt, auftritt. Durch die Arbeit in der Gemeinde hat sie regelmäßigen Kontakt zu Menschen, die ihr nahe stehen und die sich kümmern. Die festen Freundschaften seit der Schulzeit sind stabil und sorgen ebenfalls für Halt. Wenn sie sich alleine fühlt, z.B. in den großen Menschenmengen der Uni, bereitet ihr das zwar Unbehagen, doch ein existentielles Gefühl der Einsamkeit kennt sie nicht. Ihr Leben ist gut organisiert, sie hat stets etwas zu tun, nicht immer mit anderen Menschen, sie ist auch gerne alleine zu Hause oder geht alleine zum Sport, der dann in einer Gruppe stattfindet (Aerobic, Callanatics, Jazz-Dance). Durch regelmäßige Tätigkeiten, Besuche, Verabredungen kommt das Gefühl der Verlassenheit erst gar nicht auf. Bei unerwarteten Zwischenfällen, die jedoch nicht von ihr her kommen, sondern von außen, wendet sie sich vertrauensvoll an die Gemeinde, die sie dann auch auffängt. Unausgeglichenheit, innere Unruhe, unbestimmte Nervosität scheint sie nicht zu kennen, sie hat ihr Leben, ihren Alltag so gestaltet, daß solche oben erwähnten Zwischenfälle selten passieren und wenn, dann auch nicht ihr ganzes Lebensgefüge ins Wanken bringen. Gefestigt im Glauben und in der Gemeinde geht sie ihren Weg.

3. Spiritualität/Religiosität/Transzendenz

Religiösität hat in C's Leben eine sehr große Bedeutung und ist ein Bestandteil ihres alltäglichen Lebens. Sie ist in diese religiöse Gemeinschaft "hineingeboren" worden und hat sich mit der Taufe selber dazu bekannt. Die freikirchliche Gemeinde ist der evangelischen Kirche verwandt, sie unterscheidet sich in Bezug auf die Taufe, die erst im Alter von 18 Jahren vollzogen wird. Sie ist aktive Christin, lebt Religion durch Gemeindearbeit, Gottesdienst, Gebete. Diesen aktiven Glauben an Gott unterscheidet sie von - für sie verlogenem - passivem Glauben, was für sie bedeutet, daß zwar an Gott geglaubt wird, die Kirche als Institution jedoch abgelehnt wird. Bestandteil ihres Glaubens ist ein Leben/Paradies nach dem Tod - ganz "real", das ist nicht gleichbedeutend mit Transzendenz. Auch daß sie sicher ist, ihren Vater wiederzusehen, daß er noch "da" ist, mit dem Tod nicht einfach verschwunden, ist Teil ihres Glaubens: "Nach dem Tod geht es weiter, die Seele überlebt, es ist dann nicht aus." Diese Erfahrung der Religion gibt ihr auch Antworten und Hilfen auf das Gefühl der Einsamkeit, im Gegensatz zu Spiritualität oder Transzendenz, die ihr keine Hilfe geben können, zumal sie dazu auch keine dezidierte Meinung oder Erfahrung hat. Für C ist Spiritualität etwas "Abgehobenes, Ich-/ Selbstbezogenes". Sie verbindet damit ein positives "In-sich-gekehrt-sein", eine rein persönliche Sinnsuche auf einer anderen, unverbindlicheren Ebene als ihrer eigenen. Sie jedoch "hat damit nichts zu tun, aber für andere Menschen kann es positiv sein". Eine noch höhere Ebene, eine Art "abgehobenes Endstadium" repräsentiert für sie der Begriff der Transzendenz. Ihr Gottesbegriff hat damit nichts zu tun, ist nicht abgehoben, sondern bodenständig. Er bedeutet keine Ehrfurcht, sondern Teilhabe. Für C ist "Gott kein höheres Prinzip oder eine große Autorität, sondern eine 'Person', die in der Nähe ist".

4. Fernsehkonsum

C besitzt neben einer Hifi-Anlage, Computer, Telefon mit Anrufbeantworter einen (eher kleinen) Fernseher, der in ihrem Wohnzimmer mit Küchenecke steht. Bewußt hat sie diesen Platz gewählt, anstatt ihn ins Arbeits- und Schlafzimmer zu stellen. Er ist somit als Unterhalter bei Küchen- und Haushaltsarbeiten gegenwärtig und wird auch als solcher - z.B. morgens - genutzt.

Das war früher, als sie noch zu Hause lebte, anders: Der Fernseher, der erst ins Haus kam, als C sechs Jahre alt war, stand im Keller, in einem speziellen Raum, einem zweiten Wohnzimmer. Es war meist etwas umständlich fernzusehen. Daher stammt vielleicht auch ihr Bedürfnis, den Fernseher vor allem als Informationsquelle zu betrachten, das Fenster zur Welt draußen - im Gegensatz zur engen Familienwelt; das Familienleben fand woanders statt.

Jetzt fühlt C sich "nicht so alleine, wenn der Fernseher läuft", vor allem am frühen Abend. Auch wenn sie sich langweilt und "da so rumsitzt" oder nichts vorhat, sieht sie öfter fern, doch strukturieren auch bestimmte (Fernseh)Rituale ihr Leben. So decken z.B. 'heute' und 'heute-journal' ihr Bedürfnis der täglichen Information, und dienstags ist nach dem Sport 'Bio' angesagt. Doch "wenn etwas anderes zu tun ist, dann sehe ich nicht fern". Von ihrem sozialen Netz abgeschnitten zu sein, wäre schlimmer als der Verlust des Fernsehers, der ersetzbar ist, z.B. durch das Telefon, das sie nicht missen möchte.

C schaut nur, was sie mag, ist "empfindlich" und mag weder zu viel Gewalt noch Reality-TV. Doch ihre Lieblingssendungen schaut sie sich gezielt an. So kann bei einer Olympiade ihr druchschnittlicher Fernsehkonsum von 1 bis 1 1/2 Stunden am Tag auch überschritten werden, doch am Wochenende ist sie meist zu häufig unterwegs und auch in der Gemeinde beschäftigt, um viel fernzusehen.

5. Bedeutung des Fernsehens für den Umgang mit Einsamkeit

C ist sehr aktiv, hat fast immer etwas zu tun: Verabredungen, Sport, Besuche bei der Mutter, Gemeindearbeit, um so auch möglichst wenig "Leerzeit" zu haben. Dieses Alleinesein, das sie als rein physische Abwesenheit anderer Menschen beschreibt, füllt sie dann mit Fernsehen, ohne daß dies viel Zeit in Anspruch nehmen würde. Auch Rituale gehören dazu. In solchen "Leerzeiten" ruft sie auch FreundInnen an, liest oder geht in die Stadt. Dadurch, daß ihr Leben stark ritualisiert ist, nutzt sie entweder die Zeit dazwischen aktiv oder "hängt auch manchmal so rum" und sieht gerade in solchen Situationen öfter fern; auch bei Arbeiten im Haushalt kann der Fernseher ihr "Unterhalter" sein.

Einsamkeit, die für sie bedeutet, fremd zu sein und keinen Ansprechpartner zu haben, hat für C eine ausschließlich körperliche Form (es ist *nie* jemand da, im Gegensatz zu Alleinesein: es ist *gerade* niemand da), die sie jedoch nicht kennt. Gefühlsmäßig fühlt sie sich nie einsam, sondern in der Gemeinde aufgehoben. Daher sucht sie auch nicht im Fernsehen nach einbindenden Gefühlen, nach emotionaler Ablenkung oder Erfüllung.

Fazit: Fernsehen als Hilfe oder Hindernis für den Umgang mit Einsamkeit.

In ihrem tägliche Leben spielt der Fernseher im großen und ganzen die Rolle des "Unterhalters" und "Informanten". Sozial spielt er keine Rolle. Ihr soziales Leben spielt sich auf der Gemeinde- und Freundesebene ab. Emotional bietet er eben Unterhaltung, auch auf der Gefühlsebene; Spielfilme sieht sie ebenso wie Sportereignisse, beides jedoch nicht regelmäßig im Gegensatz zu Nachrichten und 'Bio'.

C schaltet den Fernseher ein, um abgelenkt zu werden vom Alltagstrubel, zum Abschalten. Doch nicht aus dem Gefühl heraus, vor der Einsamkeit zu fliehen. Da sie das existentielle Gefühl von Einsamkeit nicht kennt und ihr sozialer Rückhalt so stark und verläßlich ist, war für sie Einsamkeit noch nie ein Thema. Diesen verlässlichen Überbau empfindet sie als tragend, doch die Einsamkeit sitzt für sie "lauernd in der Ecke" und könnte ihn durchbrechen.

Um mit dem Gefühl, "jetzt ist genug mit dem Alleinesein", umzugehen, ruft sie eher eine Freundin an und verabredet sich. Ihr ganzes Leben ist so gestaltet, daß das Gefühl der Einsamkeit nicht aufkommt, und wenn es doch einmal kommen sollte (C sieht die Einsamkeit bedrohlich in der Ecke sitzen), weiß sie sich der Unterstützung der Gemeinde sicher. Die Gemeinde gibt ihr nicht nur sozialen Halt, sondern der Glaube auch geistigen Halt, nicht alleine zu sein und einer großen christlichen Gemeinschaft anzugehören.

"Der Fernseher ist wie ein Kühlschrank."

Portrait D

1. Soziale Netzwerke und persönliche Lebenssituation

D ist Studentin der Kommunikationswissenschaft und zum Zeitpunkt des Interviews 29 Jahre alt. D lebt mit ihrem Freund in einer gemeinsam aufgeteilten 80qm-Wohnung (sie hat kein eigenes Zimmer) in Essen. Sie ist sehr beweglich, besitzt ein eigenes Auto, fährt Fahrrad und benutzt den öffentlichen Personennahverkehr. Auch finanziell kommt sie gut zurecht, ihr Vater bezahlt die Wohnungsmiete und sie erhält den Bafög-Höchstsatz. D schreibt regelmäßig für eine Essener Monatszeitschrift, treibt dreimal wöchentlich Sport, geht häufig ins Kino, seltener ins Theater.

D's wichtigste Bezugsperson ist ihr Freund, mit dem sie seit mehreren Jahren zusammen lebt. Vor 3,5 Jahren ist sie nach Essen gezogen, wo sie "nicht so feste Beziehungen" zu ein paar Frauen aufbaute, die sie in der Universität kennenlernte. Ihre "richtigen Freundinnen" und ihre Familie leben in ihrem Heimatort, zu ihnen hält sie nicht sehr häufigen, aber steten Kontakt. Ihre Eltern sind geschieden, sie hat keine Geschwister. D beklagt, daß sie zu wenig Leute in Essen kennt, vermißt manchmal sozialen Kontakt und vor allem langjährige und vertraute Freundinnen.

2. Einsamkeit: Erfahrungen und Umgang

Als D von ihrem Heimatort nach Essen gezogen ist, fühlte sie sich allein und einsam: Freundinnen, die sie schon lange kennt, fehlten; ihre einzige Bezugsperson war ihr Freund, sie hatte anfangs eine hohe Telefonrechnung und ist oft nach Hause gefahren.

Einsam fühlte D sich, als sie mit 20 Jahren von ihrem Stiefvater "rausgeschmissen" wurde, zu ihrem leiblichen Vater zog, den sie kaum kannte; das Zusammenleben klappte nicht, nach drei Jahren war D fix und fertig, lernte einen Mann kennen und zog mit ihm fort. Danach ging sie nach Aachen, wollte Biotechnik studieren, wechselte dann zu Chemie; war sich zu dieser Zeit selbst entfremdet, war nicht mehr bei sich: das bedeutet für sie Einsamkeit.

D kam mit den Erwartungen ihres Vaters nicht klar, wußte nicht mehr, wer sie war, erlebte ihre Umzüge als Weglaufen.

D war dann drei Jahre in psychologischer Behandlung (Familien- und Einzeltherapie), beschäftigte sich mit Bioenergetik und Esoterik, zog zurück zum Vater, zu dem ein ambivalentes Verhältnis bestand.

Einsamkeit ist für sie, wenn sie auf die Fragen "Wer bin ich? Was will ich?" keine Antwort weiß und ihr sowohl innerer als auch äußerer Halt fehlen. In dieser Situation war sie "immer auf Achse", bei Freunden, wollte immer weg, hat keine Ruhe und Gemeinschaft gefunden, konnte nicht alleine sein und nachdenken, mußte immer weglaufen. Ihre Lage verbesserte sich, als sie eine stabile Arbeitsstelle in ihrem Heimatort fand.

Fernsehen spielte zu dieser Zeit keine Rolle, ebenso wenig wie lesen; D "mußte raus, zu Leuten", hatte wechselnde oder gar keine Freunde. Sie suchte Stabilität und Veränderung, entschied sich dann, noch einmal zu studieren und nach Essen zu ziehen.

Einsamkeit kommt heute auch manchmal noch hoch, verbunden mit Zweifeln am Studium, beruflicher Zukunft und Gefühlen von "damals". Ihr Freund kann sie in solchen Situationen manchmal etwas auffangen, meist zieht D sich jedoch zurück und sucht Klarheit (sie läuft nicht mehr weg), manchmal nimmt sie Tarot-Karten zur Hilfe oder hört Musik, beschäftigt sich mit ihrer Einsamkeit und versucht, sie ins Positive zu wenden ("mit sich selbst im Einklang sein bedeutet: nicht einsam sein") - TV spielt dabei gar keine Rolle. Auf die Nachfrage, ob beispielsweise Familienserien, die sie eine Zeit lang regelmäßig geguckt hat, hier eine Funktion haben könnten, erwidert D, daß diese ihren Zustand wohl verschlimmern würden; wenn, dann würde sie schon eher eine Komödie sehen, zur Ablenkung.

Bei "Einsamkeitsgefühlen" begibt D sich auch auf die Suche nach spirituellen Antworten. Sie kann sich beim Betrachten des Sternenhimmels oder beim Erleben der Natur, wenn sie allein durch den Wald joggt, als (Bruch-)Teil eines Ganzen empfinden, was ihr ein Zusammengehörigkeitsgefühl bzw. das Gefühl für die Existenz eines großen Zusammenhalts vermittelt; D glaubt an "Geister" und an die Unsterblichkeit der Seele: Das sind für sie Antworten auf Einsamkeit.

D verbringt teilweise Abende vor dem Fernseher, die sie dann hinterher für verlorene Zeit hält. Wenn ihr Freund schon früh ins Bett geht (22/23 Uhr), guckt sie manchmal bis 2 Uhr und ärgert sich hinterher darüber. Der Fernseher ist in diesem Fall ein Ersatz für sozialen Kontakt: D kennt zu wenig Leute in Essen, hätte lieber Kontakt und sitzt statt dessen vor dem TV; lebte sie noch in ihrem Heimatort, würde sie es anders machen, weil sie dort genug Leute kennt.

Es gibt für D auch ein positives Alleinsein, sie genießt es, wenn ihr Freund Nachtdienst hat und sie vor sich "hinwurschteln" oder auch den ganzen Abend lang fernsehgucken kann.

3. Spiritualität/Religiosität/Transzendenz

Wie schon unter Punkt 2 beschrieben, kann D sich beim Betrachten des Sternenhimmels oder beim Naturerleben alleine im Wald als (Bruch-)Teil eines Ganzen empfinden, was ihr ein Zusammengehörigkeitsgefühl bzw. die Existenz eines großen Zusammenhalts vermittelt. Sie glaubt an Ereignisse wie Gedankenübertragung. D glaubt nicht an Zufälle, glaubt, daß es mehr gibt als das, was wir sehen. Spiritualität begegnet ihr im alltäglichen Leben.

4. Fernsehkonsum

D empfängt über Satellitenanschluß 28 TV-Programme; sie freute sich über die Installation, weil sie dadurch SWF3 empfangen kann, was für sie "ein Stück Heimat" bedeutet und sie mehr Spielfilme zur Auswahl hat. Durch den Anschluß hätte sich ihr Fernsehverhalten nicht geändert.
Der Fernseher läuft im Schnitt täglich eine Stunde; D schaltet ihn selten vor 20 Uhr an (außer bei Familienserien, die sie bis vor einem 3/4 Jahr regelmäßig geguckt hat). In erster Linie wird D durch gezielte Programmauswahl dazu

veranlaßt, den Fernseher einzuschalten (sie hat immer eine Fernsehzeitschrift); in Situationen der Langeweile verfährt sie nach dem Motto: "anschalten, durchschalten, hängenbleiben (oder auch nicht)".

D sieht sich aufmerksam und gezielt Sendungen an, allerdings gelingt ihr das nicht immer, weil ihr Lebenspartner konträres Fernsehverhalten an den Tag legt: Er schaltet "ungeplant" an und unterhält sich auch gerne beim Fernsehen. D würde weniger gucken, wenn sie alleine lebte. Wenn D bügelt, läuft das TV im Hintergrund - allerdings bügelt sie nur, "wenn was Gutes im TV läuft".

D guckt regelmäßig 'Bio', 'Tagesschau'/'Tagesthemen' "nicht zwanghaft", sie würde gerne 'das Literarische Quartett' sehen, kommt aber nur selten dazu. Ansonsten bevorzugt sie Spielfilme, guckt im Winter mehr als im Sommer, sieht sich ab und zu Reportagen oder Tierfilme an, würde regelmäßig 'Herzblatt' gucken, wenn sie dann nicht Sport hätte. Wenn D allein ist, guckt sie nur TV, wenn ein schöner Spielfilm kommt, sonst nicht. Trotz Satellit bevorzugt sie das öffentlich-rechtliche Programm.

D sieht regelmäßig die Olympiade, Sonntagmorgens beim Frühstück Skifahren, sieht (wenn es sich ergibt) regelmäßig zu Sylvester 'Dinner for one'. Auf die Familienserie, die sie bis vor einem 3/4 Jahr regelmäßig geguckt hat, ist sie durch Zufall gekommen; Personen, die sie gerne sieht, sind 'Bio' und die Schauspielerin Jody Foster.

D besitzt einen Videorekorder und eine Spielfilmsammlung, guckt manchmal Videos, die sie in Videotheken ausleiht. Sie sieht gerne Filme im TV, auch wenn sie sie schon im Kino gesehen hat. "Keine Lust auf gar nichts und dann mal 'nen Film gucken." - Salzstangen und Bier gehören auch dazu.

Symbolisch ist der Fernseher für sie wie ein Kühlschrank. Mit diesem Bild assoziiert sie Konsum, einen Selbstbedienungsladen, Lust; Verlangen nach etwas, was dann nicht da ist. Sie verbindet damit ein positives Gefühl (wie zum Kühlschrank) und ein ambivalentes Gefühl (wie wenn man Diät halten will; Versuchungssituation).

5. Bedeutung des Fernsehens für den Umgang mit Einsamkeit

TV spielt bei ihrem Umgang mit Einsamkeit ausdrücklich keine Rolle. Familienserien, die sie eine Zeit lang regelmäßig geguckt hat, würden ihren Zustand verschlimmern, sie könnte sich eher vorstellen, eine Komödie zu sehen - zum Ablenken.

Für D ist das Fernsehen nicht in der Lage, die Einsamkeit zu 'transzendieren'. Sie meint aber, daß Fernsehen auf jeden Fall Sinnangebote liefern würde ("kein Fernsehgucker kann sich da ausnehmen"), beispielsweise die Verbreitung von Weihnachtsstimmung: Dieses Jahr bei ihrem Vater vermittelte sich Weihnachtsstimmung für sie nur durch ein Konzert im TV, weil bei ihrem Vater sonst nichts weihnachtlich war. Auch Familienserien könnten ihrer Meinung nach vielleicht eine Lücke füllen: D ist Einzelkind und stellt sich dann eine große Familie mit viel Trubel schön vor, weil sie das selbst nicht erlebt hat.

Wenn D sich allein fühlt und ihr das Fernsehgucken als Ersatz für menschliche Kontakte dient, scheint eine über das TV vermittelte soziale Einbindung nicht zu gelingen, da sie sich hinterher über die "verlorene Zeit" ärgert.

Fazit: Fernsehen als Hilfe oder Hindernis für den Umgang mit Einsamkeit

Im Umgang mit Einsamkeit kommt bei D dem Fernsehen ausdrücklich keine Bedeutung zu, es wird nicht genutzt; sie selbst erkennt es als Hindernis. Im Umgang mit Alleinsein, d.h. fehlenden sozialen Kontakten, kommt dem Fernsehen so etwas wie eine Ablenkungs- oder Überdeckungsfunktion zu, es hinterläßt allerdings ein Gefühl der Leere ("verlorene Zeit").

"Der Fernseher ist eine langweilige Flimmerkiste."
Portrait E

1. Soziale Netzwerke und persönliche Lebenssituation

E ist 23 Jahre alt und als Studentin der Politikwissenschaften in das Lehrforschungsprojekt eingebunden. Sie lebt alleine in ihrer 36qm-Wohnung (mit Hund) in Essen. Mit 17 Jahren ist sie von zuhause ausgezogen.

Das tägliche Leben von E ist mit einer Reihe von Tätigkeiten und Kontakten ausgefüllt. E arbeitet u.a. studienbegleitend dreimal wöchentlich in der Drogenberatungsstelle Bochum. Dort leistet sie sog. Beziehungsarbeit und hat viel Kontakt zu anderen Menschen.

Dadurch, daß E in Essen geboren ist, hat sie eine Reihe von langgewachsenen sozialen Kontakten. Darunter befinden sich z.B. einige Freunde, die in ihrem Haus bzw. in nächster Umgebung wohnen, und zwei gute Freunde, die in unmittelbarer Nachbarschaft leben. Letztere sind vor allem dann für sie da, wenn es ihr schlecht geht. Wichtigster Bezugskreis sind jedoch ihre 5 besten Freundinnen, zu denen sie durch Telefonate, Briefe und Besuche einen wöchentlichen Kontakt hält. Zu ihrem Bruder in Kiel hat sie ein freundschaftliches Verhältnis und zu ihren Eltern hat sie seit ihrem Auszug unregelmäßigen, jedoch guten Kontakt.

"Leute zu treffen" (und das regelmäßig) ist E wichtig und zählt daher auch zu ihren regelmäßigen Tätigkeiten. Außerdem treibt E zwei- bis dreimal pro Woche Sport (Schwimmen, Taekwondo, Sauna) und geht täglich 1-2 Stunden mit ihrem Hund im Wald spazieren. Wöchentlich geht sie ins Kino und/oder ins Theater (sie schreibt Theater-Rezensionen für ein Essener Stadtmagazin).

2. Einsamkeit: Erfahrungen und Umgang

Als Fünfzehnjährige hatte E ein einschneidendes Einsamkeits-Erlebnis. In dieser Zeit hat sie sich sehr mit den Themen Psychose und Schizophrenie beschäftigt und auch viel Literatur dazu gelesen. Als ihre Mutter eines Tages eine gute Freundin zu Besuch hatte und sich mit ihr unterhielt, kam E zur Unterhaltung hinzu. Beim Anblick ihrer Mutter und deren Freundin hatte E plötzlich eine Wahrnehmungsverfremdung oder -verzerrung. In ihr kam ein Gefühl des Abgeschnittenseins und des Sich-nicht-mitteilen-Könnens hoch. Sie ist daraufhin in ihr Zimmer gegangen. Obwohl sie das Erlebnis erschüttert hat und es ihr Angst gemacht hat, hat sie mit niemandem darüber geredet. Erst nach Jahren hat sie ihrer Mutter davon erzählt (die, wie alle anderen Bezugspersonen, nichts bemerkt hatte).

Diese einmalige Erfahrung war für E die existentiellste und gleichzeitig einzige Form von Einsamkeit. Außer ihr kennt E nur das Alleinesein, d.h. die Abwesenheit von Personen, die auch heute noch auftritt. E begegnet ihr, indem sie ihre Gefühle aufschreibt oder mit ihrem Hund im Wald spazieren geht. Wenn sie mit sich im Einklang ist, kommt sie mit dem Alleinsein klar. Wenn nicht, bewältigt sie es mit Hilfe ihrer Freunde, die sie dann zum Gespräch aufsuchen kann. Eine gute Atmosphäre, in der sie sich geborgen fühlen kann, trägt dann entscheidend zur Besserung ihrer Lage bei.

E empfindet das Alleinsein jedoch nicht immer als bedrückend; teilweise ist es eine von ihr selbstgewählte Situation, um zu sich selbst und zur nötigen Ruhe (als Ausgleich zu sozialen Bindungen und ihren diversen Tätigkeiten) zu finden.

3. Spiritualität/Religiosität/Transzendenz

Religiösität spielt im Leben von E eine eher untergeordnete Rolle. Sie ist keinesfalls mit Kirche gleichzusetzen. Diese lehnt E entschieden ab, da ihr mit 13/14 Jahren, während ihrer Aktivitäten in der Friedensinitiative, die Ohnmacht und Verlogenheit dieser Institution bewußt geworden ist. Daraufhin hat E sich immer mehr von der Kirche abgewandt. E ist evangelisch getauft, bezeichnet sich aber selbst eher als Atheistin. Für sie und ihr Leben hat Religiösität keinen übergeordneten Sinn. Religiösität ist für E nicht auf eine bestimmte Richtung hin ausgerichtet; sie zieht aus allen religiösen Angeboten etwas für sich heraus.

Spiritualität spielt ebenfalls keine Rolle in E's Leben. Sie bedauert dies jedoch und ist sehr offen für neue Erfahrungen.

Bei der Frage, welche Bedeutung Transzendenz für sie hat, führt E die Natur an. Diese gibt ihr einen gewissen Seelenfrieden und trägt zum Wohlfühlen bei. Sie gibt ihr jedoch - ebenso wie Religiösität und Spiritualität - keine Antwort auf Einsamkeit bzw. auf ihr Gefühl des Alleinseins. Hier weiß E sich stattdessen von ihren Bezugspersonen getragen, die ihr in solchen Situationen Nähe und Zuwendung bieten.

4. Fernsehkonsum

E besitzt seit 2 $^1/_2$ Jahren keinen Fernseher mehr; sie hat ihn verschenkt. Grund sind schlechte Erfahrungen, die sie gemacht hat: Eine Freundin, die ein halbes Jahr in E's Wohnung mitgelebt hat, hat jeden Tag "Glücksrad" gesehen. E war dies zuwider, und somit hat sie den Fernseher direkt nach dem Auszug der Freundin verschenkt.

E sieht so gut wie nie fern; selten bei Freunden. Sie hält nichts von der Aktualität des Mediums und schwört stattdessen auf Zeitungen (sie abonniert *Die Zeit* und die *Frankfurter Rundschau*): "Wenn etwas passiert, reicht es, dies einen Tag später zu erfahren." Dies ist vor allem auf Nachrichten bezogen. "Was verpaßt man im Fernsehen? Ich komme durch die Zeitungen kaum durch."

Auch als Kind hat E nie viel fern gesehen, obwohl es von seiten ihrer Eltern weder Restriktionen noch Beeinflussung gab. E hat ausgewählte Sendungen geguckt, aber immer eher gespielt. Ihr Bruder, der laut E als Kind nahezu "fernsehsüchtig" war, besitzt heute auch keinen Fernseher mehr.

E ist dem Fernseher gegenüber sehr negativ eingestellt. Da sie damit nichts anfangen kann, ist er für sie kein Kulturgut und langweilt sie. Diese Antipathie ist bei den Privatsendern und dort vor allem bei Quizsendungen nur noch umso größer. E lehnt die zukünftige Anschaffung eines Fernsehers mit der Begründung "nimmt zuviel Platz weg und interessiert zu wenig" ab.

Da E Kultur sehr schätzt, sind ihr andere Medien und Aktivitäten (Kinofilme, Theaterbesuche, Bücher, CD, Platten) wichtiger. Sie regen ihre Phantasie an. Das Fernsehen schafft dies nicht; davorzusitzen und zu konsumieren, vermittelt E ein Gefühl der Untätigkeit (im negativen Sinne) und macht sie aggressiv.

5. Bedeutung des Fernsehens für den Umgang mit Einsamkeit

Da E das Fernsehen so entschieden ablehnt und es daher in ihrem Leben keine Rolle spielt, kommt ihm erst recht bei ihrem Umgang mit Einsamkeit keine Bedeutung zu. E hat angegeben, so gut wie nie fernzusehen, auch nicht bei Freunden. Die wenigen Male, bei denen sie dann doch "notgedrungen mitsieht", beschränken sich z.B. auf 'Lindenstraße', die E dann mitguckt, wenn sie gerade bei einer Freundin ist, die diese regelmäßig sieht.

Einsamkeit bzw. Alleinsein bewältigt E durch intensiven Kontakt zu ihren Bezugspersonen. Dann kann E sich fallen lassen und ihre ungünstige Situation vergessen. Entscheidend ist, daß E sich dann von sich aus auf den Weg macht, um ihren Zustand zu bessern, statt auf Hilfe von außen zu warten.

Fazit: Fernsehen als Hilfe oder Hindernis für den Umgang mit Einsamkeit

E fühlt sich ohne Fernseher nicht einsam. Statt ihn zu vermissen, möchte sie ihn eher verwünschen und hat dies auch getan, indem sie ihn aus ihrer Wohnung verbannt hat.

Das Fernsehen wird von E - gleich wie ihre seelische Verfassung ist - als Hindernis empfunden. Aufkommender Einsamkeit begegnet E bewußt und mit Hilfe persönlicher Kontakte; auch hier hat das Fernsehen keinen Platz in E's Leben.

E begegnet dem Fernseher sogar in guten Zeiten, d.h. wenn sie sich wohlfühlt, mit Abwehr. Da sie der Ansicht ist, ihre Energie könne nicht aktiviert werden, wenn sie passiv vor dem Fernseher sitzt, kann er ihr auch keine Energie geben, wenn sie in eine Krise gerät.

"Das Fernsehen ist komplex"

Portrait F

1. Soziale Netzwerke und persönliche Lebenssituation

F ist 25 Jahre alt und studiert Politikwissenschaft. Zur Zeit wohnt er noch in einer Vierer-WG. Da seine Freundin schwanger ist, werden sie bald zusammenziehen. Derzeitig wohnt sie noch in einer anderen Stadt. Regelmäßig trifft er sich mit Freunden. Außerdem hat er eine große Familie mit fünf Geschwistern, zu denen er, wie zu seiner Mutter, unregelmäßigen, aber engen Kontakt hält. Zu seinem Vater hat er gar keinen Kontakt mehr. Er fühlt sich von seinem sozialen Netz getragen. Er meint dazu: "Es ist besser, mit wenig Leuten viel zu machen, als mit vielen wenig."

2. Einsamkeit: Erfahrungen und Umgang

In seinem Einsamkeitsempfinden spielte die achtköpfige Familie früher eine große Rolle. Als die größeren Geschwister nach und nach auszogen, hatte er zum ersten Mal Kontakt mit Einsamkeit. Heute kann er mit der Loslösung von der Familie gut umgehen.

F unterscheidet zwei Arten von Einsamkeit. Die größte Form von Einsamkeit empfindet F, wenn er mit guten Freunden zusammen ist und sich trotzdem alleine fühlt. F begreift dieses Gefühl als existentiell. Positiv empfindet er Einsamkeit, wenn er z.B. Musik hört und nicht daran zu denken braucht, daß andere Dinge zu tun sind. Im einen Fall ist die Einsamkeit seelisch; er ist mit guten Freunden körperlich und geistig zusammen und fühlt sich trotzdem allein. Im anderen Fall ist er gerne allein, z.B. wenn er Musik hört und dabei körperlich von anderen getrennt ist.

Nur ganz selten spürt er eine völlige Aufhebung des Einsamkeitsgefühls. Er hat Sehnsucht danach, "sich zusammen zu fühlen, aber es geht nur in einigen, außergewöhnlichen Situationen". Mit dieser Feststellung "kann er leben", sie "stürzt ihn nicht in tiefe Depressionen". Er meint: "Es ist normal, alleine zu sein, es ist menschenbedingt." Da die Einsamkeit zeitweise aufzuheben ist, kann F mit ihr umgehen. Er rettet sich dabei mit seiner rationalen Lebenseinstellung.

Manchmal benutzt er das Fernsehen zum Blockieren des Einsamkeitsgefühls. Er möchte es "erst gar nicht aufkommen lassen". "Einsamkeit", sagt er, "ist Alleinsein, das nicht mit Sinn gefüllt ist."

3. Spiritualität/Religiosität/Transzendenz

Wesentlich ist für F die Erreichung eines ihn erfüllenden Gefühls mit einer anderen Person, eines großen Gemeinsamen, Liebe. Für ihn ist es der Sinn des Lebens, daß man solche Augenblicke fühlen kann. "Liebe ist der Weg und das Resultat des Lebens", sagt er und bezeichnet sie als einen Zustand der Transzendenz, als eine "höhere Ebene".

Außerdem gibt es für F Tage, an denen er für sich selbst alltägliche Dinge ganz besonders empfindet. Es ist ein anderes Zugehen auf Menschen. Er sagt: "Man merkt die eigentliche Energie, die wir haben", und man merke "Gemeinsames und Besonderes im Normalen".

Eine andere Form der Spiritualität erkennt er z.B. in Mondritualen, der Teilhabe an der Natur oder in der Meditation. Für ihn sind diese Formen jedoch nicht zugänglich, vielleicht später. Er fühlt sich zu weit entfernt von Pflanzen und Tieren, von der Natur. Für ihn ist "der Mensch entfremdet, durch Technik und durch Medien, oder er war schon immer entfremdet, weil er Mensch ist".

Sprirituelle Erfahrungen sind für F sinngebend. Sie passieren nicht geplant, und nur wenn Ruhe da ist. Wenn er einsam ist, kommen diese Erfahrungen nicht zustande. Allerdings helfen ihm die Erinnerungen an diese beim Umgang mit der Einsamkeit. Es stärkt ihn zu wissen, daß es einen Sinn gibt, z.B. in der Liebe.

4. Fernsehkonsum

F sieht im Durchschnitt täglich eine Stunde fern. Normalerweise eine halbe Stunde am Tag, wenn ein Film kommt zwei Stunden am Tag. Meist sieht er erst ab 23 Uhr fern. Sein Interesse liegt bei Information, Spielfilmen und Sport. Täglich sieht er eine Nachrichtensendung ('Tagesthemen' oder 'Tagesschau'). Er sieht aufmerksam fern. Manchmal ißt er auch dabei.

F fragt sich, wie effektiv Nachrichten im Fernsehen sind und bezeichnet sein tägliches Nachrichtensehen als "Pseudoinformationsritual". Es sei ein gewachsenes Ritual, das er so einfach nicht aufgeben kann. Außerdem gesteht er den Fernsehnachrichten einen Grundinformationsgehalt zu. Jeden Samstag verfolgt er die Fußballergebnisse, allerdings würde er deswegen nicht extra zu Hause bleiben.

Er teilt den Fernsehinhalt in drei Komplexe: politische Information, Spielfilme/Kultur, Sport. Für F sind Spielfilme auch im Fernsehen zu genießen und stehen als Kunstaspekt im Gegensatz zu Nachrichten und Sport. Er hat eine Programmübersicht, wählt also bewußt aus, was er sieht. Er bevorzugt gute Filme, bestimmte Regisseure und Kulturmagazine.

Am liebsten sieht er zu zweit fern, was aber relativ selten vorkommt. Zum Fernsehen meint F weiter: "Man kann sich entspannen", obwohl für ihn eine wirkliche Entspannung vor dem Fernseher nicht möglich ist. Man gäbe die Verantwortung ab, ohne ein schlechtes Gewissen zu bekommen. Allerdings nur, "wenn etwas Gutes kommt". Andere würden etwas machen, nicht man selbst. Zusammengefaßt meint F über das Fernsehen: "Das Fernsehen ist komplex." Er verbindet mit ihm eher wirre und negative Gefühle.

5. Bedeutung des Fernsehens für den Umgang mit Einsamkeit

"Er (der Fernseher) lenkt ab", sagt F spontan. Er blockiere, daß man sich Gedanken über sich mache. In Zeiten, in denen er nicht so viel zu tun habe, seine Freundin nicht da sei und er auch telefonisch niemanden erreiche, sähe er mehr Fernsehen - wenn es ihm schlecht gehe. Er benutze da das Fernsehen zum "Blockieren des Einsamkeitsgefühls"; es soll erst gar nicht aufkommen. Danach fühle er sich meist noch schlechter. Für ihn ist in solchen Fällen das Fernsehen wie "eine Decke, die man darüber legt". Meist sieht er dann Sportsendungen, da Sport für ihn irrational zu genießen sei und so ein "Ausgleich" für seine Rationalität darstelle. Auch Filme sähe er in solchen "schlechten Zeiten", aber er würde es gerade dann vermeiden, Sendungen zu sehen, die ihn nicht wirklich interessieren. F betont, daß das Fernsehen keine Rolle spiele, wenn er sich ernsthaft und stark einsam fühle.

Fazit: Fernsehen als Hilfe oder Hindernis für den Umgang mit Einsamkeit

Wesentlich für das Leben von F ist es, ein ihn "erfüllendes Gefühl mit einer anderen Person, eines großen Gemeinsamen, Liebe", zu erreichen. "Liebe", ist für ihn, "der Weg und das Resultat des Lebens". Aus diesen Ausssagen ist ein großes Bedürfnis nach sozialem Kontakt, aber nicht bezogen auf Quantität, sondern auf Qualität, abzuleiten.

F sieht dann mehr fern, wenn er wenig beschäftigt ist, seine Freundin nicht da ist und auch telefonisch niemand zu erreichen ist. In solchen Augenblicken wird ihm seine latent immer vorhandene seelische Einsamkeit besonders bewußt. Als "Blockierer der Einsamkeitsgefühle", man kann auch sagen als Ersatz für fehlenden sozialen Kontakt, stellt er dann das Fernsehen an. Oftmals sind es dann Sportsendungen, die ihm ein irrationales Genußempfinden bereiten, oder auch Spielfilme. Auffallend ist, daß er in diesen "schlechten Zeiten" Sendungen sieht, die viele Menschen zeigen oder viel mit Menschen zu tun haben. Nach dem Fernsehen fühlt er sich, wenn es eben als Lückenfüller eingesetzt wird, meist schlechter als vorher. Das Fernsehen stellt für ihn also nur einen minderwertigen Ersatz, nur eine scheinbare Hilfe für wirkliche soziale Kontakte oder Einbindung dar.

Bei einem wirklich ernsthaften und starken Einsamkeitsgefühl, das dann auftritt, wenn er körperlichen und auch sozialen Kontakt zu anderen Personen hat, hilft das Fernsehen F auch ersatzweise nicht. Dieses Gefühl ist für ihn so existentiell, daß es nur durch ihn selbst im Kontakt zu seiner sozialen Umwelt aufgelöst werden kann. Dies scheint F zu erkennen. Im ganzen Interview wurde nicht eine Äußerung gemacht, die auf eine Vermischung der Fernsehrealität mit der lebensweltlichen Realität schließen ließ.

"Der Fernseher ist meine Welt." (früher)
"Der Fernseher ist Oberfläche." (jetzt)
Portrait G

1. Soziale Netzwerke und persönliche Lebenssituation

G ist Studentin der Kommunikationswissenschaft und zum Zeitpunkt des Interviews 25 Jahre alt. Sie lebt allein in einer 25qm-Wohnung im Essener Süden. Sie benutzt öffentliche Verkehrsmittel und fährt Fahrrad (i.d.R. nur zur S-Bahn). Sie erhält Unterstützung von ihrem Vater und jobbt (3- bis 4mal pro Woche als Modeverkäuferin, 1- bis 3mal im Jahr auf der Messe und 2 bis 4 Tage im Monat für ein Marktforschungsinstitut). G beklagt, daß sie nie genug Geld hätte und verschuldet sei.

In ihrer Freizeit nimmt sie zweimal wöchentlich Ballettunterricht. Sie geht eher selten ins Kino. In den letzten Monaten sei sie viel allein gewesen, auch abends; sie sei einmal in 3 Monaten ausgegangen. G liest in letzter Zeit wieder manchmal.

G's wichtigste Bezugsperson ist ihre jüngere Schwester, an zweiter Stelle nennt sie ihren Freund, der in einer anderen Stadt lebt. G hat kaum Kontakt zum Vater, wenn überhaupt, dann telefonisch und ungefähr einmal im Jahr persönlich; zur Mutter besteht auch nur telefonischer Kontakt. (Ihre Eltern leben getrennt.) G hat ein bis zwei Freundinnen, "aber nicht so dick"; oberflächlich kennt sie viele Leute. G hat eine Freundin an der Uni, die sie allerdings auch nur ca. alle zwei Monate sieht. Sie verfügt über ein "kleines" soziales Netz, im Ernstfall wendet sie sich nur an ihre Schwester.

2. Einsamkeit: Erfahrungen und Umgang

Einsamkeit ist für G existentiell, in jeder Sekunde latent vorhanden. Wenn sie mit ihrem Freund zusammen ist, kann die Einsamkeit manchmal durch Liebe aufgelöst werden. Das Einsamkeitsgefühl ist immer da, manchmal will G sich am liebsten umbringen, verspürt aber auch größtmögliche Freiheit. Sie schwankt zwischen Euphorie und Depression, empfindet es als befreiend und belastend. Diese Gefühle werden durch ihren Freund verstärkt, durch die Angst, verlassen zu werden. G vertraut niemandem außer ihrer Schwester; sie sucht in Beziehungen Geborgenheit und Liebe, die sie bei ihren Eltern vermißt hat. Sie fühlt sich mit ihrem Freund spirituell verbunden, fühlt sich als Einheit mit ihm. Sie kann sich nicht vorstellen, mit jemand anderem ihr Leben zu verbringen; als er sie zwischenzeitlich verlassen hat, lag sie u.a. drei Tage lang im Bett und hat nur TV geguckt, sonst nichts getan.

Früher konnte G keine Pause machen, war nur rastlos. Heute kann sie sich ruhig hinsetzen, empfindet Alleinesein als positiv. Als Auslöser für ihre Ängste und ihre Einsamkeit nennt G ihr fehlendes Elternhaus und daß ihr (dadurch bedingt) Sicherheit und Vertrauen fehlen.

3. Spiritualität/Religiosität/Transzendenz

G bekundet Interesse an esoterischen, religiösen u.ä. Themen, hat sich aber noch nie näher damit beschäftigt. G ist katholisch getauft, mußte bei ihrem Vater wöchentlich in die Kirche; sie hat dort als Kind gerne gesungen. Jetzt bezichtigt sie die Kirche der Falschheit und empfindet sie als unbedeutend.

G glaubt an Gott und redet mit ihm, als wäre er ihr Vater. Sie hört eine Stimme, die mit ihr redet; das hatte sie schon als Kind. Als Kind hatte sie auch eine Freundin, die keiner außer ihr sehen konnte. Die Stimme ist geblieben und stellt für sie jetzt eine Vaterfigur dar, mit der sie kommuniziert.

Manchmal hat sie Voraussehungen, die ihr Angst machen; die Stimme empfindet sie (allerdings) als uneingeschränkt positiv. Die Stimme hilft ihr und weiß, wie es weitergeht (G empfindet ihr Schicksal als festgelegt). Manchmal widerspricht G ihr. Die Stimme leitet und bestimmt sie nicht, sondern läßt ihr Freiheit und gibt ihr Sicherheit. Die Stimme ist in ihr, aber auch außerhalb, bei allen. G kommt sich manchmal beschützt vor. Die Stimme ist nur phasenweise zu hören; G spricht dann mit ihr. G redet auch viel mit sich selbst gegen die Einsamkeit. G liebt die Natur: das "Ganze".

4. Fernsehkonsum

G besitzt einen großen Fernseher und empfängt vier Programme (öffentl.-rechtl. und SAT1).

Sie hat zu Beginn des Lehrforschungsprojektes viel TV geguckt, ca. drei Stunden täglich; zwischenzeitlich dann gar nicht mehr; zur Zeit im Schnitt eine Stunde täglich, sie liest wieder mehr oder hört Musik.

G konnte sich früher[185] in TV-Geschichten reinfinden, "war da ganz drin"; heute findet sie es eher uninteressant.

Früher guckte G i.d.R. abends, manchmal extrem viel; sie lag beispielsweise drei Tage hintereinander im Bett und hat nur ferngesehen (aufmerksam). Gewöhnlich kam sie abends nach Hause und hat den Fernseher angeschaltet, immer sobald sie den Raum betrat. Sie hat nicht gelesen, kaum Musik gehört, ihr ging es immer schlecht (hat deshalb auch das Lehrforschungsprojekt angefangen). Ihre Freizeit füllte sie mit Fernsehen aus, am Wochenende ist sie manchmal weggegangen.

Früher hat sie regelmäßig 'Al Bundy' geguckt, weil sie zur Sendezeit nach Hause kam. Sonst hat sie "egal, was kam" geguckt. Vorletztes und letztes Jahr sah sie extrem häufig fern, was viel mit der Trennung von ihrem Freund zu tun hatte; die Neigung dazu sei aber latent vorhanden. Als Kind hat sie selten geguckt.

Ihr Fernsehverhalten änderte sich beim '1 Woche ohne Fernsehen-Experiment' im Lehrforschungsprojekt, dann hatte sie einen "Rückfall". Jetzt guckt sie mäßig und kann ausschalten, wenn es sie nicht interessiert. G besitzt keine Fernsehzeitschrift, guckt regelmäßig 'Biolek', kann jetzt auch <u>nur</u> lesen, kann sich frei entscheiden. Sie sieht gerne Spielfilme, guckt sich jetzt auch Reportagen an, was sie früher nie getan hätte. Sie hätte gerne regelmäßig 'Schreinemakers' gesehen, wegen der Moderatorin, "hats aber bis jetzt nicht ge-

[185]"Früher" bezeichnet in diesem Zusammenhang immer die Zeit vor Beginn des Lehrforschungsprojektes.

schafft". G sieht gerne Filme ganz, kann aber auch mittendrin einsteigen. Sie ärgert sich, wenn sie beispielsweise 'Bio' verpaßt.
Ein wichtiges Ritual damals wie heute: Beim Essen ist der Fernseher an. G findet es schrecklich, "alleine" zu essen.

Früher symbolisierte der Fernseher für sie ihre Welt. Sie verband damit ein gutes, ein Rettungsgefühl; von heute aus gesehen ist dieses Bild allerdings negativ besetzt. Heute ist Fernsehen für sie (Theater-)Bühne, Oberfläche. G empfindet "alles als Lüge", "kommt nicht mehr richtig rein"; TV "ist flach geworden"; sie ist nicht mehr negativ dazu eingestellt, weil sie meint, jetzt damit umgehen zu können.

5. Bedeutung des Fernsehens für den Umgang mit Einsamkeit

Früher war Fernsehen für sie eine Möglichkeit, Einsamkeit aufzuheben; sie konnte im Fernsehen/in der Fernsehwelt aufgehen. Heute gibt es für sie die Möglichkeit, Einsamkeit durch die Verbundenheit mit ihrer Schwester aufzulösen.

Der Fernseher funktioniert heute nicht mehr als Fluchtweg. Wenn G in ruhiger und/oder gelangweilter Stimmung ist, schaltet sie das TV an. Früher hat sie es in nervöser Stimmung angeschaltet.

Das Fernsehen, insbesondere Familiensendungen mit lieben Eltern, lieferte ihr früher Sinnangebote; heute regt es sie zum Nachdenken über ihre eigene Situation an.

Fazit: Fernsehen als Hilfe oder Hindernis für den Umgang mit Einsamkeit

G neigt(e) dazu, ihrer Einsamkeit durch Konsum zu begegnen oder auszuweichen, d.h. sie umgeht es, selbst aktiv zu sein: Sie guckt(e) fern, "egal was kam". Auf der anderen Seite hat sie auch die Möglichkeit, sich aktiv/produktiv mit ihrer Einsamkeit auseinanderzusetzen, mit Hilfe ihrer inneren Stimme, mit der sie kommunizieren kann. Insofern könnte das Fernsehen eher als Hindernis bezeichnet werden, da es der Stimme den Raum nimmt.

"Der Fernseher ist ein fauler Ausweg."
Portrait H

1. Soziale Netzwerke und persönliche Lebenssituation

H ist Studentin, 26 Jahre alt und lebt allein in einer 40qm-Wohnung. Sie besitzt ein Auto, benutzt die öffentlichen Verkehrsmittel ab und zu und erledigt Einkäufe in ihrer Gegend zu Fuß. Ein fester Job verschafft ihr gute finanzielle Möglichkeiten; sie treibt regelmäßig Sport und geht in unregelmäßigen Abständen ins Theater oder ins Kino.

Sie besitzt ein Telefon mit Anrufbeantworter, einen Fernseher mit Kabelanschluß, der portabel ist, sowie eine Musikanlage und einen Computer.

H. hat kaum Kontakt zu ihrer Familie. Ihr soziales Netzwerk rekrutiert sich aus drei engen Freundinnen, die sie oft sieht, und mehreren Bekannten, die sie unregelmäßig sieht. Daß ihr eine Liebesbeziehung fehlt, eröffnet sich an unterschiedlichen Stellen des Interviews. Ohne eine solche Beziehung empfindet sie ihr soziales Netz nicht als komplett. Ob und wie stark der Verlust der Familienbindung ihr soziales Netz beschädigt hat, ließ sich aus ihren Antworten nur zwischen den Zeilen herauslesen.

2. Einsamkeit: Erfahrungen und Umgang

"Wenn ich keinen Platz in der Welt habe, bin ich einsam."

H verbindet die von ihr beschriebene Einsamkeit mit einem Gefühl des "Auf-sich-zurückgeworfen-Seins", ohne Kontaktmöglichkeiten zu einem nahestehenden Menschen, der diese Einsamkeit lindert. Sie empfindet Einsamkeit zur Zeit in erster Linie als die Abwesenheit einer Liebesbeziehung. H lenkt sich, wenn ein solches Gefühl aufkommt, ab oder versucht, ihm kurzfristig zu entfliehen. Sie geht aus, trifft sich mit Freundinnen oder schläft lange.

Als Alternative zu dieser Flucht nennt sie die Beschäftigung mit den Problemen, die sie einsam machen. Sie sucht sich Literatur und denkt von dieser angeregt über ihre Situation nach.

3. Spiritualität/Religiosität/Transzendenz

Die Begriffe Spiritualität und Transzendenz sind H eher fremd, mit dem Wort Sinnsuche kann sie in diesem Zusammenhang mehr anfangen. "Spirituelles Wissen ist unbewußtes Wissen, nicht wissenschaftliches, und es verlangt viel Sensibilität."

Mit Religion setzt sie sich aus der Distanz auseinander, quasi aus wissenschaftlichem Interesse. Sie gehört zu keiner Gemeinde oder religiösen Gemeinschaft.

Ihre Art der Sinnsuche hat für sie keine transzendenten Elemente, sie "geht nicht von den Menschen weg". Beim Tanzen, räumt sie ein, erlebt sie so etwas wie eine Verwischung des Ichs, ein Gefühl, daß sie aber nicht bewußt sucht.

Für H gibt es im Moment nur eine Form der Einbindung; die intensive Liebesbeziehung zu einem anderen Menschen. Sie kann sich ohne eine solche Beziehung keine positive Form von Einsamkeit vorstellen.

4. Fernsehkonsum

H besitzt einen Fernseher mit Kabelanschluß. Sie hat über Jahre jeden Wochentag die Soap-Opera 'California Clan' (eine amerikanische Familienserie) geschaut. Sie sieht diese Serie in letzter Zeit unregelmäßiger, verfolgt die Handlung aber weiterhin.

Sie nutzt den Fernseher zur Zeitüberbrückung, wenn sie zu Hause ist und nichts zu tun hat oder nicht schlafen kann. Der Fernseher ist portabel und kann zwischen Schlafzimmer und Wohnzimmer hin- und hergetragen werden. Während der Zeit, die sie vor dem Fernseher verbringt, wendet sie sich ihm aufmerksam zu. Sie schaltet den Fernseher wahllos ein, sie hat keine Programmzeitschrift.

H sieht nicht gern mit anderen Menschen fern und spricht auch selten mit Bekannten über die Programme, die sie sich anschaut.

5. Bedeutung des Fernsehens für den Umgang mit Einsamkeit

H nutzt den Fernseher sowohl als Ablenkungsmedium als auch für die Beschaffung fehlender Emotionen. Parasoziale Beziehungen ersetzen kurzfristig die fehlende Familienbindung, romantische Liebesfilme liefern die fehlende Liebesbeziehung. H vermutet, daß ihr die Soap-Opera gut tut, weil sie selbst kaum noch Kontakt zu ihrer Familie hat. "Sie sind mir ans Herz gewachsen."

Der Fernseher kann in ihr positive Gefühle wecken, z.B. durch romantische Filme. Er kann auch kurzfristig fehlende Gefühle produzieren. "Wenn ich mich tot fühle, kann der Fenseher mich wiederbeleben."

Nach diesen vom Fernseher produzierten Gefühlen fühlt sie sich genauso leer wie vorher. "Er ändert nichts und bringt auch keine Hoffnung."

H nutzt Reportagen und Dokumentationen, um sich ihre Sicht der Wirklichkeit bestätigen oder verändern zu lassen. Fernsehgeschichten verändern ihre Ansicht über Dinge. Sie sucht in Fernsehsendungen nach den Trends und Strömungen in der Gesellschaft. "Ich sehe da, was alles o.k. ist."

Fazit: Fernsehen als Hilfe oder Hindernis für den Umgang mit Einsamkeit

Aus dem mit H geführten Interview lassen sich zwei Fixpunkte erkennen, die ihre Erfahrungen mit Einsamkeit dominieren. Eine fehlende Liebesbeziehung auf der einen und eine abgebrochene Familienbindung auf der anderen Seite. Für sie ist der Begriff der Einsamkeit zur Zeit des Interviews untrennbar mit dem ersten Punkt, der Abwesenheit einer Liebesbeziehung verbunden.

Während sie den Wunsch nach einer solchen Beziehung im Gespräch mehrmals thematisiert und ihn mit den Begriffen Einbindung, Transzendenz und natürlich Einsamkeit in Verbindung bringt, erwähnt sie den gestörten Kontakt zu ihrer Familie nur ein einziges Mal, fast nebenbei, im Zusammenhang mit der Serie, die sie beinahe täglich sah/sieht.

Ihr Fernsehverhalten schwankt zwischen Tagen intensiver Nutzung und völlig fernsehfreien Phasen, die sie auch nutzt, um sich mit ihren Einsamkeitserfahrungen zu beschäftigen. Wenn sie fernsieht, spiegeln die von ihr bevorzugten Fernsehprogramme die Suche nach den beiden verlorenen/ersehnten Emotionen wieder. Romantische Filme liefern Gefühle, und Serienhelden dienen kurzfristig als parasoziale Familie. Daß diese Sendungen an ihrer Situation nichts ändern, ist ihr bewußt; sie nutzt die Ablenkung, die sie ihr bringen, trotzdem.

Obwohl sie also den Kreislauf aus kurzfristiger Ersatzbefriedigung ihrer Bedürfnisse und anschließender Leere durchschaut, ist sie nicht in der Lage, ihn zu durchbrechen. Bei der Bewältigung ihrer Situation hilft der Fernseher nicht, im Gegenteil, er hält sie durch die Verabreichung lindernder Emotionsschübe in immer gleicher Entfernung zu ihren Problemen und verhindert durch zeitweise exzessive Nutzung jede dauerhafte Leere, die zu einer tieferen Erkenntnis führen könnte.

3.3. Auswertung der Portraits

Über den Zusammenhang zwischen Einsamkeit und Fernsehen hatten wir forschen wollen und deshalb vor fast einem Jahr zehn Hypothesen aufgestellt, deen wir in acht Interviews nachgespürt haben. Worüber wir damals gesprochen haben, wenn wir Einsamkeit sagten und worüber wir heute sprechen, wenn wir dasselbe Wort gebrauchen, das ist ein Unterschied. Wir haben, jede in ihrem Interview, und in stundenlangen theoretischen Diskussionen in der Gruppe, ein Phänomen aus seinem Schattendasein gerissen, von dessen Anwesenheit in unserem Leben wir alle wußten, um dessen Existenz wir uns aber lieber nicht kümmern wollten. Zunehmend wurde in unseren Antworten eine Entwicklungslinie erkennbar zwischen (körperlichem) Alleinsein und (seelischer) Einsamkeit. Auch wenn wir zum Teil selbst nicht wußten (oder wissen wollten), was am Ende dieser Entwicklungslinie wartete, so offenbarten sich doch mehrere Strategien, an unterschiedlichen Punkten der Linie/Geraden, dem "drohenden Ende" Einsamkeit zu entfliehen. Mehr als uns vielleicht bewußt war, haben sich unsere Hypothesen in den unterschiedlichen Interviews wiedergefunden, haben wir so dem theoretischen Gerüst unseres Anfanges einen lebendigen Inhalt gegeben.

Im folgenden Text werden einige der von uns aufgestellten Hypothesen als roter Faden benutzt und die in ihnen enthaltenen Vermutungen unseren Antworten gegenübergestellt.

Begonnen hatten wir unsere Hypothesen mit der Aussage: "Jeder Mensch hat spirituelle Bedürfnisse", die, wenn man sie zu Ende denkt, auch die Aussage enthält: "Jeder Mensch kennt Einsamkeit". Eine Hypothese, die wir so explizit nie aufgestellt haben, von der wir aber stillschweigend ausgegangen sind.

"Kennst Du Einsamkeit?", haben wir eine der zentralen Fragen in unserem Fragebogen formuliert, nicht "Bist oder warst Du jemals einsam?", haben also die Suche nach Einsamkeit in unserem Leben unbewußt taktvoll zu einem Phänomen des Betrachtens und Kennens, und nicht des Seins und Fühlens erklärt. Den Weg in die Beschreibung des eigenen Einsamkeitserlebens konnte jede/r Befragte von diesem leicht distanzierten Punkt selber bestimmen. Begegnet sind wir der Einsamkeit in unterschiedlichen Masken; als existentielles Erlebnis durch Tod oder Entfremdung geliebter Menschen; inmitten einer Menschenmenge als Gefühl, das uns von allen anderen trennt und immer wieder als lauernde Leere, die am Ende zu langer oder ungewollter Phasen körperlichen Alleinseins droht.

Unterschiedlich wie wir selber waren auch die Erfahrungen und der Umgang mit der Einsamkeit. Dennoch läßt sich eine Ähnlichkeit in den Strategien erkennen.

C, die von sich selber sagt, daß sie Einsamkeit nicht kennt, hat "stets etwas zu tun, ihr Leben ist gut organisiert".

E , die als Kind eine existentielle Erfahrung mit Einsamkeit gemacht hat, hat ihr Leben "mit einer Reihe von Tätigkeiten und Kontakten ausgefüllt".

Man muß sie also gar nicht bewußt gefühlt haben, die Einsamkeit, um sich einen Alltag zu konstruieren, der ihr ausweicht. Etwas tun, sich ablenken, sich mit anderen Menschen treffen, diese Sätze tauchen in allen Interviews auf. Wir suchen nach Gemeinsamkeiten, nach kurzfristigem Vergesssen und dauerndem Aufgehoben-Sein und nutzen dazu die verschiedensten Möglichkeiten.

Als existentiellster Wunsch stellte sich dabei sicher das Aufgehoben sein heraus. Daß uns dabei die Religionen, in die wir hineingeboren wurden, keine große Hilfe sind, hatten wir schon vermutet, als wir die zweite These, "Die traditionellen, religiösen Glaubensgemeinschaften der westlichen Welt sind im Zerfall begriffen", aufstellten. Nur ein Mitglied unserer Gruppe zieht Kraft und Geborgenheit aus einer (frei)kirchlichen Gemeinde, alle anderen haben den Kontakt zu den Kirchen verloren.

Wo suchen wir also nach dem Aufgehoben sein, das uns vor der dunklen Seite der Einsamkeit bewahrt?

Zuerst und zuoberst sicher in der Liebe, die wir in ihren unterschiedlichen Formen leben. Wir versuchen, Halt zu finden in der Liebe zur Familie, in der

Liebe zu Freunden und am intensivsten in der Liebe zu einem Partner/einer Partnerin. Unterschiedlich oft und stark haben wir erfahren müssen, daß auch diese Bindungen keinen dauerhaften Schutz vor Einsamkeit gewähren, daß die Liebe als Kraft jedoch sicherlich den Weg in ein dauerndes Aufgehobensein weist.

Auch die Natur wird von uns als größeres Ganzes erlebt, dem wir uns vorsichtig zuwenden. Der Anblick eines sternenübersäten Himmels oder die Stille des Waldes beim Joggen lassen uns für kurze Augenblicke teilhaben und Teil sein.

Unserer dritten These folgend, haben wir uns dem Umgang mit persönlichen Krisen gewidmet und versucht, unseren Bewältigungsstrategien auf die Spur zu kommen. Ganz klar wird hier der Unterschied zwischen bewußtem Erkennen eines Problems und aktiver Lösungssuche und einem eher diffusen Unglück, das der Fernseher, Kraft seiner Bilder, übertünchen darf.

Wer wie C nach einem Todesfall intensiv den Kontakt zu einer Gemeinde sucht, empfindet das Angebot aus dem Reich der Talkshows und Serien als wenig bedeutend.

Wer wie D nach einem ereignislosen Abend mit dem Lebensgefährten allein vor dem Fernseher sitzen bleibt, läßt den Fernseher eine Leere füllen, die ohne ihn deutlicher spürbar wäre und möglicherweise einen Konflikt nach sich ziehen würde.

In G's schlimmsten Zeiten hat sie, sich in immer gleichem Unglück haltend, tagelang vor dem Fernseher zugebracht und seine Welt der lösbaren Probleme gegen ihre ausgetauscht.

Zeiten globaler Krisen sind für A ein Grund, sich mittels des Fernsehers zu beruhigen. Die Berichte von Kriegsschauplätzen oder Katastrophen vermitteln ihr das Gefühl, daß diese Ereignisse, solange sie noch darstellbar sind, auch bewältigt werden können.

Mit Blick auf unsere vierte Hypothesen können wir dem Fernseher die Aufgabe, "spirituellen" Halt zu geben, nicht völlig absprechen. Er teilt in der Tradition des kirchlichen Glockengeläuts auch für uns hin und wieder den Tag oder die Woche ein.

Seine Kraft liegt dabei nicht in konkreten Antworten auf aktiv gestellte Fragen, sondern in der ständigen Konstruktion und Lösung "lebensnaher" Probleme, die zum unbewußten Vergleich auffordern oder gar die Stelle der eigenen, nicht lösbaren Probleme einnehmen.

Im Falle von G und H hat der Fernseher über weite Strecken mit der Vision einer (er)tragbaren Welt zu tun, die die Wirklichkeit und ihre Bewohner von ihrem Schrecken erlöst.

Fernsehen, in manchen Untersuchungen zunehmend als aktiver Akt erkannt, erscheint in den Ergebnissen unserer Befragung als sehr passiver Akt, einerseits, weil es oft aus einer Absage an mögliche Aktivitäten entspringt (" Ich möchte abschalten, ich möchte mich entspannen usw.), andererseits auch, weil es, sich selbst erhaltend, zu weiterer passiver Teilnahme an seinen Angeboten auffordert. Lösungsimpulse hatte niemand von uns dem Fernseher entnehmen können; letztere bleiben dem Gespräch mit anderen Menschen, bzw. der tiefen Auseinandersetzung mit dem Problem vorbehalten. Das Angebot des Fernsehens besitzt aber dennoch eine verführerische Permanenz und Verfügbarkeit, die keine menschliche Beziehung leisten kann. So schlüpft es bereitwillig in unsere kleinen Zeit- und Sinnlücken und füllt sie mit seinen Bildern. Wir fühlen uns zwar nicht von ihm dominiert, aber wir lassen ihm diesen (unterschiedlich großen) Platz und haben bis zum Beginn des Lehrforschungsprojektes wenig über seine Funktion in unserem Leben nachgedacht.

Dieses Nachdenken aber und der Erfahrungsaustausch untereinander entwickelte sich zunehmend zu einer Lösungsstrategie für die Einzelnen in der Gruppe. Als "Lösung" kristallisierte sich dabei nicht etwa eine möglichst deutliche Reduzierung des Fernsehkonsums heraus, sondern eine Bewußtmachung des individuellen Zusammenspiels von Einsamkeit, Fernsehen und Spiritualität.

Was bezüglich der eigenen Gewohnheiten, Wünsche und Verhaltensmuster auf der Hand zu liegen schien ("Nicht im Griff" haben ihren Fernsehkonsum immer die anderen), wurde gerade durch das Gespräch - durch das Fragen, Zuhören und Erzählen - gewinnbringend hinterfragt. Gerade das Fernsehen besitzt in seiner ständigen Verfügbarkeit und subtilen Präsentation von Wirklichkeiten ein großes Potential für ritualisiertes und wenig bewußtes Verhalten.

Die aufgeführten Portraits sind sicher nicht in empirischer Hinsicht oder etwa im Sinne kopierbarer Handlungsmuster ausschöpfbar. Doch wir sehen ihren Gewinn auch keineswegs auf die Erfahrungen der Gruppenmitglieder selbst beschränkt. Die Portraits wollen vor allem Anregungen geben, die thematisierten Zusammenhänge bei sich selbst zu überdenken und in Frage zu stellen. Ziel kann ein bewußteres Erleben von Einsamkeit und dann deren partielle Aufhebung in der Spiritualität sein - aber auch eine bewußte Entscheidung für einen genießerischen oder informativen Fernsehabend. In der Methode der Selbstbefragung schließlich, auf die wir uns, wie unter II.3.1. angedeutet, nicht ohne Skrupel festgelegt haben, sehen wir eine Grundvoraussetzung für die Vielschichtigkeit und Intensität, sowohl der Ergebnisse, wie der eigenen Erfahrung.

III. WEGE AUS DER EINSAMKEIT: TELEFONISCHE KONTAKTDIENSTE

Einführung

"Nichts ist so kraftvoll
wie eine Idee, deren
Zeit gekommen ist."
Victor Hugo

Einsamkeit - so hatten wir gesehen - ist als existentielle Grunderfahrung des Menschen zu verstehen. Die Frage bleibt, wie mit dieser als Verzweiflung, Depression, Langeweile oder Selbstablehnung empfundenen Gemütsstimmung umzugehen ist. Die Mediengesellschaft glaubt zumindest das Problem erkannt zu haben, denn sie bietet Lösungsvorschläge, um den Weg aus der Einsamkeit zu finden. Einen Lösungsweg haben wir im vorangehenden Teil II kennengelernt: das Fernsehen. Jetzt wenden wir uns einem anderen Lösungsweg zu, dem Telefon. Ob das Telefon und insbesondere telefonische Kontaktdienste als Brücke aus der Einsamkeit heraus genutzt werden, soll im folgenden untersucht werden.

In den letzten Jahren haben sich völlig neue Formen der Telefonkommunikation etablieren können. Auffallend ist hier vor allen Dingen die Entwicklung auf dem Gebiet der Telefondienste. Bis 1991 hatte die Deutsche Bundespost respektive Telekom das Monopol auf diese Serviceleistungen. Das Angebot beschränkte sich auf einige wenige Dienste wie Kinovorschau, Zeitansage oder Wettervorhersage. Mit der Einführung neuer Servicenummern und Kostenabrechnungsverfahren ergab sich für private Anbieter die Möglichkeit, auf den Markt vorzustoßen. Neben Beratungs- und Informationsdiensten jeglicher Art, Horoskopen und Unterhaltungsangeboten treten hier vor allem Dienste auf, die direkt oder indirekt die Schaffung sozialer Kontakte ermöglichen sollen. Signifikant für diese ist die massive Schaltung von Anzeigen und Spots in Print- und elektronischen Medien. Nicht nur in Stadtmagazinen wie *Prinz*, *Marabo* oder *Coolibri* nehmen die Annoncen inzwischen etliche Seiten ein, sondern auch in Tageszeitungen und Zeitschriften. Die privaten Fernsehanstalten können ihre Werbe-Inseln in den späten Abendstunden überwiegend mit Spots für Partnertreff-, Party- und Sex-Lines füllen.

Somit läßt sich konstatieren, daß ordnungspolitische Veränderungen die Etablierung gewerblicher Telefondienste erst ermöglichten. Zu untersuchen bleibt jedoch, warum ausgerechnet Telefondienste, welche zu sozialen Kontakten führen sollen, in hohem Maße akzeptiert und genutzt werden. Sind gesellschaftliche Veränderungen der letzten Jahre und Jahrzehnte der Grund für den Erfolg?

Es scheint, als hätte unsere postmoderne Gesellschaft mit ihrer fortschreitenden Individualisierung und Pluralisierung von Lebensformen einen Punkt erreicht, an dem die Gefahren, die ihr innewohnen, und deren Folgen zutage treten. Kontaktprobleme und soziale Isolation sind nicht länger Zukunftsmusik, sondern Realität. Die Palette der Kontaktmöglichkeiten ist nahezu unbegrenzt und die Sehnsucht nach der/dem anderen offensichtlich groß. Doch vielen gelingt es nicht, in soziale Interaktion einzutreten, die sie Einsamkeit überwinden läßt. Private Anbieter haben erkannt, daß die Gelegenheit günstig ist, Dienste auf dem Markt zu etablieren, welche helfen sollen, einen Kommunikationsprozeß einzuleiten und Kontakte herzustellen. Oder hat abermals das Angebot erst die Nachfrage erzeugt?

Um die Hintergründe näher zu beleuchten, sind verschiedene Fragestellungen zu beantworten, die der Klärung dieser übergeordneten Frage dienlich sind: Dient die Nutzung der Partnertreff-, Party- und Sex-Lines der Schaffung sozialer Kontakte, und können diese Wege aus der Einsamkeit sein?

Formal gliedert sich das III. Hauptkapitel in zwei Teile, und zwar einen theoretischen (Kapitel 1) und einen darstellenden Teil (Kapitel 2 und 3); außerdem wird die Telefonseelsorge als nicht-kommerzielles Alternativangebot behandelt (Kapitel 4). Die gewählte Methode stellt sich wie folgt dar: Kapitel 1 umfaßt den theoretischen Zugang und gründet sich auf Literaturstudien zum Thema Individualisierung der Gesellschaft sowie Entwicklung, Verbreitung und Nutzung des Telefons. Es soll den aktuellen Stand der Forschung umreißen, wobei sich zwangsläufig das Problem des Forschungsdefizits im Bereich der Telefonkommunikation stellt. Somit ist natürlich auch der in Deutschland relativ neue Zweig der gewerblichen Telefondienste noch unerforschtes Neuland.

Um die Akzeptanz dieser Dienste erklären zu können, stellt sich außerdem die Frage nach den Voraussetzungen gesellschaftlicher (1.1), technischer (1.2) und ordnungspolitischer (2.1) Art, dem Nährboden, aus dem immer neue Formen gewerblicher Telefondienste sprießen und offensichtlich gut gedeihen können. Es wird zu untersuchen sein, inwieweit die bisherige Nutzung des Mediums Telefon (1.3) und die dabei zu beachtenden Besonderheiten (1.4) den gewerblichen Anbietern entgegenkamen.

Das zweite Kapitel gründet auf einer empirischen Erhebung, deren Durchführung aufgrund des Forschungsdefizites notwendig wurde. Das zugrundeliegende Konzept und die Ergebnisse werden in diesem darstellenden Teil erläutert und dienen sowohl der Angebots- als auch der Nutzeranalyse.

Die Angebotsanalyse (2.2) gibt einen Einblick in die Landschaft der Partnertreff-, Party- und Sex-Lines. Sie legt dar, was angeboten wird, wer die Anbieter sind und mit welcher Motivation sie ihr Geschäft betreiben. Hypothese ist hier, daß ökonomische Interessen die Motivation bestimmen. Wirtschaften bedeutet, bedarfsdeckende Aktivitäten systematisch zu vollziehen. Somit ist es nur logisch, daß Anbieter, die glauben, einen Bedarf oder ein Bedürfnis in der Gesellschaft entdeckt zu haben, bei dessen Befriedigung dem ökonomischen Prinzip folgen und versuchen, zwischen finanziellem Aufwand und Ertrag das bestmögliche Verhältnis herzustellen.

Der Angebotsanalyse gegenüber steht eine Nutzeranalyse (3.2). Fallbeispiele liefern Aufschluß über die NutzerInnen und deren Motivationen sowie die Art und Weise der Nutzung. Schaffen empfundene gesellschaftliche Anonymität, Mobilitätsprobleme u.ä. Einsamkeit, die mit Hilfe der Telefondienste überwunden werden soll? Nutzen mehr Männer als Frauen die Telefondienste?

Als Kontrast zu gewerblichen Angeboten wird im abschließenden 4. Kapitel auch ein klassischer Telefondienst, die Telefonseelsorge, einer näheren Betrachtung unterzogen. Eine Hypothese lautet hier, daß ein Dienst, der anstelle des wirtschaftlichen das soziale Interesse in den Vordergrund stellt, der Einsamkeitsüberwindung zuträglicher ist. In Anbetracht der Tatsache, daß die Kapazitäten der Telefonseelsorge nahezu erschöpft sind und das Hauptproblem der Anrufer die Einsamkeit ist, sind wir dieser Hypothese durch eine Angebots- und eine exemplarische Nutzungsanalyse nachgegangen.

Im einzelnen lassen sich folgende Hypothesen, die im Rahmen der Untersuchung überprüft werden sollen, formulieren:

1. Die Nutzung gewerblicher Telefondienste verschleiert das Vorhandensein von Einsamkeit.
2. Gesellschaftliche Veränderungen wie Anonymität, Überalterung, Flexibilisierung der Arbeit oder Mobilitätsprobleme schaffen Voraussetzungen für das Phänomen Einsamkeit bzw. verstärken Einsamkeit.
3. Die Mediengesellschaft macht das Phänomen Einsamkeit zum Thema des öffentlichen Diskurses.
4. Kontaktsuche wird zunehmend aus der Sicherheit der eigenen Intimität heraus angestrebt.
5. Ordnungspolitische Veränderungen schufen die Voraussetzung für die starke Verbreitung gewerblicher Telefondienste.
6. Die Verbreitung gewerblicher Telefondienste ist bedingt durch ökonomische Interessen der Anbieter.
7. Die Verbreitung gewerblicher Telefondienste ist bedingt durch Akzeptanz unter den Nutzern.
8. Die telefonische Partnervermittlung (Partnertreff-Line) stellt eine Erweiterung der klassischen Partnervermittlung dar.
9. Das ökonomische Interesse hinter den gewerblichen Telefondiensten kontrastiert mit dem sozialen Interesse der Anrufer.
10. Die Telefonseelsorge stellt das soziale Interesse in den Vordergrund.

1. Das Telefon als Medium sozialer Kontakte

Einsamkeit ist Teil des gesellschaftlichen Diskurses und entspricht offensichtlich dem aktuellen Zeitgeist. Wie anders ist es zu erklären, daß es staatlichen und privaten Unternehmen gelingt, Einsamkeit zum Spielball ökonomischer Interessen zu machen?

Deren Vermarktung bringt Einschaltquote und Auflage. Verkupplungs-Shows wie "Herzblatt" (ARD) und "Alles Liebe...oder was?" (Sat 1) belegen dies. Nie zuvor war es möglich, daß ein Millionär[186] über TV-Talk-Shows oder die "BILD"-Zeitung versuchte, die Dame seines Herzens zu finden. Bücher zum Themenkomplex "Lebenshilfe" füllen mittlerweile meterlange Regale. "Befindlichkeitsstörungen", psychosomatische Leiden, Depressionen, Angstzustände u.ä. lassen die Zahl der Psychotherapien in die Höhe schnellen. Auslöser sind "fast immer Einsamkeit, Trennungen, die vergebliche Suche nach Nähe und Geborgenheit"[187]. Logisch also, daß nach dem Stand von 1995 monatlich von deutschen Telefonanschlüssen aus für ca. 56 Millionen DM mit Sex-Lines auf den niederländischen Antillen, in der Dominikanischen Republik, auf den Phillipinen und anderen (möglichst weit) entfernten Staaten telefoniert wird? Hierbei bleibt offen, inwieweit diese Summe durch Betrug erhöht wurde (vgl. 2.1).[188]

Zeitgeist oder Folge eines Wandels von industrieller zu postindustrieller Gesellschaft, die von Soziologen wie David Riesman oder Daniel Bell "vorwiegend von den Auswirkungen der neuen Informations- und Kommuni-

[186]Gemeint ist hier der "Schnäppchen"-Millionär Werner Metzen (49 Jahre, geschieden, 4 Kinder), der in der "BILD"-Zeitung und in der Sat 1-Talk-Show "Schreinemakers" seinen Heiratswunsch öffentlich bekanntgab. 3000 Frauen meldeten sich daraufhin, von denen er etliche zum "Vorstellungsgespräch" einlud. Mit der Auserwählten präsentierte er sich dann dem Fernsehen und den Printmedien. Die baldige Trennung machte er ebenfalls durch diese Medien öffentlich.

[187]Wolfgang Schmidbauer: Die Angst vor Nähe. Reinbek: Rowohlt 1985, S. 17.

[188]Das Nachrichtenmagazin *Focus* vermutet, daß nur 20% dieser Summe faktisch vertelefoniert wird. Legt man nun einen Durchschnittspreis von 10,- DM für ein Gespräch zugrunde, so kommt man auf ca. 1 Million Gespräche pro Monat.

kations-Technologien her"[189] konturiert wird? Sind wir zu dem geworden, was Kulturpessimisten schon seit längerem in uns zu sehen glauben: zu kommunikationsgestörten, kontaktarmen *couch potatoes* im Sofa-Humus? Medien haben sicherlich erheblichen Anteil an der Situation, wie sie sich zur Zeit darstellt, doch im folgenden sollen generelle gesellschaftliche Entwicklungen beleuchtet werden. Mit Hilfe der Individualisierungsthese des Soziologen Ulrich Beck soll aufgezeigt werden, inwieweit gesellschaftliche Veränderungen den Status quo mit hervorgebracht haben. Theoretische Überlegungen werden dabei immer wieder mit aktuellen Beispielen veranschaulicht, um so den Kontext dieser Untersuchung verständlich werden zu lassen. Nur scheinbar widersprüchlich zu Beck ist Gerhard Schulzes These von kollektiven Konstruktionen der Erlebnisgesellschaft, die er selbst als Anschlußthese an die Theorie der individualisierten Gesellschaft sieht. Durch Verzahnung beider Ansätze soll versucht werden, Erklärungszusammenhänge für die oben skizzierte Situation und letztlich die massive Nutzung von gewerblichen Telefondiensten zu finden.

1.1. Das Telefon im Spannungsfeld von Individualisierung und Vergesellschaftung

1.1.1. Individualisierungstendenzen

Wenn weiter oben von einem gesellschaftlichen Wandel die Rede ist, so hat dieser seinen Ausgangspunkt in einem fortschreitenden Verblassen verbindlicher Lebensformen. Menschen werden freigesetzt aus den Sozialformen der industriellen Gesellschaft. Klasse, Schicht, Familie, Nachbarschaft, religiöse Gemeinschaften verlieren ihre Bindungswirkung und beginnen sich aufzulösen. Es entstehen individualisierte Existenzformen, welche die Menschen zwingen, sich selbst zum Zentrum ihrer eigenen Lebensplanung und -führung zu machen (um überhaupt materiell überleben zu können).[190]

---

[189]Wolfgang Welsch: "Postmoderne" - Genealogie eines umstrittenen Begriffs. In: Peter Kemper (Hg.): >Postmoderne< oder Der Kampf um die Zukunft. Frankfurt a.M.: Fischer 1988, S. 25.
[190]Vgl. Beck 1986, S. 116.

Der Übergang von der Moderne zur Postmoderne ist durch eine Pluralisierung und Fragmentierung der Stile, Lebensformen, Ansichten, Tätigkeiten, Techniken, Theorien gekennzeichnet, was durchaus eine Gefahr beinhaltet und zu dem führen kann (aber nicht muß), was Gegenstand der gesamten Untersuchung ist: Zu einer "Eintrübung des Gefühlslebens [durch]: Einsamkeit, Aggression, Zynismus, Orientierungslosigkeit."[191]

Die französischen Philosophen Gilles Deleuze und Felix Guattari haben dies in ein anschauliches Bild gekleidet, das Bild des *Rhizoms*.[192] Ein *Rhizom* ist ein unterirdischer Wurzelstock, dessen Nebenwurzeln oder oberirdische Triebe sich in kaum übersichtlicher Fülle verzweigen. Ein Sinnbild für Verästelung, Bruchstückhaftes, Dezentriertes, nicht zuletzt für das Labyrinthische des postmodernen Zeitalters[193], in welchem sich das oftmals alleingelassene Individuum zu verlieren droht. Es verwundert nicht, daß die *Generation X*[194], das von der gesamten Mainstream-Presse importierte Jugend-Phantom, ausgerechnet die 90er Jahre heimsucht. Der innerlich zerrissene, zynisch-verwirrte jugendliche *Slacker* (Rumhänger, Faulenzer) scheint vollkommen in das skizzierte Gesellschaftsbild zu passen. Sein *Mid-Twenties-Breakdown*, ein geistiger Kollaps im Alter zwischen zwanzig und dreißig Jahren, ist "gekoppelt an die Erkenntnis des wesentlichen Alleinseins in der Welt"[195].

Dieses Alleinsein wird unter anderem bedingt durch Mobilitätsvorgänge aller Art, die, vor allem in ihrer Summe, Individualisierung forcieren in Hinblick auf Familien-, Nachbarschafts-, Berufsbindungen sowie Bindungen an regiona-

---

[191]Schulze 1993, S. 75.

[192]Gilles Deleuze; Felix Guattari: Rhizom. Berlin: Merve 1977, S. 11.

[193]Vgl. Jean-François Lyotard: Das postmoderne Wissen. Graz/Wien: Edition Passagen 1986, S. 25.

[194]Durch Douglas Couplands gleichnamigen Roman geprägter Begriff, der die Generation der von Anfang der sechziger bis Anfang der siebziger Jahre geborenen Amerikaner bezeichnet. Das X, als Synonym für das Nichts, steht für die Leere und Sinnlosigkeit des amerikanischen Traums, der dieser Generation keine Gelegenheit gibt, sich auszuprobieren und eine eigene Identität zu finden. Die Arbeitslosenrate der Jugendlichen ist enorm hoch und Studienabgänger finden keinen Job. Es herrschen Pessimismus und Ablehnung der alten Werte unter jungen Menschen vor. Sie steigen lieber aus und beobachten zynisch, wie andere Familien gründen, sich Wohlstand erarbeiten und ein geregeltes Alltagsleben führen.

[195]Douglas Coupland: Generation X - Geschichten für eine immer schneller werdende Kultur. Hamburg: Verlag am Galgenberg 1992, S. 40.

le Kultur und Landschaft. Architektur und Stadtplanung tragen dem Rechnung oder geben Individualisierung sogar vor, denn

" ... *daß mehrere Familien zusammenziehen und zusammen mobil sein wollen, bleibt vom Grundriß der Wohnungen, Häuser, Wohnviertel ausgeschlossen.*"[196]

Der ästhetische Vordenker Peter Sloterdijk bezeichnet dies als "Appartement-Individualismus der postmodernen Großstädte"[197]. Familienübergreifende, kommunal orientierte Wohn- und Siedlungsformen sind nahezu vollkommen abgelöst worden von Großstadt- und Kleinstadtsiedlungen mit gemischt-sozialer Zusammensetzung. Nachbarschafts- und Bekanntschaftsverhältnisse gestalten sich wesentlich lockerer. Das Single-Syndrom grassiert. Zehn Prozent der 30- bis 40jährigen Deutschen leben heute als Singles, Männer mehr als Frauen, Gutausgebildete häufiger als Geringerqualifizierte, in den großen Städten mehr als auf dem Land.[198] In deutschen Großstädten ist inzwischen jeder zweite Haushalt ein Single-Haushalt. Der Trend zur *Single-Hood* hält an, oft jedoch unfreiwillig. Fast die Hälfte der Singles ist über sechzig Jahre alt.

Betrachtet man die Stereotype (junge, ledige Berufstätige), so bleibt festzuhalten, daß zum einen Veränderungen im Wertesystem einfach konsequent ausgelebt werden. Die Ziele "Selbstverwirklichung", "Unabhängigkeit", "In-Bewegung-Bleiben" drücken sich im Wohnverhalten aus. Zum anderen blicken wir auf das Produkt des Marktmodells Moderne:

" ... *das alleinstehende, nicht partnerschafts-, ehe- oder familien'behinderte' Individuum. Entsprechend ist die durchgesetzte Marktgesellschaft auch eine kinderlose Gesellschaft - es sei denn, die Kinder wachsen bei mobilen, alleinerziehenden Vätern und Müttern auf.*"[199]

---

[196]Beck 1986, S. 40.

[197]Rudolf Walther: In der Zwischenzone. In: Süddeutsche Zeitung, Nr. 221, 24./25.09.94., S. 13.

[198]Vgl. Elisabeth Bauschmid: Auf dem Weg in eine neue Klassengesellschaft. In: Süddeutsche Zeitung, Nr. 5, 07./08.01.95, S. 4.

[199]Beck 1986, S. 191.

Das Marktsubjekt Single ist flexibel, unabhängig, einsatzbereit und bietet somit genau das, was der Arbeitsmarkt fordert. Karriere macht einsam. Tatsächlich läßt sich für die Zukunft der Familie eine sogenannte "Unterschichtung" feststellen. Kinder werden zunehmend von den Ärmeren der Gesellschaft geboren. Das damit verbundene Aufziehen, eine marktwirtschaftliche Dienstleistung, können diese sich jedoch am wenigsten leisten. Zwangsläufig stellt sich die Frage nach den langfristigen Kosten einer solchen Entwicklung. Von familiären Bindungen befreit, droht im Alter der freie Fall ins soziale Netz, in dem die hilfreichen Maschen der Verwandten fehlen. Wird das Netz dies aushalten oder wird es reißen?

1.1.2. Die Gleichzeitigkeit von Individualisierung und Vergesellschaftung

Für ein Leben, das im Kern allein geführt werden soll, müssen Vorkehrungen getroffen werden, die eine solche Art der Lebensführung absichern. Wichtigster Bestandteil der Absicherung ist das soziale Netzwerk der Person. Kontaktkreise für die verschiedensten Gelegenheiten müssen aufgebaut und gepflegt werden. Mit individualisierter Existenzführung wächst die Gefahr, daß sie zu einem unüberwindbaren Hindernis für die trotz allem angestrebte Partnerschaft wird[200].

Das Problem, welches sich stellt, ist die Angst vor Nähe. Abhängigkeit soll vermieden werden, insbesondere die emotionale Abhängigkeit, so daß sich das Netzwerk "als die 'Stärke schwacher Bindungen' beschreiben"[201] läßt. In der Partnerschaft beginnen Mischformen zu dominieren, die um Begriffe wie Ehe, Sexualität, Elternschaft, Scheidung, Zusammen- oder Getrenntleben, mehrere Wohnsitze kreisen. Es entsteht ein Spannungsfeld zwischen der Angst vor Einsamkeit (als das Jenseits von Partnerschaft, Ehe, Familie) und der Angst vor Nähe. In diesem Spannungsfeld bewegen sich auch die kommerziellen Anbieter von Lösungsvorschlägen. Die Marktwirtschaft hat die Zielgruppe der Singles entdeckt.

---

[200] Vgl. ebd., S. 199.

[201] Schmidbauer 1985, S. 174.

Es gründen sich Car-Flirt-Agenturen, die den Partner des individuellen Stau- bzw. Ampel-Flirts nachträglich ausfindig machen und vermitteln. Blind-Date-Agenturen verhelfen zu Begleitern für jede Gelegenheit. Kontaktanzeigen füllen etliche Seiten (im "Reviermarkt" besteht zusätzlich zur klassischen Zuschrift die Möglichkeit, eine persönliche Telefonbox des Inserenten anzuwählen, um dort eine Nachricht zu hinterlassen). Partner-, Party- oder Sex-Lines versprechen den direkten oder indirekten sozialen Kontakt per Telefon. Gemeinsam ist allen, daß ein Medium zwischen die Individuen tritt, welches die Interaktion einleiten soll. So auch bei Kontaktanzeigen beispielsweise in Stadtmagazinen wie *Coolibri* oder *Journal Frankfurt*, die darüber hinaus auch noch den ersten Kontakt in Form einer Party ("Herz beißt Haifisch", "Fisch sucht Fahrrad") organisieren. Ähnlich verhält es sich mit den Online-Gemeinschaften, die sich nicht nur per Modem in der virtuellen Welt des Computer-Chats treffen, sondern zunehmend auch *Offline*, in der realen Welt. Das Bild vom User als bebrilltem, milchbärtigem Teenager mit Igelschnitt und Zahnspange, der sämtliche *Star Trek*-Folgen kennt und *Nintendo*-Highscores hält, hat sich hier längst überholt. Überholt hat sich auch die Vorstellung, daß real-soziale und virtuelle Netzwerke noch sauber zu trennen sind. Realität und Fiktion gleichen sich einander an. Wir sind Baudrillard zufolge in die Ära des Simulakrums eingetreten[202], was wiederum bedeutet: die Orientierungslosigkeit und Unsicherheit des Individuums nimmt zu.

Orientierungslosigkeit heißt nicht zuletzt, der Vielfalt der Möglichkeiten ohnmächtig gegenüberzustehen, die Schwierigkeit, sich im Alltagsleben zurechtzufinden. Der Einzelne muß sich die zentrale Frage der Erlebnisgesellschaft stellen: "Was will ich eigentlich?" Begrenzt auf das Problem Einsamkeit und die Suche nach Interaktionspartnern heißt das, die Auswahl findet immer weniger nach ökonomischer Situation, kultureller oder lokaler Zugehörigkeit statt, sondern nach dem Erlebniswert des anderen; man möchte den passenden Erlebnispartner finden. Dies ist Folge einer "innenorientierten" Lebensauffassung, die das Subjekt selbst ins Zentrum des Denkens und Handelns stellt. Das Leben soll "schön" und "interessant" sein, also subjektiv als lohnend empfunden werden.[203] Außenorientierte Ziele wie das Erfüllen einer Lebensaufgabe,

[202]Vgl. Jean Baudrillard: Agonie des Realen. Berlin: Merve 1978.

[203]Vgl. Schulze 1992, S. 37.

die Beschaffung lebensnotwendiger Ressourcen, Altersvorsorge etc. treten in den Hintergrund. Wichtig beim Fahren eines Autos ist nicht mehr, von einem Punkt zum anderen zu kommen, sondern ein schönes Fahrgefühl dabei zu haben. Zweck einer Telefonkommunikation ist oftmals nicht mehr die Übermittlung von Information, sondern ein schönes Gespräch zu führen, das irgendwie fasziniert. Das Medium Telefon wird zum "Erlebnistelefon". Genau auf diese "Innenorientierung" zielt die Werbung für Party- und Sex-Lines ab.

Mit "der Individualisierung des Erlebens korrespondiert paradoxerweise eine Explosion der täglichen Erfahrungen von Kollektivität. Jedes Angebot, das auf den Erlebnismarkt geworfen wird, erzeugt ein Publikum"[204], ein Personenkollektiv, das dieses Angebot gleichzeitig konsumiert. Kommen diese Personen zur gleichen Zeit am gleichen Ort zusammen, konstituiert sich eine Szene, ein Netzwerk von Publika (Hochkulturszene, Kneipenszene, usw.). Die Herausbildung von Szenen ist demnach immer eine Gemeinschaftsleistung von Publikum und Erlebnisanbietern. Denkt man das Beispiel der "Herz beißt Haifisch"-Party zu Ende, läßt sich durchaus von einer Kontaktanzeigen-Szene sprechen. Da sich die Wahl eines Beziehungspartners in starkem Maße am Gesichtspunkt der Ähnlichkeit orientiert[205], bietet sich in Szenen, die sich aufgrund der Ausführungen oben notwendig durch Homogenität auszeichnen, zwangsläufig die Gelegenheit, den geeigneten Partner zu finden.

Definiert man soziale Milieus als Personengruppen mit gruppenspezifischen Existenzformen und erhöhter Binnenkommunikation[206], so liegt die Bedeutung von Szenen für die Entstehung sozialer Milieus (Lebensstilgruppen, Subkulturen, gesellschaftlicher Großgruppen oder wie immer man es nennen mag) auf der Hand. Hier herrschen unausgesprochene Konventionen über die Kombination von Sprache, Kleidung, Konsumstil, Alter, Bildung, Einstellung, Musikpräferenz, etc. Der Orientierungsbedarf des Individuums wird hier befriedigt. Es findet Halt, definiert sich und wird definiert.

Als dem Zeitgeist entsprechend ist sicherlich die *Techno*-Szene anzusehen. Zum einen ist die Homogenität dieses Personenkollektivs in jeder Hinsicht

---

[204]Ebd., S. 460.

[205]Vgl. ebd., S. 183.

[206]Vgl. ebd., S. 174.

hoch und die etablierte kulturpessimistische Vision der Mediengesellschaft scheint sich hier zu bestätigen. Individualisierte Gemeinsamkeit ist, wenn Menschen auf gigantischen *Raves* (Parties) parallel nach vorne zum *DJ* ausgerichtet und umfangen von einer Dezibel-Apokalypse stumm nebeneinander hertanzen. Das Gegenüber wird zum Nebenmann/zur Nebenfrau, man beschäftigt sich beim Erlebniskonsum nicht miteinander, sondern parallel. Das Angebot wird simultan konsumiert. Zum anderen zerstören auch hier ökonomische Interessen mit dumpfer, beliebig reproduzierbarer Massenware die Idee des *Techno* und lassen ihn zur chartskompatiblen Schlagermusik der 90er Jahre verkommen.

Die Idee der *open-mindness* und der (philosophisch anmutende) Versuch, die synaptische Einheitstheorie Douglas Hofstadters[207], in welcher Querverbindungen von Mathematik, Kunst, Musik, Biologie und Physik dargestellt werden, praktisch umzusetzen, ist zu einem vom Kommerz zerschlagenen Weltbild geworden.

Dennoch gibt es sie, die sozialen Großgruppen - allen Individualisierungstendenzen zum Trotz. Milieubildung ist heute, im Zeitalter der industriellen Erlebnisproduktion, jedoch nicht mehr orts- oder status-, sondern subjektzentriert. An die Stelle der Vorgabe tritt zunehmend die Wahl des sozialen Milieus. Der Mensch ist nicht länger räumlich gebunden, er ist in jeder Hinsicht mobil, kann Distanzen überwinden und muß nicht vor Ort im direkten Kontakt kommunizieren. Soziale Milieus bilden sich immer weniger aufgrund einer Notwendigkeit, als vielmehr aufgrund der Freiheit, wählen zu können. Gleichzeitig sieht sich der Einzelne dem Druck ausgesetzt, wählen zu müssen, um überhaupt noch irgendwo dazuzugehören und nicht allein zu bleiben. Dies versucht er offensichtlich zunehmend auch über das Medium Telefon.

---

[207]Douglas Hofstadter: Gödel, Escher, Bach - ein Endlos Geflochtenes Band. München: dtv 1991.

1.2. Das Telefon

1.2.1. Telefon und sozialer Wandel

Betrachtet man die rasante Entwicklung des Telekommunikationssektors, die nicht zuletzt auch die in dieser Arbeit behandelten gewerblichen Telefondienste hervorgebracht hat, so stellt sich die Frage nach dem Ineinandergreifen der Entwicklung von Technik und dem sozialen und kulturellen Wandel in der Gesellschaft. Inwieweit wird eine Gesellschaft durch neue Techniken beeinflußt und welchen Anteil haben Gesellschaft und Kultur an der Prägung und Entwicklung von Technik? Im vorliegenden Teil soll die Entwicklung des Telefons bis zur Gegenwart skizziert werden und dabei der Zusammenhang zwischen der Entwicklung des Telefons und der sozialen und kulturellen Entwicklung der Gesellschaft im Mittelpunkt der Betrachtung stehen.

In den Kommunikationswissenschaften bestand lange Zeit ein großes Forschungsdefizit im Bereich der Telefonkommunikation. Erst seit Mitte der 80er Jahre kommt dem Telefon als Forschungsgegenstand die ihm gebührende Beachtung zu.[208] Aus der Alltagsperspektive scheint das Telefonieren zu den profanen Fertigkeiten zu gehören, die jeder Mensch schon im frühen Kindesalter ohne besondere Schwierigkeiten lernen kann.[209] Darüber hinaus ist das Telefon ein Medium, das im Gegensatz zum Fernsehen kaum auf gesellschaftliche

---

[208] Vgl. Jörg Becker (Hg.): Telefonieren. In: Hessische Blätter für Volks- und Kulturforschung, Bd.24. Marburg: Jonas 1989; Jörg Becker (Hg.): Fern-Sprechen. Internationale Fernmeldegeschichte, -soziologie und -politik. Berlin: Vistas 1994; Forschungsgruppe Telefonkommunikation (Hg.): Telefon und Gesellschaft. Band I: Beiträge zu einer Soziologie der Telefonkommunikation. Berlin: Spiess 1989; dies. (Hg.): Telefon und Gesellschaft. Band II: Internationaler Vergleich. Sprache und Telefon. Telefonseelsorge und Beratungsdienste. Telefoninterviews. Berlin: Spiess 1990; dies. (Hg.): Telefon und Gesellschaft. Band III: Ergebnisse einer Berliner Telefonstudie. Kommentierte Auswahlbibliographien. Berlin: Spiess 1990; dies. (Hg.): Telefon und Kultur. Band IV: Das Telefon im Spielfilm. Berlin: Spiess 1991; Renate Genth; Joseph Hoppe: Telephon! Der Draht an dem wir hängen. Berlin: Transit 1986.

[209] Ulrich Lange: Telefon und Gesellschaft - Eine Einführung in die Soziologie der Telefonkommunikation. In: Forschungsgruppe Telefonkommunikation (Hg.): Telefon und Gesellschaft, Bd. I, 1989, S. 10.

Kritik stößt. Vielleicht ist dieser Umstand ein Grund dafür, daß die Wissenschaft lange Zeit die Telefonkommunikation und deren gesellschaftliche Folgen als Thema vernachlässigt hat.[210]

Im Mittelpunkt kommunikationswissenschaftlicher Forschung steht die *Nutzung* des Telefons. Dabei wird das Telefon in erster Linie als ein Instrument angesehen, das sich im Alltag zur Verständigung auf Entfernung gebrauchen läßt. Diese Definition führt zu der Frage, ob Einsamkeit in der Gesellschaft und die Nutzung des Telefons in einem Zusammenhang stehen. Trägt das Medium Telefon durch seine Funktion der Ermöglichung von Kommunikation über weite Entfernungen zur Überwindung von Einsamkeit bei oder erzeugt es gar neue Formen der Einsamkeit? Wissenschaftler wie Fielding und Hartley konnten einen direkten Zusammenhang von Telefonnutzung und Einsamkeit nicht nachweisen. Die Untersuchungen von G. Claisse hingegen bestätigen diese These.[211] Auch neue Elemente in der Telefonkommunikation, beispielsweise das Aufkommen gewerblicher Telefondienste, die direkt oder indirekt die Überwindung von Einsamkeit versprechen, sind ein Indiz für diesen Zusammenhang.

1.2.2. Geschichte des Telefons

Betrachtet man die Geschichte des Telefons, so wird deutlich, daß mit der Entwicklung des Telefons auch ein historischer Funktionswandel zu beobachten ist. Diesen Wandel stellt Klaus Beck in seinem Beitrag "Telefongeschichte als Sozialgeschichte" anhand von fünf analytischen Entwicklungslinien dar.[212]

---

[210]Vgl. ebd., S. 9.

[211]Vgl. ebd., S. 15.

[212]Klaus Beck: Telefongeschichte als Sozialgeschichte: Die soziale und kulturelle Aneignung des Telefons im Alltag. In: Forschungsguppe Telefonkommunikation (Hg.): Telefon und Gesellschaft, Bd. I, 1989, S. 60f.

a) Vom technischen Demonstrationsobjekt zum Kommunikationsmedium

In den meisten Darstellungen beginnt die Telefongeschichte mit der Patentanmeldung von Alexander Graham Bell am 14. Februar 1876. Eigentlich war dieses Datum aber schon der Endpunkt einer ersten Phase der Technikgenese, die geprägt war von verschiedensten Forschungsideen und Erfindungskonzepten. Dem hessischen Physiker Phillip Reis ging es bei seiner Erfindung nicht um die Schaffung eines neuen Kommunikationsmediums, sondern um die Veranschaulichung des physiologischen Hörvorgangs im menschlichen Ohr.

Zum Zeitpunkt der Erfindung des Telefons bestand von gesellschaftlicher Seite gar kein Bedarf für ein neues akustisches bzw. Kommunikationsmedium. Im Bereich der privaten und geschäftlichen Kommunikation diente der Briefverkehr als eine seit langem erprobte Technik. Bedarf an einer schnelleren Übertragungstechnik von Nachrichten bestand nur bei einer kleinen Gruppe von Geschäftsleuten und konnte durch die gerade im Aufbau befindliche Telegraphie ausreichend befriedigt werden. Bei ihren Forschungen ging es Bell und Gray um Optimierungen der Telegraphie. Doch als sie ihre Erfindung der Western Union Telegraph anboten, lehnte diese mit den Worten ab: "Was soll eine Gesellschaft mit solch einem Spielzeug anfangen?"[213]. Im Gegensatz zu Reis verfolgten Bell und Gray aber schon die Entwicklung einer konkreten Medientechnik und nicht mehr nur eines Demonstrationsobjektes zur Veranschaulichung physiologischer Vorgänge. Das kulturelle Konzept, das den Bestrebungen von Bell und Gray zugrunde lag und diese leitete, kann als *Transportkonzept*[214] bezeichnet werden. Es gründete in dem damals ausgebauten und vorherrschenden Telegraphiesystem. Die Hauptmerkmale dieses Systems waren

- einseitiger Austausch von Nachrichten;
- Umwandlung von sprachlichen Äußerungen in schriftliche oder elektrische Zeichen, die übermittelt werden;
- Voraussetzung des Lernens eines Codes.

---

[213]Werner Rammert: Der Anteil der Kultur an der Genese einer Technik: Das Beispiel Telefon. In: Forschungsguppe Telefonkommunikation (Hg.): Telefon und Gesellschaft, Bd. I, 1989, S. 90.

[214] Ebd., S. 92.

Das Transportkonzept wurde in den Anfängen einfach auf das Telefon übertragen.

b) Vom massenkommunikativen Verteilmedium zum Individualkommunikationsmedium

In der Anfangszeit des Telefons bestand ein größeres gesellschaftliches Bedürfnis nach Unterhaltung in der Freizeit, das durch die damalige Medienumwelt vor der Erfindung des Radios nur unzureichend befriedigt werden konnte. Der Anwendungsbereich des Telefons lag Anfang dieses Jahrhunderts daher eher in der Verteilung rundfunkähnlicher Unterhaltungs- und Informationsprogramme, d.h. elektronischer Massenkommunikation, und weniger in individueller Sprachkommunikation. Dabei handelte es sich meist um Musik- und besonders Opernaufführungen, die mit ihrer großen Lautstärke die starken Nebengeräusche der noch nicht ausgereiften Technik übertönen konnten. Die Teilnehmer konnten sich jederzeit per Telefon in die Aufführungen einschalten.[215]

Diese Phase der Entwicklung wurde vom sogenannten *Radiokonzept* geleitet.[216] Berichte über amerikanische "Party-Lines" aus der Frühzeit des Telefons verdeutlichen aber, daß nicht nur Programme rezipiert wurden, sondern auch schon aktive Prozesse stattfanden, nämlich das Sich-Unterhalten.

Aktuelle technische Entwicklungen wie Daten- bzw. Informations-Autobahnen könnten dazu führen, daß das Telefon neben der momentanen individualkommunikativen Nutzung in Zukunft parallel als massenkommunikatives Verteilmedium zum Abruf von Musikprogrammen in CD-Qualität genutzt werden kann.

c) Vom Nah- zum Fernmedium

Technische Entwicklungen wie Verstärkertechnik, Kabel- und Funktechnik sowie Satelliten führten dazu, daß aus den in den Anfängen des Telefons begrenzten lokalen oder höchstens regionalen Telefonnetzen ein riesiges weltumspannendes Telefonnetz entstehen konnte. Doch schon an diesem Punkt zeigt

---

[215]Vgl. ebd., S. 93.
[216]Ebd.

sich, daß technische Entwicklungen nicht zwangsläufig zu einem veränderten sozialen Gebrauch einer Technik und im speziellen des Mediums Telefon führen müssen. So werden in städtischen Metropolen auch Jahrzehnte nach der Einführung des globalen Netzes 70 Prozent aller Telefonanrufe in einem 5-Meilen-Radius geführt.[217]

d) Vom Geschäftsmedium zum massenhaft verbreiteten Privatmedium

Die Aneignung des Telefons fand in Deutschland zunächst vor allem im geschäftlichen Alltag statt. Als interaktives Sprachmedium wurde es erst nach dem zweiten Weltkrieg, vor allem in den 70er Jahren, von der Masse der Haushalte angeeignet.[218] Diese im Vergleich zu den USA sehr lange Phase der Aneignung des Mediums Telefon liegt unter anderem in der unterschiedlichen Entwicklung des Lebensstandards in beiden Ländern begründet; doch es ist auch wahrscheinlich, daß die spezifischen sozialen und kulturellen Grundlagen der Gesellschaftssysteme Einfluß auf den Prozeß der Aneignung nahmen.

e) Vom telegraphischen Kommunikationsmodell zur Interaktivität

Vor allem in den ersten Jahren wurde das Telefon als Medium einseitiger Kommunikation genutzt. Obwohl es bereits dialogtauglich war, setzten es die Postverwaltungen in Deutschland von 1877 bis 1881 aus ökonomischen Gründen ausschließlich zur Übermittlung von Telegrammen ein.[219] Selbst in Bereichen, in denen das Telefon als Sprachmedium genutzt wurde, herrschte zunächst noch das *telegraphische Kommunikationsmodell* der einseitigen Befehlsvermittlung vor.[220] So belegen Berichte von Telefonistinnen, daß bei der Telefonkommunikation ein eher kurzangebundener, telegraphischer Sprachstil vorherrschte. Für diese zweckrationale Nutzung des Telefons spricht auch die Bauweise der frühen Telefonapparate als Wandgeräte zum Sprechen im Stehen. Erst eine Veränderung der gesellschaftlichen Kommunikationsbedürfnisse

---

217 Vgl. Beck 1989, S. 63.

218 Ebd., S. 64.

219 Ebd.

220 Ebd.

führte dazu, daß sich schließlich das *Verständigungskonzept*[221] durchsetzte und das Telefon als interaktives Sprachmedium im Alltag angeeignet wurde. Merkmale des *Verständigungskonzeptes* sind
- das direkte Gespräch zwischen Personen bei örtlicher Abwesenheit;
- die Gleichzeitigkeit und Wechselseitigkeit des Sprechens;
- die freie Wahl des Kommunikationspartners.

Dieser kurze Exkurs in die Sozialgeschichte des Telefons macht deutlich,

" ... *daß die vorhandene Technik ihre alltägliche Verwendung nicht determiniert und daß Technik, weil sie sich erst im alltäglichen Gebrauch realisiert, Freiheitsgrade enthält, die ihren Ausdruck in spezifischen Formen sozialer und kultureller Aneignung finden.*"[222]

Diese Freiheitsgrade der Technik liegen vor allem in der Multifunktionalität des Telefons begründet. Sie bestimmte nicht nur die Aneignungsprozesse in der Vergangenheit, sondern charakterisiert auch den gegenwärtigen Gebrauch des Telefons in unserer Gesellschaft. Beispiele hierfür sind der Anrufbeantworter im privaten Haushalt, gerade von jungen Menschen mit Vorliebe geführte stundenlange Telefonate und auch das Aufkommen gewerblicher Telefondienste wie Partnertreff-, Party- oder Sex-Lines.

1.3. Nutzung des Telefons in privaten Haushalten

Um die Bedeutung und den Stellenwert des Telefons im privaten Alltag feststellen und beurteilen zu können, sind Daten zur Nutzung des Telefons eine notwendige, aber nicht hinreichende Bedingung. Im Unterschied zu den relativ gut erforschten Nutzungsdaten von Fernsehen, Hörfunk und Presse gibt es im Bereich der Telefonkommunikation jedoch bis heute kaum gesicherte, geschweige denn differenzierte Daten zur Nutzung des Telefons.

---

[221]Vgl. Rammert 1989, S. 93f.
[222]Beck 1989, S. 65.

"Trotz eines gewissen medienhistorischen und technikgenetischen Forschungs"booms" rund um das Telefon seit einigen Jahren, steht an Primärdaten und Quellen orientierte Telefonforschung erst an den Anfängen. (...) Wissenschaftlich reliable und valide Daten über die soziale Nutzung des Telefons sind so gut wie nicht vorhanden ... ."[223]

Dies hängt zum einen damit zusammen, daß das Fernmeldegeheimnis durch die Verfassung besonders geschützt ist (Speicherung und Dokumentation von Gesprächen setzt die Zustimmung aller Beteiligten voraus) und somit aus Gründen des Datenschutzes praktisch keine individuellen und differenzierten Daten über das Telefonverhalten der Deutschen vorliegen. Der Mangel an verfügbaren Daten macht aber zugleich das enorme Forschungsdefizit im Bereich der Telefonkommunikation offenkundig. Erschwerend kommt hinzu, daß die Nutzungsdaten der Telefonkommunikation von der Post aufgrund ihrer Bedeutung für die Gebührenpolitik wie Betriebsgeheimnisse behandelt werden. Dies hat zur Folge, daß es nur begrenzt empirische Belege für die faktische Nutzung und den damit verbundenen Nutzen gibt und die relativ wenigen vorhandenen Daten sehr breit interpretiert werden müssen. Es fehlt daher an detaillierten Daten, die nach sozialen Gruppen aufgeschlüsselt sind sowie an Erhebungen zu Anlässen, Motiven und Zielen der Telefonkommunikation. Über die unterschiedlichen sozialen Nutzungen des Telefons ist folglich nur wenig bekannt. Speziell die Nutzung der kommerziellen Telefondienste ist weitgehend unerforscht. Eine Verbesserung dieser Situation könnte nach Becker durch folgenden Methodenmix angestrebt werden: 1. qualitative Nutzerforschung, 2. Wertewandelforschung, 3. Demographieforschung.[224] Die jüngste und am breitesten durchgeführte Studie zur Nutzung des Telefons im privaten Alltag in der Bundesrepublik stammt von der Forschungsgruppe Telefonkommunikation (Berlin) im Auftrag der Telekom und ist bis heute nur in Teilen publiziert.[225]

---

[223]Jörg Becker: Aus der Geschichte lernen? Die Zukunft des Telefons. In ders. (Hg.): Fern-Sprechen. Internationale Fernmeldegeschichte, -soziologie und -politik. Berlin: Vistas 1994, S.410-423; hier S. 410. Im folgenden Becker 1994b.

[224]Becker 1994b, S. 420.

[225]Es handelt sich hierbei um den Endbericht der Forschungsgruppe Telefonkommunikation. Ulrich Lange: Das Telefon im privaten Alltag (TIA) - Eine Studie im Auftrag der Generaldirektion der Telekom. In: Forschungsgruppe Telefonkommunikation, Band V, Berlin

Die wenigen anderen empirischen Studien zur Nutzung des Telefons, die es gibt, stammen aus den USA. Die Ergebnisse sind jedoch zum einen bereits veraltet, zum anderen kaum auf die europäische bzw. deutsche Situation übertragbar, gerade weil Nutzungsformen und -daten weitgehend nationalspezifisch sind. Als wichtigste Publikation der amerikanischen Kommunikationsforschung gilt bis heute der Sammelband de Sola Pools.[226]

Ein deutscher Bundesbürger telefonierte 1988 jährlich im Durchschnitt 500 mal (USA: 1800 mal).[227] Nimmt man die durchschnittliche Nutzungsdauer des Telefons zum Maßstab, so fällt sie mit weniger als zwei Stunden pro Person und Woche deutlich hinter die "klassischen" Medien Fernsehen, Rundfunk, Zeitschrift und Zeitung zurück. Insgesamt ist die Nutzung des Telefons in den letzten Jahren jedoch deutlich angestiegen.

"*Allein von 1979 bis 1985 hat sich die Zahl der Orts- und Ferngespräche pro Einwohner von etwas über 300 auf inzwischen über 500 Gespräche pro Jahr vermehrt.*[228] *Die Zahl der Ortsgespräche ist in der selben Zeit von unter 12,5 Mrd. auf über 17 Mrd. und die der Ferngespräche von knapp über 7 auf fast 11 Mrd. angestiegen. Für einzelne Haushalte reicht ein Telefonapparat schon nicht mehr aus. Sie beantragen Zweit- oder 'Familien'anschlüsse.*"[229]

Dabei ist das Telefon nicht in erster Linie ein Medium, das zur Überbrückung größerer Distanzen dient, vielmehr wird es vor allem im unmittelbaren sozialen

---

(erscheint voraussichtlich 1997 mit aktualisierten Daten zu den neuen Bundesländern). Auszüge in: U. Lange: Telefonkommunikation im privaten Alltag und die Grenzen der Interpretation. In: Sibylle Meyer; Eva Schulze (Hg.): Technisiertes Familienleben. Blick zurück und nach vorn. Berlin: edition sigma 1993, S. 203-232.

[226]Ithiel de Sola Pool (ed.): The Social Impact of the Telephone. Cambridge/Mass. 1981.

[227]Vgl. Walter Maschke: "Telefonieren in Deutschland - Zahlen, Daten, Fakten". In: Forschungsgruppe Telefonkommunikation 1989, S. 97-100; hier S. 98.

[228]Bundesministerium für das Post- und Fernmeldewesen, Deutsche Bundespost, Geschäftsbericht 1985. Bonn 1986, S. 42; zit. n. U. Lange/K. Beck: Mensch und Telefon - Gedanken zu einer Soziologie der Telefonkommunikation. In: Hessische Blätter für Volks- und Kulturforschung, Band 24: "Telefonieren". Marburg 1989, S. 139-154; hier S. 148.

[229]Lange/Beck 1989, S. 148; 153.

Nahraum genutzt. Von den rund 29 Milliarden Telefonaten, die 1986 in der Bundesrepublik geführt wurden, waren 62,3 % Ortgespräche.[230] Mit dem Telefon werden hauptsächlich Beziehungen zu bekannten Personen in der unmittelbaren Umgebung gepflegt. Freunde, Bekannte und Verwandte sind, wie Abbildung 1 zeigt, die häufigsten Gesprächspartner.

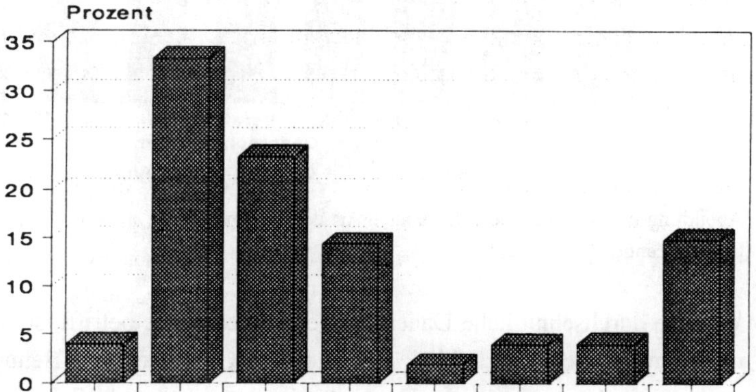

	HH	Verw.	Freunde	Bek.	Verein	Koll.	Arbeit	Sonst.
Prozent	4	33,4	23,3	14,4	1,9	4	4,1	14,9
Anzahl	324	2684	1869	1154	152	318	330	1196

Gruppe der Gesprächspartner
(Basis n = 9714 Gespr. / 1687 k.Ang.)

Abbildung 1: Gespräche nach Gruppe der Gesprächspartner
Quelle: Ulrich Lange: Telefonkommunikation im privaten Alltag. In: Meyer/Schulze 1993, S. 220

Auch die Dauer der Gespräche sind jeweils abhängig von der Art der Gesprächspartner. Allgemein gilt: Je persönlicher die Gesprächsanlässe sind, um so länger wird telefoniert. Mit durchschnittlich 10,7 Minuten liegt das Gespräch mit Freunden an erster Stelle, gefolgt von Verwandten und Bekannten.

---

[230] Vgl. Bundesministerium für das Post- und Fernmeldewesen, Deutsche Bundespost, Geschäftsbericht 1986. Bonn 1987; zit. n. U. Lange: Telefon und Gesellschaft - Eine Einführung in die Soziologie der Telefonkommunikation. In: Forschungsgruppe Telefonkommunikation 1989, S. 9-44; hier S. 36.

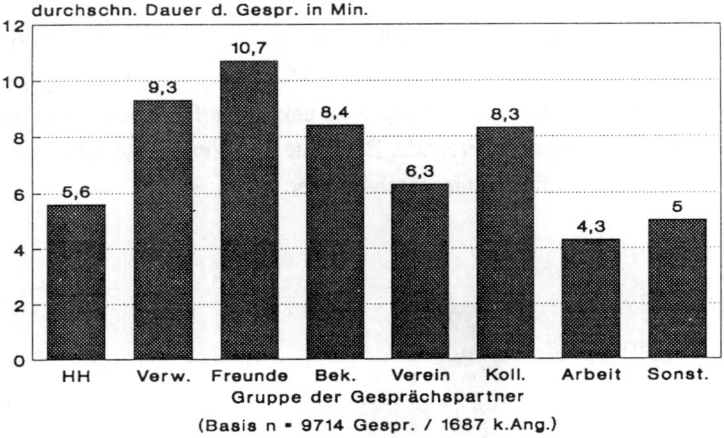

Abbildung 2: Dauer der Gespräche nach Art der Partner
Quelle: Lange 1993, S. 221

Was die durchschnittliche Dauer der Telefongespräche betrifft, so sind nur geringe Unterschiede in Hinblick auf Alter und Geschlecht der Benutzer festzustellen. Die durchschnittliche Dauer der Gespräche der 14-17 Jährigen und der über 65 Jährigen weicht nur um eine bis maximal drei Minuten ab. Ab dem 18. Lebensjahr telefonieren Frauen etwas länger als Männer.

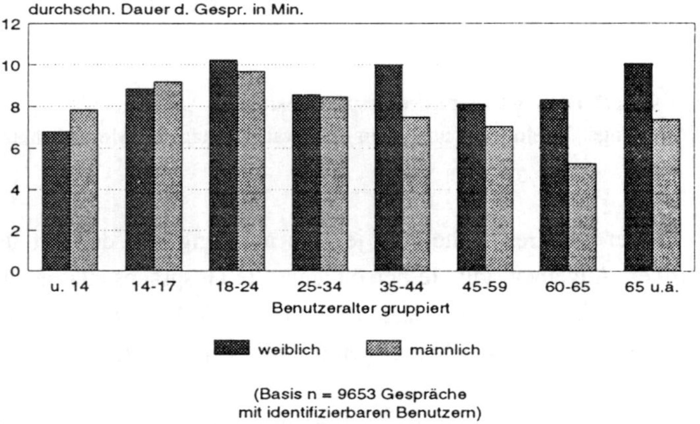

Abbildung 3: Dauer der Gespräche nach Benutzeralter und Geschlecht der Benutzer
Quelle: Lange 1993, S. 212

Deutliche Unterschiede zwischen den Geschlechtern sind jedoch in Bezug auf die Gesprächsinhalte festzstellen. Männer lassen sich durch eine äußerst sachbezogene Kommunikationsweise charakterisieren. Dies kommt besonders dann zum Tragen, wenn Männer mit Männern telefonieren. Der Telefonstil der Männer ist jedoch (wie auch der der Frauen) längst nicht homogen. Frauen haben eine wesentlich differenziertere Telefonpraxis, in der der personenbezogene Gebrauch des Telefons überwiegt, d.h sie nutzen das Medium, um z.B. soziale Kontakte zu pflegen und über persönliche Dinge zu reden.

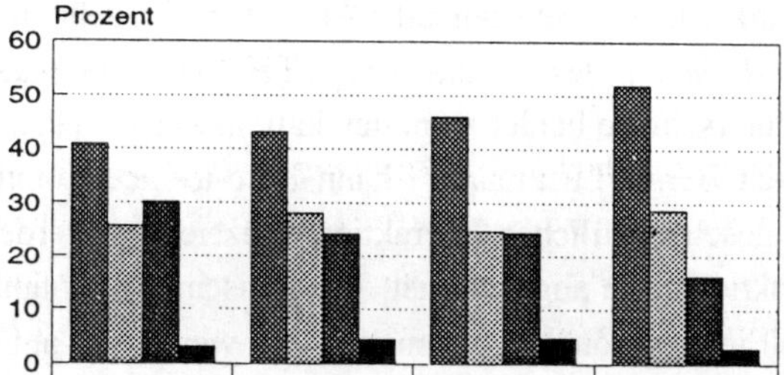

	Frau-Frau	Frau-Mann	Mann-Frau	Mann-Mann
organisieren	40,8	43	46	52,1
inform./diskutieren	25,8	28,2	24,8	28,8
unterh./plaudern	30,1	24,3	24,5	16,2
keine bes. Handlung	3,2	4,5	4,8	2,9

(Basis n = 6201 Gespräche/
3135 FF 962 FM 1094 MF 1010 MM)

Abbildung 4: Vergleich wichtigste Handlungen nach Handlungsgruppen und Geschlecht
Quelle: Lange 1993, S. 215

1.4. Besonderheiten der Telefonkommunikation

"Die Mittel des Austausches unter Menschen bestimmen ihr kommunikatives Verhalten, nicht der Austausch selbst."[231]

Das Telefon ist zunächst ganz allgemein ein Medium, mit dessen Hilfe man einfach, direkt und privat mit anderen Personen Kontakt aufnehmen kann. Ähnlich wie im direkten Gespräch sind die Sprechhandlungen der Kommunikationspartner wechselseitig aufeinander bezogen. Dennoch ist das Telefongespräch im Vergleich zum direkten Gespräch durch besondere Einschränkungen gekennzeichnet. Der folgende Abschnitt versucht nun, die *medienbedingten Besonderheiten* des Gesprächstyps Telefonkommunikation zu beschreiben und die Unterschiede beider Kommunikationsweisen näher zu beleuchten.

Nach Berger/Luckmann[232] kann Face-to-face-Kommunikation als "Prototyp aller gesellschaftlicher Interaktion" bezeichnet werden, von der jede andere Interaktionsform abgeleitet ist. Telefonische Kommunikation ist somit ein Sonderfall interpersonaler Kommunikation weil sie a) auf den auditiven Kanal beschränkt ist und b) durch das dazwischengeschaltete Medium charakterisiert wird. Nach Gutenberg muß jedoch immer berücksichtigt werden,

" ... *daß nicht ausschließlich die technische Eigenstruktur des Mediums, sondern genauso die psychosozialen, sozioökonomischen und politischen Funkti-*

---

[231]W. B. Lerg: Herbert Marshall McLuhan - Homo Ludens 1911-1980. In: Publizistik, Heft 2/1981, S. 265; zit. n. Lutz Hachmeister: Kommunikationswelt als Medienwelt. Bemerkungen zur Ökologie der gesellschaftlichen Verständigung. In: Medium, Heft 1/1982, S. 3-8; hier S. 3.

[232]P. L. Berger/Th. Luckmann: Die gesellschaftliche Konstruktion der Wirklichkeit. Eine Theorie der Wissenssoziologie. Frankfurt a.M. 1969, S. 31; zit. n. Günter Schmale: Telefonische Kommunikation - Technisch übertragene oder technisierte Kommunikation? In: R. Weingarten; R. Fiehler (Hg.): Technisierte Kommunikation. Opladen 1988, S. 9-30; hier S. 26.

onsbedürfnisse der Gesellschaft die Nutzungsform und den kulturellen Stellenwert des Mediums bestimmen."[233]

Die mit dem Medium Telefon verbundenen Kommunikationsbedingungen, "die eine Einschränkung der Einheit von Ort, Zeit und Handlung mit sich bringen und die lokale, endogene und audiovisuelle Erzeugung sozialer Wirklichkeit wie in Face-to-face-Kontakten nicht zulassen"[234] werden jedoch von vielen Telefonbenutzern *nicht* als Einschränkung der Qualität der Kommunikation empfunden: Vielmehr scheint der Erfolg des Telefons u.a. auch gerade auf die medienbedingten *Restriktionen* zurückzuführen zu sein.

"*Im Vergleich zum direkten Gespräch ist das Telefongespräch eindeutig anders, aber nicht unbedingt unzulänglich. Weder scheint es das direkte Gespräch zu ersetzen noch ein 'armer' Verwandter von ihm zu sein. Vielmehr spielt es seine eigene ganz spezifische Rolle.*"[235]

Die Eigenschaften der "nichtsehenden" Interaktion[236] oder des "blinden Sprechens", wie der Psychologe Baumgarten das Telefongespräch charakterisiert hat, scheinen zu bestimmten Anlässen und Themen geradezu von Vorteil zu sein. Gerade weil das Telefon Intimität und Distanz auf so einzigartige Weise vereint, fällt es vielen am Telefon häufig leichter, Dinge zu sagen, die man sich von Angesicht zu Angesicht eher verschweigen würde. Die Ortsverschiedenheit und die Unsichtbarkeit der Kommunikationspartner füreinander erleichtert es oftmals, vieles auszusprechen, was in sozial normierten Begegnungen versagt bleibt. Der kanadische Medientheoretiker Herbert Marshall McLuhan hat das Medium Telefon deshalb als "kaltes" Medium beschrieben. "Kalte" Medien sind nach McLuhan solche, die nur wenige Sinnesdaten liefern (beim Telefon wird das Ohr auf Kosten aller anderen Wahrnehmungssinne gefordert) und

---

[233]Norbert Gutenberg: "An alle Fernsprechteilnehmer". Sprachwissenschaftliche Anmerkungen zum Telephonieren. In: H. Geißner; R. Rösener (Hg.): Medienkommunikation. Vom Telephon zum Computer. Frankfurt a.M. 1987, S. 11-28; hier S. 13.

[234]Schmale 1988, S. 11.

[235]Fielding/Hartley 1989, S. 128.

[236]Ebd.

deshalb eine starke Teilnahme (Vervollständigung bzw. Ergänzung) durch den Rezipienten fordern. Das Medium Telefon erzeugt so eine Art von Nähe, die sich zwar grundsätzlich von der Face-to-face-Kommunikation unterscheidet, jedoch wieder Rückwirkungen auf sich anschließende direkte Interaktionen zur Folge haben kann.

Eine weitere Einschränkung der Telefonkommunikation im Vergleich zum direkten Gespräch entsteht nicht zuletzt durch die Gebühren. Da Telefonieren mit mehr oder weniger hohen Kosten verbunden ist, wird die Länge des Gesprächs häufig nicht von den Beteiligten, sondern von den drohenden Kosten selbst vorgegeben, d.h., die Sprechenden werden in der Regel durch die Gebühren zu einer bewußten Begrenzung des Gesprächs herausgefordert. Aus diesem Grunde verlaufen Telefongespräche und insbesonders Ferngespräche üblicherweise kürzer als das direkte Gespräch von Angesicht zu Angesicht.

Nach Genth/Hoppe[237] ist die Beliebtheit und die allgemeine Wertschätzung, die das Telefon im privaten Alltag erfährt, vor allem auf die veränderten Gesellschafts- und Alltagsstrukturen zurückzuführen. Diese haben das Telefon unentbehrlich gemacht. Freundeskreis und Arbeitskollegen sind oft räumlich weit voneinander entfernt, und Geselligkeit ist zumeist nur organisiert herzustellen. Das Telefon ist das ideale Medium, das soziale Band wiederherzustellen. Es ist keineswegs so, wie Genth/Hoppe unterstellen, daß das Telefongespräch an die Stelle jener Gespräche getreten sei,

"*wie sie früher in Zeiten größerer Familien und überschaubarer geselliger Nachbarschaft, in Wohnzimmer, Küche und Garten stattfanden. (...) Statt Tür an Tür oder Wand an Wand werden Nachbarschaft und Nähe Ohr an Ohr gepflegt*".[238]

Die These, daß Telefonkommunikation Face-to-face-Kontakte ersetzt bzw. substituiert, läßt sich jedoch u.E. bislang empirisch nicht belegen. Wie bereits an anderer Stelle dargestellt, wird am meisten mit nahewohnenden Nachbarn telefoniert, die in einem Umkreis von weniger als 3 km leben; zugleich dienen

[237]Genth/Hoppe 1986.
[238]Ebd., S. 10 ff.

viele Telefonate ausschließlich der vorhergehenden Terminabstimmung für einen persönlichen Besuch.[239]

"*Zusammenfassend kann festgestellt werden, daß das Telefonieren einen echten Bestandteil und eine Erweiterung der sozialen Tätigkeiten des Benutzers und nicht etwa einen Ausgleich oder Ersatz dafür darstellt. Das Telefon ist, in Verbindung mit direkten Kontakten, ein Mittel, um in Verbindung zu bleiben, um Geschäfte zu erledigen und Beziehungen und Aktivitäten zu führen. Je mehr soziale Aktivitäten eine Person allgemein hat, desto häufiger greift sie zum Telefon. Umgekehrt kann das Telefon nicht das Problem der Einsamkeit gesellschaftlich isolierter Menschen lösen; weniger direkte Kontakte korrelieren in der Regel mit weniger Telefonanrufen.*"[240]

Auch Schmale vertritt die These, daß telefonische Kommunikation in vielen Fällen Face-to-face-Kontakte nicht ersetzen, sondern vielmehr *zusätzliche* Kontakte ermöglichen kann, die ohne das Medium Telefon nicht zustande gekommen wären. In den Fällen, so Schmale, in denen das Telefongespräch das persönliche Gespräch ersetzt, wird diese Verwendung des Telefons zumindest von einem Beteiligten als positiv empfunden.[241] Anders verhält es sich hingegen bei institutionellen Gesprächen, z.B. Terminvereinbarungen mit dem Arzt etc., die in der Regel telefonisch anstelle eines persönlichen Besuches erledigt werden. Auch Fielding/Hartley gehen davon aus, daß das Telefon kaum neue Einsamkeit schafft, andererseits aber auch nicht zwangsläufig soziale Isolation abbaut. Personen mit weniger Face-to-face-Kontakten haben in der Regel auch weniger Anrufe. Damit wird bereits deutlich, daß telefonische Kommunikation in der Regel nicht losgelöst vom Gesamt der kommunikativen Aktivitäten verstanden werden kann.

---

[239]Vgl. Gérard Claisse: Telefon, Kommunikation und Gesellschaft. Daten gegen Mythen. In: Forschungsgruppe Telefonkommunikation 1989, S. 255-282; Guy Fielding; Peter Hartley: Das Telefon: ein vernachlässigtes Medium. In: Jörg Becker (Hg.) 1989, S. 125-138.

[240]Fielding/Hartley 1989, S. 128.

[241]Vgl. Schmale 1988, S. 24.

"Eine Substitution direkter, persönlicher Kommunikation durch Telekommunikation ist um so eher zu erwarten, wenn das Arbeitsresultat durch das gewählte Medium nicht beeinflußt wird. Das Medium muß den Anforderungen der Aufgabensituation entsprechen. Ist dies nicht der Fall, sind Störungen zu erwarten. Während also in bestimmten Situationen zwischengeschaltete Medien das Kommunikationsergebnis nicht negativ beeinflussen, kann dies in anderen Situationen, die eine physische Präsenz der Kommunikationspartner erfordern oder zumindest nahelegen - etwa bei Konfliktsituationen oder bei der Beziehungsanbahnung - sehr wohl der Fall sein. Dem liegt das Konzept der »sozialen Präsenz« wie auch ein Konsensus über die (medienspezifischen) handlungsleitenden Regeln zugrunde. Kommunikationsdefizite ergeben sich nicht allein aus den (quasi-) objektiven Unterschieden der Medien oder zwischen Medien und face-to-face Kommunikation, sondern aufgrund der defizitären Handhabung von Regeln und/oder einer unterschiedlichen Rekonstruktion der kontextuellen Rahmenbedingungen bzw. unterschiedlicher Interpretationen der Kommunikationspartner, die entsprechend ihrem Handeln jeweils unterschiedliche Regeln zugrunde legen. Medienspezifische Besonderheiten müssen somit nicht eo ipso ein Hindernis für die Realisierung kommunikativer Absichten darstellen. Es geht vielmehr darum, daß die Kommunikationspartner ihrem Handeln aufgrund einer gemeinsamen Definition der Situation die gleichen Regeln zugrunde legen."[242]

Das nachfolgende Kapitel geht der Frage nach, was dies für die Anbahnung sozialer Kontakte mit Hilfe telefonischer Kontaktdienste bedeutet. Dem vorgeschaltet ist jedoch eine Analyse des Angebots telefonischer Kontakdienste. Dabei geht es auch um die Änderungen rechtlicher Grundlagen der Post- und Fernmeldeverwaltung, die die Entstehung solcher Dienste erst ermöglicht haben.

---

[242]Höflich 1989, S. 200f.

2. Angebote kommerzieller telefonischer Kontaktdienste

Von ca. 23.00 Uhr bis in den frühen Morgen dominieren TV-Spots, die direkt oder indirekt soziale Kontakte versprechen, die Werbeinseln der privaten Fernsehanstalten. Beworben werden gewerbliche Telefondienste, welche die Vermittlung der Frau oder des Mannes fürs Leben, einer Freundin bzw. eines Freundes oder einfach nur Verbalerotik versprechen.

"*Schon wieder sitzen Sie um diese Uhrzeit mutterseelenallein vor dem Bildschirm. Soll das ewig so sein? Unter uns gesagt, das hier ist 'ne prima Chance. Sie rufen einfach an und alles weitere wird sich schnell ergeben. 0190-272829 ... Was Sie demnächst wohl so alles um Mitternacht machen?*"[243]

"*Psst aufgepaßt - für neue Kontakte und Freundschaften mit tollen Leuten aus Deiner Umgebung wähle jetzt 0190... .*"[244]

"*Uuuuhhhhhh - heiße Erotik am Hörer - Sex Appeal - 005..täglich neu, täglich heiß,komm ruf' sofort an. 005...*"[245].

Mit Werbung dieser Art wird der nächtliche Fernsehzuschauer konfrontiert.

Erst die ordnungspolitischen Veränderungen in der bundesdeutschen Telekommunikation schafften die Voraussetzungen für die Verbreitung kommerzieller telefonischer Kontakdienste. Die Telekom und die gewerblichen Telefondienste haben dann im Laufe der Zeit festgestellt, daß sich mit Einsamkeit

---

[243]TV-Spot des Anbieters Legion: Ein Off-Sprecher spricht diesen Text, während auf dem Bildschirm die Telefonnummer in roten Lettern auf schwarzem Fond zu lesen ist. Aufgezeichnet am 11.08.1994, zwischen 0.00 und 03.00 Uhr, Sender: RTL.

[244]TV-Spot des Anbieters Megasat: Eine Off-Sprecherin spricht diesen Text,während auf dem Bildschirm Telefonnummer, Name des Anbieters, Preis und das Gesichtsportrait einer Frau zu sehen ist. Aufgezeichnet am 11.08.1994, zwischen 0.00 und 03.00 Uhr, Sender: RTL

[245]TV-Spot eines unbekannten Anbieters: Eine Off-Sprecherin spricht diesen Text, während auf dem Bildschirm zwei spärlich bekleidete Frauen auf einem Bett liegend zu sehen sind. Aufgezeichnet am 11.08.1994, zwischen 0.00 und 03.00 Uhr, Sender: RTL.

und Kontaktsuche Geld verdienen läßt. Die Inflation an TV-Spots läßt darauf schließen, daß die massive Verbreitung der Telefondienste ausschließlich aus ökonomischen Interessen der Anbieter resultiert.

Bei den gewerblichen Telefondiensten, die über das Netz der Telekom angeboten und mittels TV-Spot beworben werden, handelt es sich um Angebote des Service 0190 und der gewerblichen Telefondienste, die im Ausland zu erreichen sind. Im einzelnen sind dies Partnertreff-, Party- und Sex-Lines. Bei der Beobachtung des gesamten Angebotes dieses Marktsegmentes über einen längeren Zeitraum fällt auf, daß es sich um einen Markt zu handeln scheint, der einer enormen Fluktuation der Angebote unterworfen ist. Bei genauerer Betrachtung wird jedoch klar, daß die Charakteristik der Angebote in den letzten drei Monaten vor der von uns durchgeführten Nutzerbefragung gleich geblieben ist. Geändert wurden lediglich Rufnummern oder die entsprechenden TV-Spots, möglicherweise, um den Anschein eines neuen Angebotes zu erwecken.

2.1. Ordnungspolitischer Rahmen für die telefonischen Kontaktdienste

Die Informationen über die Entstehungsgeschichte und den ordnungspolitischen Rahmen für die Serviceangebote der Telekom wurden mit Hilfe einer Expertenbefragung[246] bei der Generaldirektion Telekom gesammelt. Die Recherche gibt den Stand Mitte 1995 wieder.[247]

Der Service 0190 wurde im Betriebsversuch seit dem 1.10.1991 von der Telekom angeboten. Dabei folgte man in erster Linie Beispielen aus dem Ausland. 1991 kamen verstärkt Anfragen von Anbietern aus den Niederlanden, die ihre Angebote von dort aus auf die Bundesrepublik ausdehnen wollten. Hier handelte es sich ausschließlich um das sogenannte *Adult-Entertainment*.

[246]Die Expertenbefragung wurde am 17.11.1994 mit Herrn Krohn, Produktmanager Service 0130/0180, und Herrn Neuerburg, Produktmanager Service 0190, Abteilung GK 23, Generaldirektion Telekom, in Bonn geführt.

[247]Änderungen, die seit dem 01.01.1996 in Kraft getreten sind, werden an den entsprechenden Stellen genannt.

Der Betriebsversuch 0190 (von der Telekom "Private Informationsdienste" (PID) genannt) war bis zum 31.12.1995 befristet. Ab dem 01.01.1996 wurde mit dem Regelbetrieb begonnen. Die Tatsache, daß es sich um einen Betriebsversuch handelte, hatte keinen Einfluß auf das Angebot. Die Telekom führt einen Betriebsversuch dieser Art durch, um Erfahrungswerte in technischen, betrieblichen, rechtlichen und organisatorischen Fragen der weiteren Dienstausgestaltung sowie der Feststellung der Akzeptanz bei den Telefondienstkunden und in der Öffentlichkeit für die verschiedenen Informationsangebote festzustellen und diese in die Konzeption für den Regelbetrieb einfließen zu lassen.

1991 erfolgte die Auswahl der ersten Anbieter für den Betriebsversuch. Er lief zuerst nur in Nordrhein-Westfalen an, und zwar aufgrund der Beobachtungen, die in anderen Ländern gemacht wurden. Anfangs wurden acht Informationsanbieter ausgewählt; beworben hatten sich seinerzeit 800 Anbieter. 50% der Bewerber entfielen schon im Vorfeld aufgrund des Inhalts ihres Angebotes, da dieses in ein sexuelles Umfeld einzuordnen war. Darunter fielen viele Niederländer, die ihre Dienste, welche sie auf dem inländischen Markt bereits erfolgreich etabliert hatten, nach Deutschland exportieren wollten.

Es existierte ein Kriterienkatalog, nach welchem selektiert wurde. Die Kriterien betrafen ausschließlich die Art und Weise des Inhalts. Für eine positive Entwicklung eines neuen Dienstes der Telekom auf dem Markt kommt dem Erscheinungsbild entscheidendes Gewicht zu. Ein breites Spektrum an interessanten, hochwertigen sowie seriösen Informationsangeboten erschien daher unabdingbar. Den Marktauftritt des neuen Dienstes belastende Informationsangebote, d.h. solche, welche die Rechtsordnung verletzten, Gewalt verherrlichten, zum Rassenhaß aufstachelten oder sexuell anstößig waren, wurden nicht zugelassen.

Der Service 0190 ist ein Inkassoservice. Im Prinzip ist dies eine Vereinfachung der Rechnungslegung für den anrufenden Kunden bzw. für den privaten Informationsanbieter. Die Verbindlichkeiten werden über die Telefonrechnung eingezogen. Die mit der Fernmelderechnung erhobenen Gebühren dienen sowohl der Abgeltung der von der Telekom erbrachten technischen Leistungen als auch der Abgeltung der Leistungen des privaten Informationsanbieters. Mit dem Ausgleich der Fernmelderechnung bezahlt der Telefonteilnehmer mit befreiender Wirkung auch die Leistungen der Informationsanbieter. 1995 bezahlte der Anrufer einer 0190er Nummer DM 1,15 pro Minute. Der gewerbliche Telefondienst erhielt davon 48%, also DM 0,55 pro Minute; der Rest, also DM 0,60, verblieb der Telekom. Bei den 0190er Nummern wurde der Preis (DM 1,15 pro Minute) von der Telekom festgelegt.[248] Der Serviceanbieter hat hier nicht die Möglichkeit, den Preis zu verändern.

Die Telekom ist nicht für den Service-Inhalt verantwortlich, sondern der Serviceanbieter. Aber die Telekom hat bestimmte Regeln aufgestellt, die den Inhalt des Services betreffen. Dafür gibt es einen Verhaltenskodex[249], für dessen Einhaltung sich der Informationsanbieter mit Unterschrift des Vertrages verpflichtet.[250] Der Vertrag mit dem privaten Informationsanbieter ist so eindeutig gefaßt, daß Informationsinhalte, welche die Rechtsordnung verletzen, kriegsverherrlichend oder sexuell anstößig sind, Gewalt verherrlichen oder verharmlosen oder zum Rassenhaß aufstacheln, ausgeschlossen sein sollen.[251]

---

[248]Seit dem 01.01.1996 bietet die Deutsche Telekom AG den "Tele-Info-Service 0190 Basisnetz-Management" an, unter den die Anbieter von Partnertreff-, Party- und Chat-Lines fallen. In der Leistungsbeschreibung zum "Tele-Info-Service 0190 Basisnetz-Management" vom 01.01.1996 werden drei Tarifgruppen unterschieden. Tarifgruppe T1 umfaßt die Nummern, die mit 01904 beginnen. Hier wird dem Anrufer je angefangene 9 Sekunden eine Tarifeinheit (0,12 DM) berechnet. Tarifgruppe T2 umfaßt die Nummern, die mit 01901, 01902 oder 01903 beginnen. Hier wird dem Anrufer je angefangene 6 Sekunden eine Tarifeinheit berechnet. Tarifgruppe T3 umfaßt die Nummern, die mit 01909 beginnen. Hier wird dem Anrufer je angefangene 3 Sekunden eine Tarifeinheit berechnet. Erfolgen Anrufe zu Tele-Info-Service 0190-Rufnummern aus Zugangsbereichen, in denen Audiotex-Endeinrichtungen des Kunden (Dienstanbieter) an Netzknoten der Deutschen Telekom AG angeschaltet sind, so erhält der Kunde für die Tarifgruppe T1 0,15 DM pro Abrufminute, für die Tarifgruppe T2 0,55 DM pro Abrufminute und für die Tarifgruppe T3 1,75 DM pro Abrufminute vergütet. Erfolgen Anrufe zu Tele-Info-Service 0190-Rufnummern aus Zugangsbereichen ohne Audiotex-Endeinrichtungen des Kunden, erhält der Kunde für die Tarifgruppe T1 0,06 DM pro Abrufminute, für die Tarifgruppe T2 0,46 DM pro Abrufminute und für die Tarifgruppe T3 1,66 DM pro Abrufminute vergütet. Darüber hinaus erhält der Kunde in Abhängigkeit von der Anzahl der Standorte und den erzielten Abrufminuten monatlich eine Bonuszahlung (ab mehr als eine Million Abrufminuten monatlich).

[249]Vgl. Anlage 6 zum PIA-Vertrag, Verhaltenskodex, S.1-4.

[250]Vgl. Vertrag zwischen PIA und der Telekom, S.8, _4 Freiwillige Selbstkontrolle, Abs.1.

[251]vgl. Vertrag zwischen PIA und Telekom, S.5-6, _3 Pflichten des PIA, Abs.1. Vgl. dazu auch den Referentenentwurf zum Gesetz des Bundes zur Regelung der Rahmenbedingungen

Eine von der Telekom gegründete Einrichtung zur freiwilligen Selbstkontrolle beurteilt die im Sinne der Einschränkungen strittigen Angebote und unterbreitet der Telekom Empfehlungen hinsichtlich der diesbezüglichen Vertragsauslegungen.[252]

Das Gremium schritt bisher wegen sexueller Anstößigkeit des Dienstanbieters und mangelnder oder unzureichender Preisauszeichnung in der Anzeige des Informationsanbieters ein.[253] Die Informationsanbieter, die gegen die Regeln und somit gegen die Vertragsbedingungen verstoßen, erhalten eine Abmahnung.[254] Das Gremium setzt sich aus vier Vertretern der Anbieterunternehmen und einem Vertreter der Telekom zusammen. Es tritt nach Einladung seines Vorsitzenden oder auf Verlangen von mindestens zwei Drittel seiner Mitglieder zusammen. Beschlüsse werden mit der Mehrheit der Mitglieder durch Abstimmung gefaßt. Die Beschlüsse sind Grundlage für die Vertragsauslegung, Abmahnung und Kündigung durch die Telekom. Im Gremium werden strittige Informationsangebote hinsichtlich Lauterkeit, Wahrheit, Seriösität und Rechtmäßigkeit untersucht. Wenn es z.B. um die Frage geht, ob ein angebotener Service ins sexuelle Umfeld einzuordnen ist oder nicht, wird dies explizit durch das Gremium untersucht. Die Telekom erhält dann eine Empfehlung, keine Weisungbefugnis. In der Regel hält sich die Telekom an die Empfehlung und erteilt dem entsprechenden Informationsanbieter eine Abmahnung.

Um eine weitere Kontrollmöglichkeit zu schaffen, hat die Telekom Anfang 1994 eine Stelle innerhalb der Zentrale für Verbraucherschutz in Düsseldorf geschaffen. Ein Jurist nimmt dort Hinweise auf Regelverstöße entgegen und versucht entsprechend einzugreifen.

Partnertreff-Lines werden stark frequentiert. Die Tatsache, daß diese Dienste produktionstechnisch einen äußerst geringen Aufwand darstellen, begünstigt

---

für Informations- und Kommunikationsdienste vom 28.06.1996, §5 Abs. 3: "Diensteanbieter sind für fremde Inhalte, zu denen sie lediglich den Zugang zur Nutzung vermitteln, nicht verantwortlich. Eine automatische und zeitlich begrenzte Vorhaltung fremder Inhalte gilt als Zugangsvermittlung." Abgedr. in epd/Kirche und Rundfunk Nr. 59 vom 31. Juli 1996, S. 33. Daraus ist zu folgern, daß die Regelungen keinen ausreichenden Schutz bieten.

[252]vgl. Anlage 7 zum PIA-Vertrag, S.3, _2 Aufgaben, Abs.3-4

[253]vgl. Herr Neuerburg in der Expertenbefragung am 17.11.1994

[254]PIA-Vertrag, _4, Abs.2-3, S. 8.

offenbar die rasanten Wachstumsraten dieses Marktsegments. Ein Nutzungsmaximum liegt in den Billigtarifzeiten vor, d.h. abends und am Wochenende. Dies scheint stark von der Werbung abhängig zu sein, die in dieser Zeit geschaltet wird. Die Telekom hat festgestellt, daß zu den Werbezeiten, d.h. besonders nachts, die Leitungen voll ausgelastet sind.

Bei den Doppelnull-Nummern (00...) läßt sich eine vergleichbare Entwicklung ausmachen.[255] Hier handelt es sich um normale Auslandsferngespräche. 00-Nummern-Tarife richten sich nach der Entfernung. 1995 gab es vier Tarifzonen:

Tarifzone 1: EG-Länder und alle an Deutschland angrenzenden Länder
1 Einheit 12 Sek./ 1 Einheit 16 Sek.
Tarifzone 2: Skandinavien und Mittelmeerstaaten
1 Einheit 10,6 Sek.
Tarifzone 3: Nordamerika (USA/Canada)
1 Einheit 7 Sek.
Tarifzone 4: Rest der Welt
1 Einheit 4,4 Sek.

Tarifregelungen erfolgten nach den *Accounting Rates*, die für jedes Land anders sind. Accounting Rates sind Abrechnungssätze, welche die Telekom an die anderen Telefonnetzbetreiber weiterleitet. Abgerechnet wird in Sonderziehungsrechten als *Kunstwährungseinheit*.

Der Diensteanbieter im Zielland erhält von der Telefongesellschaft im Zielland Accounting Rates, was Vertragssache zwischen dem Anbieter und den Telefongesellschaften ist. Der *Carrier*[256] im Ausland erhält Anteile dessen, was der Anrufer an die Telekom entrichten muß. Die technischen Kosten des *Car-*

---

[255]Seit der Diskussion um die Betrugsversuche (siehe nächste Seite) wurden die Auslandsnummern (Doppelnullnummern) auf Handvermittlung geschaltet, was diese Dienste nachhaltig beeinträchtigte und zum Verschwinden vom Markt führte. Aufgrund des Verhaltenskodex und des Gremiums zur freiwilligen Selbstkontrolle war und ist es nicht möglich, Sex-Lines (und Doppelnullnummern waren grundsätzlich Sex-Lines) im Tele-Info-Service 0190 zu schalten.

[256]*Carrier*: Der Netzbetreiber des Landes, das von Deutschland aus angewählt wurde.

riers werden somit durch die Telekom ausgeglichen. Die *Carrier* beteiligen nun wiederum den Informationsanbieter.[257]

Bei den Angeboten des Service 0190 läßt sich festhalten, daß Telekom und Anbieter jeweils 52% und 48% der Einnahmen erhielten. Das Geschäft mit der Einsamkeit ist also für beide Seiten höchst profitabel. Umsatzzahlen werden von Seiten der Telekom nicht bekannt gegeben. Es wurde lediglich vom Vertreter der Telekom festgestellt, daß die Vorgänge in diesem Marktsegment zur Ausdehnung des Angebotes ermutigen. Die Zahl der Anbieter ist ebenso gestiegen wie die der Anrufe, so daß die Telekom weiterhin anstrebt, den Markt umfassender zu erschließen. Speziell das Angebot 0190 soll weiter ausgedehnt werden.

Der ökonomische Aspekt scheint der einzige Grund für den Boom dieser Serviceangebote zu sein. Seitens der Telekom wurde in dem Interview die soziale Komponente in diesem Zusammenhang nicht erwähnt.

Mit der Einführung der neuen Telefondienste im In- und Ausland und wurde offenbar eine neue Form der Kriminalität möglich: Anfang Dezember '94 hat es nach einem Bericht des Nachrichtenmagazins *Focus*[258] bundesweit 61 Festnahmen gegeben.[259] Hierfür gaben Verdachtsmomente den Ausschlag, die einen großangelegten Telefonbetrug um fingierte Gespräche mit ausländischen Sex-Lines betrafen.[260]

Fachleute schätzten den Schaden, der durch die Telefon-Kriminalität verursacht wurde, auf jährlich mehrere Milliarden Mark. Als Geschädigte benannte *Focus* zum einen Zehntausende von Telefonkunden, die überhöhte Rechnungen zu zahlen hätten, und zum anderen die Telekom selbst.
Der Betrug ließ sich laut *Focus* auf drei verschiedene Arten durchführen:

---

[257]Vgl. Herr Krohn u. Herr Neuerburg in der Expertenbefragung am 17.11.1994.

[258]Siehe dazu: Focus Nr.50/1994, S. 244-250.

[259]Die *Frankfurter Rundschau* beziffert die Anzahl der Festgenommenen auf vier (FR, Nr. 6, 07.01.95, S. 3).

[260]Vgl. o.V.: Telefon-Betrug: Bundesweit 61 Festnahmen. Zähler wie bei Strom und Wasser gefordert. In: Westdeutsche Zeitung, 12.12.1994.

Zum einen mittels eines *Dialers*[261], der auf bestimmte Sex-Rufnummern programmiert werde und in Schaltkästen der Telekom, in Ortsvermittlungsstellen oder an beliebige Stellen an die Telefonleitung geklemmt werden könne. Auf Sex-Rufnummern entsprechend programmiert, wähle das Gerät diese dann zwischen 01.00 und 03.00 Uhr nachts an. Auf welchen Anschluß dann die Gebühren gebucht werden, bleibe dem Zufall überlassen.[262]

Als Anbieter dieses Services sei es möglich, in Deutschland unter falschem Namen ein Telefon anzuschließen und pausenlos seine eigene Sex-Line im Ausland anzurufen. Die anfallenden Gebühren würden dann einfach nicht gezahlt. Erst nach zwei Monaten sperre die Telekom den Anschluß; in dieser Zeit könne der Anbieter rund 55.000 Mark Gewinn für sein "Unternehmen" verbuchen. Diese kriminellen Anbieter hätten im Ausland bei ihrer Vorgehensweise jedoch einige Punkte zu beachten. Das Band müsse auf jeden Fall bespielt sein, da die entsprechenden ausländischen Telefongesellschaften kontrollierten, ob auf den Leitungen wirklich gesprochen wird. Zudem dürften die Gespräche nicht zu lange dauern, da nach 20 Minuten manche ausländischen Telefongesellschaften das Gespräch abschalten und sich den Anbieter genau anschauen. Als dritte Bedingung müsse der Anbieter die Form wahren, d.h. er müsse Werbung schalten. Ohne Werbung keine Anrufe - denn nur wer die entsprechenden Inserate oder TV-Spots nachweisen kann, erhält von den ausländischen Telefongesellschaften seinen Gebührenanteil.

Die dritte Variante kam direkt von Mitarbeitern der Telekom. *Focus* zufolge erzeugten Telekom-Beamte in Vermittlungsstellen Gebühren auf Kosten von privaten Kunden oder Geschäftsleuten. Es bestehe darüber hinaus noch die Möglichkeit, Gebührenzähler abzulöten, so daß die Telefonate in der Vermittlungsstelle gar nicht erfaßt werden. Der Anbieter im Ausland erhalte aber dennoch seinen Anteil über das internationale Verrechnungssystem.[263]

---

[261]Ein Dialer ist ein zigarettenschachtelgroßer, elektronischer Wählautomat. Im Raum Köln/Leverkusen ist dieses Gerät laut *Focus* für DM 150,- von einem Studenten mit Decknamen *Silicon* zu beziehen. Quelle: Focus, Nr.50/1994.

[262]Diese Betrugsvariante ist immer noch möglich. Die Telekom hat allerdings im Bereich des Tele-Info-Service 0190 effektivere Überwachungsmöglichkeiten als bei den Auslandsnummern.

[263]Vgl. H.-P. Canibol; R. Krämer; C. Pittscheidt: Der Gebührenbetrug. In: Focus, Nr.50/1994, S. 244-250.

In der dritten Kalenderwoche 1995 drangen die *Focus*-Vorwürfe unmittelbar bis zur Telekom nach Bonn vor. Wegen des Verdachts, daß Telekom-Mitarbeiter überhöhte Rechnungen an Kunden ausstellten, beschlagnahmte die Staatsanwaltschaft Akten bei der Generaldirektion der Telekom.[264]

Diese Telefonkriminalität findet offensichtlich nicht nur über die ausländischen Sex-Lines, sondern auch im großen Stil über die inländischen 0190er Nummern statt.[265]

Laut *Focus*-Bericht von 1995 zahlten die bundesdeutschen Telefonkunden jährlich 490 Millionen Mark für Sex-Telefonate aus Deutschland nach Hongkong, Guayana, in die Dominikanische Republik und auf die Atlantikinsel Sao Tome. Aber rund 80% dieser Gebühren seien durch Telefonkriminalität künstlich erzeugt worden. Die Telekom wies zu dieser Zeit alle Vorwürfe von sich, daß Telefonkunden durch überhöhte Rechnungen geschädigt worden seien. Ein Zusammenschluß von Computerexperten des Hamburger Chaos-Computer-Clubs forderte zur Gewährung ausreichender Sicherheit des Kunden die Installierung von rechtsverbindlichen Zählern direkt beim Kunden.[266]

Wenn sich die *Focus*-Mutmaßung, daß nur 20% der Umsätze der Sex-Lines legal bzw. echt sind und daß die Telefonkriminalität auch über die 0190er Nummern in großem Maße abläuft, beweisen läßt, dann stellt sich die Frage, ob der gesellschaftliche Bedarf an Telefondiensten dieser Art wirklich die Ausmaße aufweist, wie es den Anschein hat. Unabhängig davon läßt sich feststellen, daß gewerbliche Telefondienste, welche die Schaffung sozialer Kontakte versprechen, erst durch ordnungspolitische Veränderungen möglich wurden und aus rein ökonomischen Gründen der Anbieter und der Telekom entstanden sind.

---

[264]Vgl. Südwestfunk Hörfunk 3.Programm: Nachrichten. 25.01.1995, 17.00 Uhr.

[265]Vgl. H.-P. Canibol; R. Krämer; E. Soldo: Totschweigen statt aufklären. In: Focus, Nr.1/1995, S. 134.

[266]Vgl. o.V. in Westdeutsche Zeitung, 12.12.1994.

2.2. Angebotstypen: Auswertung der Telefonmitschnitte

Um zu erschließen, was sich hinter den Angeboten der Partnertreff-, Party- und Sex-Lines verbirgt, wählte die Telefonforschungsgruppe Essen verschiedene Anbieter an. Die Testgespräche wurden an einem Freitag zwischen 17.00 Uhr und 20.30 Uhr geführt. Alle Gespräche wurden mit Tonband aufgezeichnet. Der Anhang enthält stellvertretend für die geführten Telefonate zwei Transkriptionen aus den Bereichen Partnertreff- und Party-Lines.

Ein entscheidender Aspekt der folgenden Analyse der aufgezeichneten Gespräche ist die Untersuchung der Formen der Kommunikation, die bei den verschiedenen Diensten auftreten. Kommt es überhaupt zu einer Kontaktaufnahme zu anderen Menschen und in welcher Form findet diese statt? Welche Möglichkeiten der Kommunikation bieten die Telefondienste und wo liegen die Grenzen? Die Auswertung soll Antworten auf diese Fragen liefern.

In der Tabelle sind die gewerblichen Telefondienste aufgelistet, die von der Forschungsgruppe angerufen wurden. Es wurde darauf geachtet, die verschiedenen Angebote möglichst repräsentativ abzudecken.

Übersicht über einige telefonische Kontaktdienste (Stand 1995):

Untersuchungs-bereich	Telefonnummer	Titel/Anbieter	Kosten
Partnertreff/ Blind-Date	0190-272829	"Der telefonische Partnertreff"	DM 1,15/Min.
Partnertreff/ Blind-Date	0190-339955	"Tele-Flirt"	DM 1,15/Min.
Partnertreff/ Blind-Date	0190-331133	Dating-Line/ Veer GmbH	DM 1,15/Min.
Party-/Chat-Line	001-8095630000	"Sprechen Sie mit..."	DM 3,22/Min.
Party-/Chat-Line	005-996660	"Chat zu zweit"	DM 3,12/Min.
Party-/Chat-Line	005-996622	"Spaß für zwei"	DM 3,12/Min.
Party-/Chat-Line	005-996633	"Party für zwei"	DM 3,12/Min.

Untersuchungsbereich	Telefonnummer	Titel/Anbieter	Kosten
Sex-Line	005-996669	"Erotifon"	DM 3,12/Min.
Sex-Line	005-996111	"Pin-up Club"	DM 3,12/Min.
Sex-Line	0599-2467	"Wild"	DM 3,22/Min.
Telefonseelsorge	0201-11102	Kath. Telefonseelsorge	1 Einheit bei Ortsgesprächen

2.2.1. Partnertreff-Lines

"Der telefonische Partnertreff"
Gesprächsdauer: 5:28 min. / 28 Einheiten
Kosten: 6,44 DM

Dieser Dienst wird von der Firma Legion angeboten. Als Anrufer hat man die Möglichkeit, von einem Tonband abgespielte Anzeigen anderer Anrufer abzuhören. Auf diese kann man dann gegebenenfalls antworten. Andererseits kann man aber auch eine eigene Anzeige aufgeben, welche dann andere abhören können. Als dritte Möglichkeit kann man Antworten auf die eigene Anzeige abhören.

Bei dem Testanruf der Telefonforschungsgruppe nahm eine Frauenstimme vom Band eine kurze Einleitung vor. Unter anderem wurde erläutert, daß dieser Dienst mit einer Computer-Spracherkennung (Audiotex) arbeitet. Diese Technik erfaßt und erkennt die Laute des Anrufers, allerdings nur klar gesprochene Zahlen oder einfache Wörter wie "ja" oder "nein". Im weiteren Verlauf fragte die Bandstimme ab, ob der Testanrufer Anzeigen hören oder eine eigene Anzeige aufgeben wollte. Da er nur Anzeigen hören wollte, gab er dies durch die erforderliche Äußerung zu erkennen. Im folgenden konnte er nun die Anzeigen, die er hören wollte, durch bestimmte Kriterien auf seine eigene Person abstimmen. Unterschieden wurde nach dem Geschlecht (*Er sucht Sie*, *Sie sucht Ihn*, *Er sucht Ihn*, *Sie sucht Sie*), der Region, aus der der/die Anzeigenaufgeber/in bzw. die gewünschte Person stammen soll. Dieser Dienst beschränkte sich allerdings auf das Bundesland NRW und bot hier die Möglichkeit, z.B. das Ruhrgebiet oder Münsterland auszuwählen. Letztes Auswahlkriterium stellte das Alter dar (bis 20, 21-30, 31-40 und über 40 Jahre).

Nachdem der Testanrufer die Auswahlentscheidungen getroffen hatte, konnte er nun Anzeigen hören. In diesem Fall waren es Frauen aus dem Ruhrgebiet, die zwischen 21 und 30 Jahre alt sind und einen Mann suchen. Drei Anzeigen wurden abgehört, wobei deutlich wurde, daß diese Frauen ernsthaft Bekanntschaften mit dem Ziel einer festen Partnerschaft erhofften. Alle Anzeigen waren seriös und eine knappe Minute lang, angefüllt mit einer kurzen Selbstbeschreibung und der Beschreibung des Wunschpartners. Der Testanrufer hatte immer die Möglichkeit, auf eine bestimmte Anzeige zu antworten oder die nächste Anzeige zu hören. Auch diese Entscheidung traf er immer nach Abfrage der Bandstimme durch Äußerung des jeweils verlangten Lautes. Beim Abhören der Anzeigen wurde deutlich, daß nur drei Frauen eine Anzeige auf Band gesprochen hatten. Danach legte der Testanrufer auf. Festzuhalten ist, daß der Anrufer bei diesem Telefondienst nur mit einem Computer kommuniziert.

"Tele-Flirt"
Gesprächsdauer: 6:40 min. / 34 Einheiten
Kosten: 7,82 DM

Auch Tele-Flirt, angeboten von Megasat, arbeitet mit der Methode der Computer-Spracherkennung. Bei dem Testanruf wies auch hier eine Frauenstimme vom Band auf dieses Verfahren hin. Tele-Flirt funktioniert im Prinzip wie der Partnertreff von Legion. Auch hier kann man Anzeigen hören, aufgeben und Antworten abhören. Darüber hinaus wird man in der Einleitung darauf hingewiesen, daß *aufgegebene* Anzeigen technisch und inhaltlich seriös sein müssen, um abgespielt zu werden. Erklärt wird auch, daß man bei seiner telefonischen Anzeige niemals Nachnamen, Adresse oder Telefonnummer angeben sollte, um Mißbrauch durch Dritte zu vermeiden. Spricht man eine Anzeige auf Band, bekommt man vom Computer anschließend eine persönliche Chiffrenummer zugeteilt, mit deren Hilfe man Zugriff auf die Antworten auf die eigene Anzeige hat. Personen, die auf eine Anzeige antworten, müssen natürlich Adresse bzw. Telefonnummer angeben, damit eine persönliche Kontaktaufnahme durch den/die Anzeigenaufgeber/in stattfinden kann.

Die Testanruferin hörte Anzeigen von Frauen ab, die Kontakt zu Frauen suchten. Unter den vier abgehörten war allerdings fälschlicherweise die Anzeige eines Mannes dabei, der eine Frau suchte. Wahrscheinlich ist dieser Irrtum aber nicht auf einen Fehler des Computerprogramms zurückzuführen, sondern durch einen Fehler des Anzeigenaufgebers verursacht worden. Da ein Computer mit Spracherfassung wie oben schon erwähnt keinen *Klartext*, sondern nur *Sprachcodes* versteht und je nach Umfang allen Auswahlkriterien verschiedene Zahlen oder Wörter zugewiesen werden, ist die Wahrscheinlichkeit doch recht hoch, daß Anrufer sich bei der Angabe des Codes ab und zu irren. Auch der Telefonforschungsgruppe passierte das bei den Testanrufen einige Male.

Obwohl es keine Alterskriterien gab, waren die Frauen, deren Anzeigen wir abhörten, im Durchschnitt relativ jung (um die 20 Jahre).

"Dating-Line"
Gesprächsdauer: 9:30 min. / 50 Einheiten
Kosten: 11,50 DM

Im Gegensatz zu den zuvor dargestellten Anbietern arbeitet Dating-Line nicht mit einer Computer-Spracherkennung, sondern mit dem Mehrfrequenzwahlverfahren. Um sich durch das Menü zu bewegen, spricht man nicht mit dem Computer, vielmehr antwortet man auf die verschiedenen Fragen der Tonbandstimme mit der Tastatur seines Telefons.

Bei modernen Tastentelefonen gibt es zwei Möglichkeiten, eine Verbindung mit einem anderen Anschluß herzustellen. Hebt man den Telefonhörer ab und wählt die erforderliche Nummer, so kann man beim herkömmlichen Standardverfahren nach jedem Drücken einer Zahl ein Impulsgeräusch wahrnehmen. Wählt man die "1", nimmt man einen Impuls wahr, bei der "2" zwei Impulse, bei der "0" zehn Impulse usw. Durch Drücken bestimmter Sondertasten kann bei einem modernen Telefon dieses Standardverfahren durch das Mehrfrequenzwahlverfahren ersetzt werden. Hier hört man statt der Impulsgeräusche für jede eingetippte Zahl einen Ton in einer bestimmten Frequenz. Die Vorteile dieses Verfahrens liegen in der größeren Sicherheit beim Zustandekommen und einer enormen Schnelligkeit der Verbindung. Dieses Verfahren funktioniert allerdings nur, wenn der eigene Anschluß und der des Teilnehmers digitalisiert bzw. auf das Mehrfrequenzwahlverfahren vorbereitet sind. Diese *Digitalisierung* ist allerdings beim Kommunizieren mit einem Computer, wie dem von Dating-Line, keine Voraussetzung bzw. nicht notwendig. Hat man solch ein modernes Telefon nicht, kann man auch ersatzweise das Gerät zur Fernabfrage von Anrufbeantwortern benutzen, welches nach dem gleichen Prinzip funktioniert. Besitzt man weder das eine noch das andere Gerät, kann man bei Anbietern wie der Dating-Line nicht teilnehmen.

Dating-Line bietet als einziges Auswahlkriterium das Geschlecht an. Um dies auszuwählen, muß man nach der Frage der Tonbandstimme wie erwähnt eine bestimmte Taste am Telefon drücken. Der Testanrufer hörte insgesamt sieben Anzeigen von Frauen, die einen Mann suchten. Auffallend war auch hier, daß die Frauen im Schnitt um die zwanzig bis dreißig Jahre alt waren. Relativ hoch war der Anteil an Frauen, die Alleinerziehende waren.

Fazit:
Die dargestellten Partnertreff-Lines halten im großen und ganzen, was sie versprechen. Allerdings erfordert der sichere Umgang sowohl mit der Computer-Spracherkennung als auch mit dem Mehrfrequenzwahlverfahren einige Erfahrung. Fehlversuche durch Anfänger sind wahrscheinlich an der Tagesordnung.

Nach unserer Erfahrung besteht immer die Möglichkeit, Anzeigen, die mehr oder weniger spezifisch auf den Anrufer zugeschnitten sind, abzuhören. Schenkt man den Anbietern Glauben, so werden die Anzeigen in der Regel höchstens 7 Tage gespeichert, was Aktualität gewährleistet. Durch die Tatsache, daß die Anzeigen chiffriert sind, werden die Daten geschützt. Der Anzeigensprecher trägt kaum ein Risiko, da er sich nicht identifizieren muß und selbst entscheiden kann, ob er auf eine Anzeigenantwort reagiert. Obwohl sich die Personen, die auf eine Anzeige antworten, identifizieren müssen, damit eine Kontaktaufnahme stattfinden kann, sind auch ihre Daten relativ gut geschützt, da nur der Anzeigensprecher Zugriff auf die Antworten und Daten hat.

Schwer einzuschätzen ist die Erfolgsquote der Partnertreff-Lines. Nachteilig sind zum einen die recht sparsamen Persönlichkeitskriterien, die sich oft nur auf das Geschlecht beschränken. Eine Ausnahme stellt in dieser Beziehung "Der telefonische Partnertreff" von Legion dar, der sich auf NRW beschränkt. Bei diesem Dienst ist die Zielgruppe nach Regionen eingrenzbar. Gerade dieser Aspekt macht ein persönliches Kennenlernen der Telefonteilnehmer wesentlich wahrscheinlicher. Mit den Kriterien Geschlecht und Alter bietet Legion auch nicht weniger als die Bekanntschaftssparten von Tageszeitungen und Stadtmagazinen wie *Prinz* oder *Marabo*. Ein großer Nachteil von Partnertreff-Lines liegt in den hohen Telefonkosten. Bei intensiver Nutzung dieser Dienste können die Telefongebühren durch das Abhören etwaiger Anzeigen und Antworten wohl leicht in die Hunderte gehen, obwohl alle getesteten Anbieter die von der Telekom verwaltete Vorwahl "0190" besaßen und somit nur ein Drittel der Gebühren von Überseeanbietern fordern. In dieser Hinsicht sind Printmedien günstiger.

Ob sich Partnerschafts-Lines auf dem Markt der *Kontaktmedien* etablieren können, hängt auch davon ab, ob die NutzerInnen schon im Vorfeld seriöse von unseriösen Anbietern unterscheiden können. Auch Informationen über die Reichweite und *Marktstärke* der Anbieter wären notwendig. Bei einer Zeitschrift wie dem Stadtmagazin *Prinz* ist sofort ersichtlich, wie intensiv die Bekanntschaftssparte genutzt wird. Bei Telefonanbietern läßt sich nur spekulieren. Einen großen Vorteil haben Partnertreff-Lines gegenüber Anzeigen in Printmedien jedoch: Durch die Möglichkeit, die Stimme der Kontaktperson zu hören, ist ein sehr wichtiges, entscheidungsförderndes Kriterium zur Bewertung der Persönlichkeit eines Menschen hinzugekommen.

Betrachtet man die Nutzerseite, so haben unsere Testanrufe gezeigt, daß die Partnertreff-Lines von den Anrufern in der Mehrheit als ernsthaftes Medium genutzt werden sollen, um soziale Kontakte zu schaffen.[267] Viele Menschen erhoffen offensichtlich, auf diesem Weg nicht nur zu flüchtigen Beziehungen, sondern auch zu festen Partnerschaften zu kommen. Im Gegensatz zu nachfolgenden Telefondiensten fällt auf, daß Telefontreff-Lines offensichtlich auch sehr intensiv von Frauen genutzt werden. Diskretion, Seriosität und Anonymität durch die Vermeidung des direkten Gespräches mit anderen Teilnehmern könnten einige Gründe für diesen Umstand sein.

Die Schaffung von sozialen Kontakten wird - sofern man als Anrufer überhaupt eine Reaktion auf seine Anzeige/Antwort bekommt - bei Partnertreff-Lines nur indirekt ermöglicht.

---

[267] Eine erlebnis- und unterhaltungsorientierte Nutzung derartiger Dienste steht allerdings im Zentrum einer Untersuchung von Jo Reichertz 1991.

2.2.2. Party-/Chat-Lines

"Sprechen Sie mit interessanten Leuten..."
Gesprächsdauer: 9:28 min. / 130 Einheiten
Kosten: 29,90 DM

Der Vorwahl nach hat dieser Anbieter seinen Sitz auf der Karibikinsel Barbados. Ohne eine Einleitung befand sich die Testanruferin sofort in einer Konferenzschaltung mit etwa 3-4 Männern, die offensichtlich vor der Zuschaltung der Testanruferin eine eher gelangweilte Kommunikation betrieben. Nachdem sich die Testanruferin zu erkennen gegeben hatte, wurde die Stimmung sehr viel lebhafter. Es war kaum möglich, gezielt einem Teilnehmer zuzuhören oder diesen anzusprechen, da alle durcheinanderredeten. Die Forderung der Testanruferin, daß doch jemand diese Konferenzschaltung moderieren solle, verbunden mit der Drohung, sonst einzuhängen, wurde sofort erhört. Eine weibliche Moderatorin, offenbar Mitarbeiterin des Anbieters, versuchte Ruhe in die Unterhaltungen zu bekommen. Nachdem die Testanruferin sich kurz vorgestellt hatte, fragte die Moderatorin in die Runde der Männer, ob sich jemand mit der Testanruferin privat unterhalten wolle. Als ein Gesprächspartner gefunden worden war, wurden beide tatsächlich privat geschaltet (vgl. Fallbeispiel O in Kapitel III.3.2.7 und Transkription im Anhang). Je nach Bedarf können offenbar zwei Anrufer aus einer Konferenzschaltung in ein Zwiegespräch überführt werden. Darüber hinaus teilte die Mitarbeiterin mit, daß beide Gesprächspartner durch Drücken einer bestimmten Taste am Telefon (Mehrfrequenzwahlverfahren) wieder in den Pool zurückkommen könnten.

Nach den Beobachtungen der Telefonforschungsgruppe beschränken sich die meisten Gespräche bei Party-Lines auf telefonische Kommunikation. Weitergehende Kontakte sind oft nicht gewünscht. Durch die Anonymität des Telefons (der Gesprächspartner der Testanruferin nannte sich als Pseudonym "Floh") können Kommunikationshemmungen scheinbar besser kompensiert werden. Auch durch die fehlende Regionalität ("Floh" kam aus München) sind die Voraussetzungen für weitergehende persönliche Kontakte eher ungünstig. Auffallend war, daß Frauen diesen wie auch die folgend dargestellten Telefondienste kaum nutzten. Hauptnutzer von Party-Lines waren überwiegend Männer, die (oft vergeblich) hoffen, über dieses Medium mit Frauen sprechen zu können. Erschreckend hoch sind die Kosten, die für die Nutzer dieser Party-Lines entstehen. Ein halbstündiges Gespräch erreicht da schon den Umfang einer durchschnittlichen Monatsrechnung der Telekom.

"Chat zu zweit"
Gesprächsdauer: 1:30 / 23 Einheiten
Kosten: 5,29 DM

Im Gegensatz zu Partylines, bei denen sich, wie oben beschrieben, bis zu 10 Personen in einer Konferenzschaltung wiederfinden und nur von einem Moderator/Operator privat geschaltet werden können, sind beim "Chat zu zweit" direkte persönliche Zwiegespräche vorgesehen. Nachdem der Testanrufer die Nummer gewählt hatte, beschrieb eine weibliche Stimme vom Band in einer kurzen Einleitung das weitere Vorgehen. Ein Telefoncomputer weist dem Anrufer eine Gesprächspartnerin oder einen Partner zu. Möchte man mit einer anderen Person sprechen, muß man eine bestimmte Telefontaste drücken. Nach einer Wartezeit (je nachdem, wieviele Anrufer in der Leitung sind) ist man dann mit dem neuen Gesprächspartner verbunden. Nachdem sich der Testanrufer mit einem "Hallo" gemeldet hatte oder auf ein männliches "Hallo" ein "Hallo" erwiderte, drückten die Teilnehmer, die sich in der Leitung befunden hatten, jeweils sofort die Taste für den nächsten Gesprächspartner. Nach drei Schaltungen ohne daß eine Unterhaltung zustande kam brach der Testanrufer das "Gespräch" ab.

"Spaß für Zwei"
Gesprächsdauer: 1:31 / 20 Einheiten
Kosten: 4,60 DM

Derselbe Testanrufer versuchte es nun erneut bei einem anderen Anbieter. Diesmal kamen sieben Verbindungen zustande, doch ein Gespräch, daß über ein gegenseitiges "Hallo" hinausging, wollte sich auch diesmal nicht einstellen. Konsequent drückten die anderen offensichtlich alle männlichen Teilnehmer den Testanrufer immer wieder aus der Leitung, da sie scheinbar nur mit Frauen kommunizieren wollten.

"Party für zwei"
Gesprächsdauer: 11:04 min. / 125 Einheiten
Kosten: 28,75 DM

Nachdem deutlich geworden war, daß man als männlicher Teilnehmer beim Chat für zwei scheinbar kaum die Möglichkeit hat, zu einem richtigen Gespräch zu gelangen, setzte die Forschungsgruppe bei der dritten Chat-Line eine weibliche Testanruferin ein. Auch diese Line unterschied sich vom technischen Ablauf nicht von den beiden vorherigen.

Schon bei der ersten Verbindung kam es zu einem Gespräch. Da der Teilnehmer angab, aus Stuttgart zu kommen, drückte die Testanruferin mit der Begründung, daß sie beide viel zu weit auseinander wohnten und ein Treffen daher unwahrscheinlich wäre, die Weitertaste. Im Laufe der folgenden Minuten nahm die Testerin mehrere Gespräche mit männlichen Teilnehmern auf. Ausschließlich sie drückte die Weitertaste: 1. N aus Stuttgart; 2. anonym; 3. wieder N aus Stuttgart; 4. R aus Heilbronn; 5. S aus dem Emsland; 6. wieder N aus Stuttgart. Offensichtlich befanden sich zu diesem Zeitpunkt also nur vier bis fünf Personen im Chat. Schließlich unterhielt sich unsere Testanruferin eine zeitlang mit A., von dem sie erfuhr, daß er aus Langeweile und Einsamkeit öfter diese Dienste in Anspruch nimmt. Darüber hinaus gab er an, daß unsere Testanruferin die erste Frau gewesen sei, mit der er bei einem Chat gesprochen habe.[268]

Fazit:
Nach den Ergebnissen der Testanrufe scheinen Party- und Chat-Lines zum größten Teil von Männern genutzt zu werden. Erstaunlich ist allerdings, daß Männer diese Telefondienste offenbar nicht als Medien zur Kommunikation mit Menschen allgemein nutzen. Vielmehr erhoffen sich die Männer den Kontakt zu Frauen, den sie allerdings bei diesen Diensten offensichtlich kaum oder gar nicht erreichen. Kommunikation unter Männern findet (mit Ausnahme

[268] Vgl. Fallbeispiel N in Kapitel III. 6.2.6.

oberflächlicher Unterhaltungen bei Party-Lines) kaum statt, sie ist offenbar nicht erwünscht. Daß Frauen diese Dienste kaum nutzen, könnte auf den häufig auftretenden sexistischen Charakter der Gespräche in Party-Lines zurückzuführen sein.[269]

Allein die horrenden Telefongebühren trüben den Spaß an Party-Lines ziemlich schnell ein. Dies ist wahrscheinlich auch der entscheidende Grund dafür, daß sich in den von uns untersuchten Chats offensichtlich kein Kreis von untereinander bekannten Dauernutzern befand. Für das Entstehen solcher Strukturen[270] wäre seitens der Anrufer so viel Zeitaufwand nötig, daß es wahrscheinlich zu Telefonrechnungen von einigen Tausend Mark kommen würde. Einziger, wenn auch kleiner Lichtblick ist die Tatsache, daß bei Party-Lines wohl manchmal Live-Moderatoren eingesetzt und die Anrufer nicht ganz allein ihrem Schicksal überlassen werden.

Eine gewisse Ausnahme von diesem Muster scheint "Die Villa" zu sein. Dieser computerunterstützte Partnertreff ist ein technisch sehr aufwendig simuliertes virtuelles Haus, in dem man sich mittels akustischer Signale und Tastatur "bewegt" und gezielt Kontakte, auch über einen längeren Zeitraum, telefonisch anbahnen kann.[271]

2.2.3. Sex-Lines

"Erotifon"
Gesprächsdauer: 1:40 min. / 19 Einheiten
Kosten: 4,37 DM

Das Erotifon bot dem Testanrufer nichts als eine Litanei von endlos langen Telefonnummern, die eine mäßig erotisch klingende Frauenstimme vom Band

---

[269]Gisela Leky; Heidemarie Schumacher (1989): Aspekte mediengebundener Kommunikation am Beispiel Telefontreff Köln. In: Forschungsgruppe Telefonkommunikation 1989, S. 152.

[270]Vgl. auch Kapitel III. 3.1: Der Telefontreff Köln.

[271]"Die Villa" (Audioland International Telefonservice GmbH, Hamburg). Vgl. z.B. Fritz Wolf: Cyberspace für die Ohren. In: VDI-nachrichten vom 11.02.1994, S. 26.

herunterbetete. Unter den angegebenen Nummern sollte nach Angaben der Bandstimme dann "wirklich" etwas geboten werden. Im Hintergrund waren dauernd Stöhngeräusche zu vernehmen, die natürlich auch von einem Band stammten.

"Pin-up Club"

Auch hier nur lange Telefonnummernansagen und Hintergrundstöhnen vom Band.

"Wild"
Gesprächsdauer: 4:32 min. / 62 Einheiten
Kosten: 14,26 DM

Eine Frauenstimme vom Band erzählte, daß sie gerade wachgeworden sei und von ihm (wobei sich der jeweilige Anrufer angesprochen fühlen soll) geträumt habe. Dies war natürlich ein erotischer Traum. Den erzählte sie dann nun mehr schlecht als recht und schaukelte sich schließlich zum wohl unvermeidlichen akustischen Orgasmus hoch.

Fazit:
Alle untersuchten Sex-Line-Dienste waren ausschließlich Konservenware. Von einer irgendwie gearteten Kommunikation oder Interaktivität zwischen Anrufer und dem, was angeboten wurde, konnte nicht die Rede sein.[272] Es ist kaum anzunehmen, daß bei solchen Angeboten mehr als nur der sexuelle Kick herauskommen kann. Allerdings werden gerade Sex-Lines im Vergleich zu anderen Telefondiensten sehr häufig genutzt. Die Faszination für viele Männer, sexuelle Themen gerade über das Medium Telefon vermittelt zu bekommen, und die Möglichkeit, Sexuelles jeder Zeit von jedem Ort aus abrufen zu können, könnten die Ursachen für die große Beliebtheit der Sex-Lines sein. Beachtenswert ist darüber hinaus, daß die Mehrzahl der Anrufer keineswegs glücklose, kontaktscheue Männer sind.

---

[272] S. Mooren (1995) hat in ihrer Untersuchung zum Telefon-Sex allerdings auch interaktive Sex-Lines untersucht.

"*Der typische Anrufer lebt in einer Partnerschaft und genießt die Sextelephonate als Ergänzung, Abwechslung oder sexuelle Variante. Seltener lauschen einsame Singles und getrennt Lebende dem telephonischen Gesang der Sirenen.*"[273]

Das Niveau der Sex-Line-Angebote war mehr als dürftig. Spitze dagegen war das Niveau der Telefongebühren. Im Bereich der gewerblichen Telefondienste sind, bedingt durch den geringen technischen Aufwand, mit Sex-Lines sicherlich die größten Gewinne zu erzielen.[274]

---

[273]Sabine Mooren: Gesang der Sirenen. In: Die Zeit, Nr.47 v. 18.11.1994, S. 75; dies.: Telefonsex. Erotisches Hörspiel oder Partnerersatz. Hannover telepublic 1995 und Medien praktisch, H 4/94 und H 1/95: Liebe in der Mediengesellschaft, Frankfurt a.M.

[274]Durch die neue Tarifstruktur, die seit dem 01.01.1996 in Kraft getreten ist, besteht die Möglichkeit, mit 0190-Rufnummern ähnlich hohe Gewinne zu erzielen wie mit den Auslandsrufnummern.

3. Nutzung kommerzieller telefonischer Kontaktdienste

Nachdem in Kapitel 2.2 das Angebot der verschiedenen Telefondienste dargestellt wurde, stellt sich nun die Frage, wer diese Dienste nutzt, mit welcher Motivation und in welcher Form von ihnen Gebrauch gemacht wird. Um einen möglichen Zusammenhang zwischen der Einsamkeit von Menschen und der Nutzung gewerblicher Telefondienste ermitteln zu können, ist es notwendig, das soziale Umfeld und Verhalten der Nutzer von Telefondiensten zu beleuchten. Fragen nach der Quantität und Qualität der sozialen Beziehungen sollen hier im Mittelpunkt stehen. Darüber hinaus ist es wichtig, die Ursachen bzw. Beweggründe und die Formen der Nutzung von Telefondiensten näher zu untersuchen. Sollte Einsamkeit bzw. der Mangel sozialer Kontakte für viele Menschen Anlaß sein, gewerbliche Telefondienste in Anspruch zu nehmen, muß untersucht werden, ob diese Menschen über das Medium Telefon ernsthaft neue soziale Kontakte schaffen wollen und können. In der Angebotsanalyse wurde jedoch deutlich gemacht, daß viele Dienste schon von ihrer Struktur her kaum Voraussetzungen zur Herstellung direkter bzw. persönlicher sozialer Kontakte bieten.

Bevor die dargestellten Aspekte überhaupt untersucht werden können, ist es notwendig, in Kontakt mit den Nutzern von gewerblichen Telefondiensten zu treten. Wollte man allgemeine Untersuchungen bzw. Befragungen über die Nutzer und Nutzungsweise des Mediums Telefon machen, wäre es nicht besonders schwer, Menschen zu finden, die man in bezug auf ihr allgemeines Telefonverhalten befragen und untersuchen könnte. In unserer gegenwärtigen Gesellschaft kann nahezu jeder Mensch auf Erfahrungen mit dem Telefon, in welcher Form auch immer, zurückgreifen. Bei Untersuchungen im Zusammenhang mit Telefondiensten verhält es sich völlig anders. Zum einen macht nur ein Teil der Besitzer von Telefongeräten wirklich Gebrauch von den gewerblichen Telefondiensten, zum anderen sind gewisse Formen der Nutzung in der Gesellschaft aus verschiedenen Gründen mehr oder weniger tabuisiert. Dies führt dazu, daß viele Menschen nicht bereit sind, offen über sich und ihr Verhalten bei der Nutzung von Partnertreff-, Party- oder Sex-Lines zu sprechen. Und schließlich nutzen die Menschen das Telefon, insbesondere gewerbliche Telefondienste, aus ihrer Privatsphäre heraus und entziehen sich schon daher einer Beobachtung durch Außenstehende.

Die folgende Analyse der Nutzer und Nutzung der gewerblichen Telefondienste basiert auf drei Säulen: (a) die von Gisela Leky und Heidemarie Schumacher durchgeführte Untersuchung über Zielgruppen, Nutzungsformen und Beteiligungsmotive im Hinblick auf den 1987 erprobten Dienst "Telefontreff" im Ortsnetz Köln, ein Dienst, der als Pilotprojekt von der damaligen Bundespost gestartet wurde und dem Bereich der Chat- bzw. Party-Lines zuzuordnen ist; (b) Gespräche mit Nutzern von gewerblichen Telefondiensten, wobei der Kontakt von der Forschungsgruppe durch die Schaltung einer Anzeige, Verteilung von Handzetteln und Aushängen hergestellt wurde; (c) die direkte Kontaktaufnahme mit Nutzern innerhalb der gewerblichen Telefondienste wie Party-Lines oder Chats für Zwei.

3.1. Der Telefontreff Köln

Nach erfolgreichen Tests in Düren führte die damalige Bundespost Anfang 1987 im Kölner Ortsnetz den Telefontreff als Pilotprojekt ein. Es wurden insgesamt acht Leitungen bzw. Zugangsnummern mit neun Sprechmöglichkeiten nach dem Prinzip der Konferenzschaltung eingerichtet. Die Nutzung des Telefontreff wurde von der Post zum Ortstarif abgerechnet.

a) Methodische Basis der Untersuchung des Telefontreff

Unter der Leitung von Gisela Leky und Heidemarie Schumacher wurde der Kölner Telefontreff etwa sechs Wochen lang untersucht. [275] Ziel der Studie war es, Daten über Zielgruppen, Nutzungsformen und die Motivation der Anrufer zu gewinnen. Die Forschungsgruppe schaltete sich in die verschiedenen Leitungen ein und beobachtete die stattfindenden Gespräche passiv teilnehmend. Es wurden Stichproben zu systematisch variierten Tages- und Nachtzeiten durchgeführt. Die Ergebnisse der Beobachtungen wurden detailliert protokolliert, zusammengetragen und später unter qualitativen und quantitativen Gesichtspunkten ausgewertet. Im folgenden werden die gewonnenen Daten dargestellt. Als Quelle dient der Studienbericht von Leky und Schumacher.

[275] Vgl. Leky/Schumacher 1989, S. 135-165.

b) Soziodemographische Daten

Die Hauptaltersgruppe der Anrufer liegt bei 16 bis 30 Jahren. Überwiegend wird der Telefontreff von Männern genutzt. Das Verhältnis liegt bei etwa 60 : 40%.[276] Frauen haben für die Qualität der Kommunikation allerdings große Bedeutung und werden von den Männern häufig "schmerzlich" vermißt. In Bezug auf den Status bzw. Beruf sind obere Unterschicht und untere Mittelschicht die häufigsten Nennungen. Viele der Teilnehmer sind jedoch auch Arbeitslose und Sozialhilfeempfänger[277]. Die Anrufer kommen überwiegend aus dem Gebiet des Kölner Zentrums. Ein nicht geringer Teil der Anrufer setzt sich aus alleinstehenden Frauen mit Kindern zusammen. In erster Linie sind deutsche Teilnehmer im Telefontreff vertreten. Der Anteil der in Köln wohnenden Ausländer findet hier keine prozentuale Entsprechung.

c) Ort, Zeit, Dauer, Häufigkeit der Nutzung

Die Nutzung erfolgt überwiegend vom privaten Telefon zu Hause, tagsüber aber auch vom Arbeitsplatz aus. Die Dauer der Gespräche unterliegt starken Schwankungen. Die Post ermittelte eine durchschnittliche Verweildauer von zehn Minuten[278], einige Anrufer kamen während der Beobachtungen allerdings auf bis zu 36 Stunden.[279]

d) Umgang mit dem Medium

Das Begrüßungsritual läuft meist stereotyp mit dem Befragen der Teilnehmer nach Alter, Aussehen, Standort usw. ab. In der Regel benutzen die Anrufer Pseudonyme. Mehrpoligkeit und Anonymität werden von den Nutzern als selbstverständliche Eigenschaften des Mediums akzeptiert. Die aktiven Nutzer warnen sich vor Zuhörern, die passiv bleiben und schweigen, jedoch durch ei-

---

[276]Ebd., S. 140.

[277]o.V. (1988): Telefon-Partys - "Total drauf". In: Der Spiegel. Hamburg 1988, Nr.25, S. 75-77.

[278]Ebd., S. 75.

[279]Leky/Schumacher 1989, S. 144.

nen automatischen Gong als neu hinzugekommene Teilnehmer angekündigt werden. Dem Mißbrauch persönlicher Daten soll dadurch vorgebeugt werden. Bezüglich der Nutzung lassen sich Stammnutzer ("Prominenz", "harter Kern") und Gelegenheitshörer ("Laufkundschaft") unterscheiden. Die Teilnehmer übertragen bereits entwickelte Mediennutzungsformen (Radio, Fernsehen, CB-Funk) auf dieses Medium. Während der Anwesenheit in einer Leitung nehmen viele Anrufer auch andere Medien wie Fernsehen, Video oder Computer in Anspruch. Über die Kosten herrschen bei den Teilnehmern überwiegend realistische Vorstellungen. Manche haben allerdings, bedingt durch eine exzessive Nutzung des Telefontreff, Rechnungen bis zu DM 600,-.[280] Die Tendenz zu suchtartigen Konsum bestätigt sich auch bei der "Villa", die aus diesem Grund ab einer bestimmten Nutzungsdauer abschaltet und außerdem Niedrigtarife anbietet.[281]

e) Kommunikationsformen und Gesprächsinhalte

Die Gespräche können unterschieden werden nach (1) strukturierter Unterhaltung, dem (2) ungeordneten Durcheinander und der (3) Stagnation. Je jünger der Altersdurchschnitt der Teilnehmer ist, desto größer ist die Gefahr tumultartiger Gesprächssituationen. Längere Gesprächssequenzen sind überwiegend bei Erwachsenen zu beobachten. Einzelne Punkte werden viel ausführlicher behandelt. Dabei handelt es sich meist um Alltagsthemen und speziell um "orale" Themen wie Essen, Einkaufen, Gewichtsprobleme usw. Aktuell konfliktbehaftete Themen kommen so gut wie nie zur Sprache, vielmehr ist eine Tendenz zur Problemvermeidung unter den Gesprächsteilnehmern zu erkennen. Sexuelle Aspekte tauchen auch in "normalen" Gesprächssituationen immer wieder auf.

Bei einigen Leitungen kann ein deutliches Nutzerprofil beobachtet werden. So gibt es eine *Erwachsenen-Leitung*, die den sich oft chaotisch verhaltenden Jugendlichen den Zugang konsequent verweigert.[282]

---

280 Ebd., S. 153.

281 Laut Auskunft von Stefan Wernéry von Seiten des Betreibers.

282 Ebd., S. 157.

f) Motivation der Anrufer

Motiviert sind die Anrufe häufig durch die spezifischen Reize des Mediums selbst. Gegenüber vergleichbaren Formen realer Geselligkeit, die immer zumindest minimale Vorkehrungen und Einschränkungen erfordern, zeichnet sich die Kommunikation im Telefontreff durch ein hohes Maß an Bequemlichkeit aus. So können problemlos räumliche Distanzen überwunden und es kann Geselligkeit zu allen Tages- und Nachtzeiten erreicht werden. Durch das stetige Duzen der Gesprächsteilnehmer untereinander werden Konventionen abgebaut und soziale Distanzen überwunden. Reiz- und Spannungshunger werden durch das wechselnde Geschehen sowie die "Parallelschaltung" unterschiedlichster sozialer Situationen befriedigt. Im Gegensatz zu anderen Medien können die Anrufer den Prozeß selbst mitgestalten. Durch die medienbedingte Anonymität und Risikolosigkeit kann miteinander umgegangen werden, wie es bei einer alltäglichen Face-to-face-Kommunikation unter Fremden unvorstellbar wäre. Die Eigenschaften des Mediums schaffen eine parasoziale Qualität, die dazu führt, daß sich der Telefontreff für viele Teilnehmer im Sinne einer imaginären Welt gestaltet. Dieser Umstand ermöglicht Einzelnen, Bereiche ihrer Persönlichkeit zu realisieren, die zu entwickeln ihr Alltagsleben ihnen nur begrenzt oder gar nicht erlaubt. Aus diesen Gründen fällt es vielen Teilnehmern häufig schwer, sich vom Telefontreff zu lösen.[283]

3.2. Auswertung der Nutzer-Interviews

Um unsere Untersuchung auf eine breitere empirische Basis zu stellen, hat die Essener Telefonforschungsgruppe versucht, in Kontakt zu Personen zu treten, die über größere Erfahrungen im Umgang mit gewerblichen Telefondiensten verfügen. Dazu wurde eine Annonce in der Ausgabe Dezember 1994 der Zeitschrift "coolibri" geschaltet, die im Bereich Kontaktanzeigen in der Rubrik "Sie sucht Ihn" erschienen ist. Diese Zeitschrift wurde ausgewählt, weil dort zahlreiche Anzeigen gewerblicher Telefondienste vorzufinden sind und der Bereich der Kontaktanzeigen mutmaßlich ein wichtiger Bestandteil für LeserInnen die-

[283]Ebd., S. 164.

ser Zeitschrift ist. Die Rubrik "Sie sucht Ihn" wurde ausgewählt, weil anhand der bisherigen Erkenntnisse in der Mehrzahl Männer als Nutzer vermutet wurden.

Desweiteren wurden im Dezember 1994 und Januar 1995 im Bereich der Universität-GHS Essen und in der Düsseldorfer Altstadt Aushänge gemacht sowie Flugblätter verteilt. Damit wurden Personen mit entsprechenden Erfahrungen gebeten, sich telefonisch mit der Projektgruppe in Verbindung zu setzen. Eine der angegebenen Telefonnummern war ein Büro im Bereich der Hochschule, das wöchentlich zweimal je zwei Stunden besetzt war, eine weitere Nummer der Privatanschluß eines Gruppenmitglieds.

Da insgesamt nur sehr wenige Rückmeldungen auf diese Aktion erfolgten, werden die einzelnen Anrufer und ihre Nutzung gewerblicher Telefondienste im folgenden als Fallbeispiele dargestellt, wobei die Analyse Aufschluß über die Motivation der Nutzer und die Art und Weise der Nutzung geben soll.

3.2.1. Fall **I**

Gesprächsdauer: 26 Minuten

Soziodemographie:

I ist männlich, 23 Jahre alt und ledig. Zur Zeit studiert er in Essen Kommunikationswissenschaft und wohnt im elterlichen Haus. Finanziert wird sein Studium/Lebensunterhalt durch seine Eltern. Er besitzt ein Auto.

Soziales Umfeld:

Nach eigenen Angaben wohnt **I** noch zu Hause bei seinen Eltern, da es einfach günstiger sei, als einen eigenen Haushalt zu führen, und das Haus groß genug sei, um ihm Freiraum zu lassen.

I hat fünf bis sechs Bekannte, mit denen er hauptsächlich seine Freizeit verbringt. Eine Freundin hat er im Moment nicht, ist aber einer Partnerschaft nicht abgeneigt. Auf die Frage, was er und seine Bekannten in der Freizeit unternähmen, gibt er an, daß sie sich öfters zu "Rollenspielen" träfen. Dies sind

Fantasy-Spiele, bei denen die Mitspieler in andere Identitäten wie Ritter, Könige, Soldaten etc. schlüpfen und wie bei anderen Gesellschaftsspielen bestimmte Aufgaben bewältigen und Ziele erreichen müssen.

I geht nicht in Diskotheken oder laute Jugendkneipen. Er mag die Musik nicht, die in diesen Läden gespielt wird, und fühlt sich durch die oftmals "grölenden und trinkenden" Männer gestört. Diese bezeichnet **I** als "Asis"[284]. Aus diesen Gründen ist es für ihn in diesem Umfeld auch kaum möglich, Frauen anzusprechen bzw. kennenzulernen. **I** ist der Ansicht, daß es für junge Menschen heute schwieriger sei als früher, Kontakte zu knüpfen. **I** bezeichnet sein Freizeitverhalten selber als ziemlich aktiv und ausgelastet, jedoch gibt er auch an, häufig alleine bis spät in die Nacht vor dem Fernseher zu sitzen.

Nutzungscharakteristik:

Seit etwa zwei Jahren nutzt **I** gewerbliche Telefondienste regelmäßig und oft mehrmals wöchentlich. Aufmerksam auf sie geworden ist er durch die gerade im Spätprogramm der privaten Fernsehsender ausgestrahlten Werbespots für diese Anbieter. Auch jetzt wird er meistens durch die Werbespots animiert, Telefondienste anzuwählen. Da zu dieser Tageszeit das Programm schlechter werde ("nur noch Wiederholungen") und er noch nicht müde sei, greife er dann meistens zum Telefon. **I** hat inzwischen nahezu alle Formen gewerblicher Telefondienste ausprobiert. Gefragt nach den Motiven gibt **I** an, Partnertreff- und Party-Lines zu nutzen, um Frauen kennenzulernen. Bei Sex-Lines stehe natürlich die sexuelle Befriedigung im Vordergrund. Aus Langeweile nutzt **I** auch regelmäßig den gewerblichen Telefondienst "Magisches Haus", nach seiner Auskunft eine Form von Adventure-Game für das Telefon.[285]

Erfahrungen mit Telefondiensten:

I gibt an, durch die gewerblichen Telefondienste schon das ein oder Mal soziale Kontakte geknüpft zu haben. Über eine Partnertreffline hat er an einem Wochenende eine Anzeige aufgegeben und am darauffolgenden Donnerstag eine

---

[284] "Asis" ist die umgangssprachliche Abkürzung für Asoziale.

[285] Hier ist vermutlich der gewerbliche Telefontreff "Die Villa" gemeint (siehe 2.2.2 Fazit).

Antwort von einer Frau erhalten. Es kam sogar zum Treffen zwischen den beiden, jedoch verlief die Sache nach Angaben von **I** ziemlich schnell im Sand. Mehr Spaß bereitet **I** die Nutzung von Partylines. Jedoch beklagt er, daß sich in den Partylines kaum Frauen aufhalten würden. Üblich sei es in diesen Lines, sich Kunstnamen zu geben. Da die Kosten für Partylines recht hoch sind, tauschen Anrufer häufig ziemlich schnell Privatnummern aus, um dann zu geringeren Kosten telefonieren zu können. **I** gibt an, über die Partylines einmal zwei Mädchen aus Leipzig kennengelernt zu haben. Nachdem er ihnen seine Nummer gab, riefen sie ihn öfters an und machten ihm auch einmal den Vorschlag, mit ihnen Telefonsex zu betreiben. Zu einem Treffen mit den beiden jungen Frauen kam es allerdings nie. Die Sexlines hält **I** insgesamt betrachtet für "Nepp". Gut gefalle ihm allerdings, daß es für jede sexuelle Neigung einen Anbieter gäbe.

Trotz seiner regelmäßigen Nutzung hält **I** gewerbliche Telefondienste nur für bedingt geeignet, soziale Kontakte zu schaffen. Trotzdem fasziniert ihn der Reiz, von seinem Telefon aus fremde Menschen kennenzulernen.

Typenbildung und Bewertung in Hinblick auf Einsamkeit

I macht am Telefon nicht den Eindruck eines gehemmten oder sehr zurückgezogenen Menschen. Seine gute Artikulation und freundliche, offene Stimme lassen darauf schließen, daß **I** schon sehr viele Erfahrungen mit dem Medium Telefon gesammelt hat. Das Schlüpfen in andere Rollen übt auf **I** sowohl bei der Face-to-face-Kommunikation (Rollenspiele) als auch bei der Nutzung der Party-Lines eine große Faszination aus. Nach dem kurzen Gespräch mit **I** ist allerdings kaum zu erkennen, ob es sich bei ihm einfach um eine Spielart der Kommunikation handelt oder ob sich hinter den Rollenspielen von **I** Komplexe bzw. Hemmungen verbergen, sein wahres Ich zu äußern. Der Wunsch, über die gewerblichen Telefondienste eine Partnerin zu finden, scheint von größerer Bedeutung für ihn zu sein, als er während des Gespräches zugibt. Als großes Problem stellt sich für ihn das Fehlen von für ihn geeigneten Kommunikationsorten dar. Diskotheken und Kneipen als Orte zum Kennenlernen von Frauen hält er heutzutage für nicht mehr geeignet. Insofern ist er überzeugt, daß in Zukunft noch wesentlich mehr Menschen Telefondienste zur Schaffung sozialer

Kontakte nutzen werden. Ihm falle es auf jeden Fall leichter, Frauen am Telefon anzusprechen. ("In Diskotheken kriegt man ja eh nur 'ne Abfuhr.")

I ist mit seinem sozialen Umfeld, wie es sich ihm im Moment bietet, nicht zufrieden. Interessant ist auch der Aspekt, daß **I** noch niemandem von seiner häufigen Nutzung gewerblicher Telefondienste erzählt hat. Er wisse nicht, wie seine Bekannten darauf reagieren würden und halte sich daher lieber bedeckt.

3.2.2. Fall **J**

Gesprächsdauer: ca. 20 Minuten

Soziodemographie:

J ist männlich, 29 Jahre alt und ledig. Er studiert zur Zeit an der Uni-GH-Essen. Vor seinem Studium hat er eine Ausbildung zum Drucksetzer erfolgreich abgeschlossen und arbeitet auch jetzt noch regelmäßig im elterlichen Betrieb. Er hat somit ein Einkommen, mit dem er sich eine eigene Wohnung, in der er allein lebt, sowie ein Auto leisten kann.

Soziales Umfeld:

J kann auf einen nicht näher bezifferten Freundeskreis zurückgreifen, mit dem er regelmäßig Abend- und Wochenendaktivitäten unternimmt. Er kennt sich in der Kneipenszene aus und nimmt an ihr teil. Er hat keine feste Freundin, nutzt jedoch keine Single-Parties wie "Herz beißt Haifisch", denn **J** behauptet, das Gefühl der Einsamkeit nicht zu kennen.

Nutzungscharakteristik:

J nutzt ausschließlich belgische und französische Party-Lines, deren Telefonnummern er aus dem Anzeigenmagazin "Party-Line Connection" entnimmt.[286] Die Frauenquote bei diesen Diensten sei "enorm hoch" und die Unterhaltung

[286]Er gab an, dieses Magazin sei in Sex-Shops erhältlich. Recherchen in der Essener Innenstadt führten zu keinem Ergebnis.

werde in englischer Sprache geführt. **J** gibt an, die Dienste regelmäßig von seinem privaten Anschluß aus zu nutzen. Er ist sich im klaren darüber, daß dies hohe Kosten verursacht, weshalb er erklärt, die Dienste "je nach Geld-Verfügbarkeit", Liquidität, in Anspruch zu nehmen und dann "solange ich [**J**] Lust habe". Die Nutzungsdauer betrage zwischen dreißig Minuten und zwei Stunden. Er schaltet sich jedoch nie in die Unterhaltung ein, sondern bezeichnet seine Art der Nutzung als "Voyeurismus". Dieser akustische "Voyeurismus" beschränke sich darauf, den Gesprächen zuzuhören und so einen (sexuellen) "Kick" zu bekommen. "Leute kennenlernen wollen andere." **J** hält die Situation am Telefon "eher für pervers, um dieses Ziel zu erreichen". Generell hält er das Telefon als Medium zur Herstellung sozialer Kontakte für ungeeignet.

Erfahrungen mit Telefondiensten:

Aufgrund der unüblichen Nutzungsform der Party-Lines war es **J** nicht möglich, über Erfahrungen zu berichten, die sich auf Gespräche bzw. soziale Kontakte mit anderen Personen bezogen. Für ihn schließt ein erfolgreiches Gespräch nicht mit dem Austauschen einer Telefonnummer oder Adresse oder der Verabredung zu einem persönlichen Treffen ab, sondern mit sexueller Befriedigung, falls er diese sucht. Mit deutschen Party-Lines hat er hinsichtlich des Frauenanteils im Pool negative Erfahrungen gemacht. Dies ist der Grund, warum er belgische und französische Telefondienste nutzt.

Typenbildung und Bewertung in Hinblick auf Einsamkeit

J ist offensichtlich an Gesprächen interessiert, bei denen er Frauen zuhören kann. Die Behauptung, sich ohne feste Beziehung zu einer Frau nicht allein zu fühlen, läßt sich durchaus anzweifeln. Dennoch unternimmt er über das Medium Telefon nicht den Versuch, jemanden kennenzulernen. Seinen kommunikativen Fähigkeiten scheint er jedoch zu vertrauen, da er von sich aus das Gespräch mit der Forschungsgruppe angestrebt hat und im Gegensatz zu Fallbeispiel A Kneipen und ähnliche soziale Umfelder als Möglichkeit ansieht, soziale Kontakte zu schaffen.

3.2.3. Fall **K**

Gesprächsdauer: ca. 35 Minuten

Soziodemographie:

K ist weiblich, 53 Jahre alt und verwitwet. Sie arbeitet seit zehn Jahren in einer Agentur für Telefonmarketing. **K** ist dort aktiv in der Telefonakquise tätig. Sie verfügt demnach über ein eigenes Einkommen und bewohnt mit ihrem 23-jährigen Sohn eine Wohnung in der Essener Innenstadt. **K** besitzt einen PKW.

Soziales Umfeld:

K war 25 Jahre verheiratet, als ihr Mann starb. Sie gibt an, über einen 4 Personen umfassenden Bekanntenkreis zu verfügen und erwähnt in diesem Zusammenhang einen nicht näher bezifferten Kollegenkreis aus ihrer Agentur.

Nutzungscharakteristik:

K nutzte ausschließlich und regelmäßig Partnertreffs, die über den Service 0190 angeboten wurden. Sie war auf "Partnersuche". Zuerst hörte sie nur selbst Anzeigen ab. Aus Kostengründen (DM 250,-; Gebührenzähler) entschloß sie sich dann, eine eigene Anzeige aufzugeben (Anbieter: Legion). "Man macht so seine Erfahrungen." **K** hoffte, auf diese Weise einen Partner zu finden.

Erfahrungen mit Telefondiensten:

K war aufgrund technischer Probleme (die Code-Nummer wurde nicht richtig erfaßt) gezwungen, eine zweite Anzeige aufzugeben. Auf diese Anzeige antworteten 12 Männer, die sie alle am Telefon kennengelernt hat. Darunter seien viele verheiratete Männer gewesen, die "nur sexuelle Befriedigung suchten". **K** fand unter diesen zwölf Männern letztendlich einen Partner, der in Dortmund lebt. "An ein Zusammenziehen ist nicht gedacht - das ist auch gut so."

Typenbildung und Bewertung im Hinblick auf Einsamkeit

K ist nach dem Tode des Partners fähig, eine neue Partnerschaft einzugehen. Sie fühlt an diesem Punkt eine Lücke, die sie gezielt zu füllen sucht, was **K** wohl auch gelungen sein muß, da sie, wie sie angibt, seitdem nicht mehr zu diesem Zwecke "zum Hörer gegriffen habe". **K** spricht offen über Ihre Situation und tabuisiert nicht. Sie vertraut auf ihre kommunikative Fähigkeit, denn, wie sie selbst angibt, sei sie durch ihren Beruf sehr "stimmenabhängig". Für sie sei gar keine andere Form der Partnersuche als über das Medium Telefon in Frage gekommen. Abgesehen davon erachte sie es als "unpassend, in Kneipen oder gar Discotheken auf Partnersuche zu gehen".

3.2.4. Fall **L**
Gesprächsdauer: ca. 5 Minuten

Soziodemographie:

L ist männlich und zwischen 20 und 25 Jahre alt. Er ist Ausländer und seit ca. 3 Monaten Student der Psychologie.

Soziales Umfeld:

nicht bekannt

Nutzungscharakteristik:

L hat noch nie ein Angebot eines Telefondienstes genutzt.
Erfahrungen mit Telefondiensten:
Demzufolge hatte **L** auch keinerlei Erfahrung mit Telefondiensten gemacht.

Typenbildung und Bewertung in Hinblick auf Einsamkeit

L rief mit dem Ziel an, eine Partnerin vermittelt zu bekommen. Nach kurzer Aufklärung des Mißverständnisses bot **L** seine Mitarbeit am Projekt an. **L** schien Kontakt zu suchen. Er fragte nach Möglichkeiten, eine Freundin finden zu können.

3.2.5. Fall **M**

Soziodemographie:

M ist männlich, 24 Jahre alt und ledig. Er lebt alleine. Vor kurzem hat er eine Ausbildung bei der Telekom beendet und ist zur Zeit arbeitslos.

Soziales Umfeld:

M gibt an, einen kleinen Kreis von Freunden zu haben, etwa zehn Personen. Kontakte zu ehemaligen Arbeitskollegen bestehen nicht mehr. Er bemüht sich derzeit (erfolglos), eine Partnerin zu finden.

Nutzungscharakterisitik:

M gibt an, Party-Lines, Sex-Lines und insbesondere Partnertreff-Nummern in Kanada und den Niederlanden angewählt zu haben, auf die er durch Inserate in der BILD-Zeitung aufmerksam geworden sei. Als Grund nennt er Langeweile. Von seinem Arbeitsplatz bei der Telekom hatte er die Möglichkeit, kostenlos Gespräche (auch ins Ausland) zu führen, was er nach seinen Angaben zufolge zusammen mit Arbeitskollegen vor allem zur Belustigung getan hat. Er hat die Dienste nur selten genutzt und dies inzwischen ganz eingestellt. Seine Nutzungsdauer betrug jeweils etwa vier Minuten. Insgesamt hat er nach eigenen Angaben "mehrere tausend Mark" vertelefoniert.

Erfahrungen mit Telefondiensten:

M ist von den Diensten enttäuscht, spricht von "legalisiertem Betrug". Er bemängelt, daß in den Anzeigen gemachte Aussagen (z.B. Live-Kontakte bei Sex-Diensten, Sofort-Kontake bei Partnervermittlung) oft unzutreffend seien und fordert, daß die Dienste verboten werden. Er bemängelt die schlechte akustische Qualität der Ansagedienste und klagt über häufige technische Störungen bei den Partner-Lines. Zudem sei die Bedienung schwierig: "Man muß erst mal 200 Mark ausgegeben haben, bis man das System kapiert hat". Seine Partnerwünsche wurden nicht erfüllt: "Da rufen eh' nur Männer an".

Typenbildung und Bewertung in Hinblick auf Einsamkeit:

Es ist zu vermuten, daß für **M** die Partnersuche bei der Nutzung der Telefondienste eine größere Bedeutung hat, als er zunächst zugibt. Das Gefühl der Einsamkeit wird von ihm vor allem auf der Ebene einer fehlenden Partnerin gesehen. Einen Ansprechpartner für seine Probleme hat er nicht. **M** betrachtet es als grundlegendes gesellschaftliches Problem, daß eine direkte Kontaktaufnahme nur schwer möglich ist. "Wenn man auf einer Party oder Disco jemanden um Feuer bittet, wird man doch schon schief angeschaut", führt er an. **M** glaubt, daß sich künftig zunehmend mehr Menschen über Partnervermittlung kennenlernen. Es fällt ihm über das Telefon leichter, Kontakt zu suchen, als im persönlichen Gespräch. "Solange man sein Gesicht nicht zeigen muß, ist alles einfacher."

3.2.6. Fall **N**[287]

Gesprächsdauer: ca. 7 Minuten

Soziodemographie:

N ist männlich, 23 Jahre alt, ledig und türkischer Staatsbürger.

[287]Hierbei handelt es sich um die Auswertung eines Telefonmitschnitts im Rahmen der Angebotsanalyse.

Soziales Umfeld:

N wohnt seit etwa zwei Jahren in Stuttgart. Seit seinem Umzug von Bremen nach Stuttgart ist er bisher vergeblich auf der Suche nach neuen Freunden und Bekannten. In seiner unmittelbaren Umgebung hat **N** keinerlei Kontakt. Die einzigen Bekannten, die **N** kennt, wohnen etwa 50 Kilometer von Stuttgart entfernt, was einen regelmäßigen Kontakt ausschließt. Auch sind **N**'s Freunde in Bremen zu weit entfernt, um sich häufiger besuchen zu können.

Nutzungscharakteristik:

N, der sehr offen über seine Einsamkeit spricht ("Ich kenne überhaupt niemanden", "Ich langweile mich"), sieht in Party-Lines die einzige Möglichkeit, eine Frau kennenzulernen. Andere Wege, eine Partnerin zu finden, sieht er derzeit nicht. Weder die türkische Gemeinde in Stuttgart ("Was soll ich mit Männern machen?"), noch Discotheken erscheinen ihm als der geeignete Ort (Rahmen), andere Menschen kennenzulernen. Deswegen nutzt **N** "in letzter Zeit" häufiger kommerzielle Telefondienste wie »Party zu zweit« in der Hoffnung, auf diesem Wege Kontakt zu finden.

Erfahrungen mit Telefondiensten:

N's Wunsch, mit Hilfe der Party-Lines eine Partnerin kennenzulernen, hat sich bisher nicht erfüllt. Dies war auch schlicht unmöglich, denn bisher sei noch *nie* (!) eine Frau im Chat gewesen, sagt **N**. Dennoch will er aus Mangel an Alternativen auf die Telefondienste nicht verzichten. **N** hofft weiterhin, auf diesem Weg eine Partnerin zu finden. Wenn **N** sich langweilt und eine Party-Line anwählt, bleibt er auch dann in der Leitung, wenn sich keine Gesprächspartnerin findet, in der Hoffnung, irgendwann "überhaupt Kontakt zu haben".

Typenbildung und Bewertung im Hinblick auf Einsamkeit:

Obwohl **N** den Kontakt sucht, ist es ihm bisher nicht gelungen, einen neuen Freundes- und Bekanntenkreis aufzubauen. Da **N** in Stuttgart weder Bekannte noch Verwandte hat, ist für ihn das größte Problem, "überhaupt erst mal Kontakt zu haben". Die Kontaktaufnahme über das Telefon erscheint **N** leichter und erfolgversprechender als im Alltag. Für das Wochenende hat sich **N** vorgenommen, mit dem Auto nach Holland zu fahren, dort spazierenzugehen und sich ein schönes Wochenende zu machen, allerdings wieder alleine.

3.2.7. Fall **O**[288]

O, der sich »Floh" nennt, ist wahrscheinlich zwischen dreißig und vierzig Jahre alt ("Ich bin jetzt zwei, meine Lebenserwartung liegt bei vier"), wohnt in München und ist verheiratet. Inwieweit jedoch das Konstrukt "Floh" durchdacht ist, ist insofern zweifelhaft, als **O** zumindest von der Stimme her einen jüngeren Eindruck macht. **O**, der seine Identität geheim hält, ruft vom Auto aus an (dabei ist unklar, ob er aus einem Firmenwagen oder Privatwagen anruft und wer die Kosten trägt; **O** macht hierzu widersprüchliche Angaben) und nutzt Party-Lines, wie er sagt, "gelegentlich, obwohl sie ganz schön teuer sind".

O, der sich nach eigenen Angaben "auf der Suche nach einer Ameise" befindet, zeigt sich mißtrauisch, daß eine Frau im Pool und sich mit ihm im Chat "privat" schalten will. ("Bist Du Operator?" - "Nee." "Das ist interessant!"; zuvor hatte sich Floh mit einem Mann unterhalten). Nachdem seine Zweifel ausgeräumt sind, signalisiert "Floh" jedoch Interesse, seine Gesprächspartnerin kennenzulernen ("Soll ich Dich anrufen?"). Da beide Gesprächspartner (aus unterschiedlichen Gründen) ihre private Telefonnummer nicht angeben wollen bzw. können (da auch "Flohs" Ehefrau den Wagen mitbenutzt, kann er seine private Telefonnummer nicht angeben), beendet man schließlich das Gespräch.

Typenbildung und Bewertung im Hinblick auf Einsamkeit:

"Floh" erweist sich in diesem kurzen Gespräch keineswegs als einsamer, kontaktarmer Mann in mittleren Jahren, vielmehr als gewitzter, intelligenter Mensch, der sich von den Telefondiensten einen zusätzlichen *Kick* im Alltag verspricht. Dieser Eindruck wird auch durch die Tatsache bestärkt, daß er

[288] Vgl. Transkription im Anhang.

Party-Lines sozusagen nur *nebenbei,* beim Autofahren nutzt und die sich daraus ergebenden Gespräche mit fremden Menschen als *Spiel* mit offenem Ausgang begreift. Daß aus dem Gespräch nicht "mehr" geworden ist empfindet er als "o.k."; er ist nicht enttäuscht oder resigniert.

4. Telefonseelsorge als nicht-kommerzielles Alternativangebot

Um einen Vergleich der gewerblichen Dienste zu einem nicht-kommerziellen Service zu haben, wird im folgenden eine Einrichtung betrachtet, die sich schon lange vor der Zulassung gewerblicher Telefondienste in der Bundesrepublik als Telefondienst etabliert hat: Die Telefonseelsorge (TS)[289].

Nach dem Vorbild der TS sind zahlreiche weitere telefonische Beratungsdienste mit meist spezifischem Beratungsangebot in bestimmten Situationen entstanden[290]. Wichtige Beispiele sind *Kinder- und Jugend-Sorgentelefone*, die Telefone der AIDS-Hilfen, der *Notruf für vergewaltigte Frauen*, das *Rosarote Telefon* für Homosexuelle, der Sucht-Notruf, die Telefone der Frauenhäuser oder das Antifa-Telefon.

4.1. Stand der Forschung

Die besonderen Möglichkeiten, die das Telefon zur Überwindung von Einsamkeit bietet, sind seit langem bekannt. Während die gewerblichen Telefondienste in der Forschung bislang wenig berücksichtigt wurden, ist die Telefonseelsorge bereits seit einiger Zeit Forschungsgebiet. Neben einer Analyse der Struktur der TS-Stellen und ihrer Mitarbeiter sind vor allem die Nutzer in den Mittelpunkt des Interesses gerückt.

4.1.1. Entstehungsgeschichte der Telefonseelsorge

Der älteste Hinweis auf einen der TS ähnlichen Dienst stammt aus dem Jahre 1895. In diesem Jahr soll der Baptistenpfarrer Henry Warren einen Anrufsdienst für Lebensmüde in New York eingerichtet haben[291]. 1953 veröffentlichte Chad Varah, ein anglikanischer Pfarrer, in der Londoner *Times* eine Anzeige

---

[289]Fortan wird Telefonseelsorge - wie in der Literatur üblich - mit TS abgekürzt.

[290]Vgl. Hans Stauß: Telefon in der Krisenhilfe. In: Telefon und Gesellschaft 1990, S. 344.

[291]Vgl. H. Harsch: Theorie und Praxis des helfenden Gesprächs; zit. nach: Hannspeter Schmidt: Die Klientel der Telefonseelsorge. Frankfurt a.M.: Lang 1985, S. 1.

mit einer Telefonnummer, unter der ihn Personen mit Suizidabsicht anrufen sollten[292].

Aufgrund der Erfahrung, die Selbsttötung eines Menschen nicht verhindert zu haben, wollten sie Gefährdeten eine Anlaufstelle bieten, quasi einen letzten Ansprechpartner in ihrer seelischen Not. Diese Angebote wurden von vielen Menschen angenommen, so daß die beiden Geistlichen schon bald Helfer benötigten, um alle Anrufe zu bewältigen.[293] Varah gründete in Großbritannien eine Organisation namens "Samaritans", die landesweit ein Gesprächsangebot offerierte. Trotz des religiös geprägten Hintergrundes sind die Samaritans eine religions- und ideologiefreie Organisation. Derzeit gibt es in Großbritannien 182 Stellen, die im wesentlichen unter Einsatz ehrenamtlicher Mitarbeiter 24 Stunden am Tag als Ansprechpartner zur Verfügung stehen.

In den 50er Jahren wurden in zahlreichen europäischen Ländern TS-Dienste etabliert, die sich am Vorbild der Samaritans orientierten und in der Regel eine Rund-um-die-Uhr-Bereitschaft aufweisen. Die erste TS-Stelle in Deutschland wurde 1956 in Berlin gegründet. 1961 gab es 12 Stellen, die Zahl stieg bis 1985 auf 84 an.[294]

4.1.2. Organisationsform der TS

Die einzelnen nationalen TS-Dienste haben unterschiedliche Trägerschaften und Organisationsformen. Ein Teil ist kirchlichen Institutionen, andere wiederum Krankenhäusern angegliedert, einige haben eine freie Trägerschaft. In diesem Text wird nur auf die Situation in Deutschland eingegangen.

Mit wenigen Ausnahmen werden alle TS-Stellen in Deutschland durch die evangelische und katholische Kirche finanziert.[295] Diese sehen in der TS "einen Ausdruck der seelsorgerischen Verantwortung der christlichen Kirchen".[296]

---

[292]Vgl. Herbert Unterste: Telefonseelsorge. Die Motivation ihrer Mitarbeiter. Frankfurt: Lang 1982, S. 9.

[293]Vgl. Jürgen Hesse; Hans Christian Schrader: Auf einmal nicht mehr weiterwissen. Telefonseelsorge - ein Spiegel unserer Probleme. Frankfurt a.M.: Fischer 1988, S. 22.

[294]Ebd., S. 25.

[295]Ebd., S. 27.

[296]Vgl. Schmidt 1985, S. 5.

Dessenungeachtet steht die TS für Probleme aller Art offen, und in der Tat machen religiöse Fragen nur einen Bruchteil der angesprochenen Problemfelder aus.

Die TS bietet jedem Nutzer die Möglichkeit zu einem Gespräch über seine Probleme. Die Antworten der TS-Mitarbeiter sind dabei nicht an Vorgaben durch die Träger gebunden, sondern geben innerhalb der TS-Leitlinien (die aber keine Themenvorgabe machen) ihre persönlichen Erfahrungen und Überzeugungen wieder.

Im Jahre 1964 schlossen sich die damals bestehenden nationalen TS-Dachverbände zum internationalen Verband für Telefonseelsorge *IFOTES* zusammen.[297] *IFOTES* arbeitet eng mit der *Internationalen Gesellschaft für Selbstmordverhütung (IASP)* zusammen.

Auf nationaler Ebene gibt es zwei Verbände. Die evangelischen TS-Stellen gründeten 1960 die *Evangelische Konferenz für Telefonseelsorge*. Auf katholischer Seite wurde 1968 die *Katholische Arbeitsgemeinschaft Telefonseelsorge und Offene Tür* gegründet, die 1984 auf Initiative der *Deutschen Bischofskonferenz* zur *Katholischen Fachkonferenz für TS und OT* umgewandelt wurde, die der *Katholischen Arbeitsgemeinschaft Beratung* unterstellt ist. Zwischen den Spitzen der beiden Verbände finden regelmäßige Treffen statt, um eine gemeinsame Vorgehensweise (auch im Hinblick auf die 47 gemeinsam unterhaltenen Stellen) abzusprechen.[298]

In einer TS-Stelle arbeiten in der Regel ein oder zwei hauptamtliche Mitarbeiter, die für die Organisation und Funktionsfähigkeit der TS-Stelle verantwortlich sind. Den größten Teil der Bereitschaftsdienste übernehmen zahlreiche unbezahlte, freiwillige[299] Helfer. Die Hauptamtlichen sind auch für die Rekrutierung des Mitarbeiterstabes verantwortlich. Zur Aufrechterhaltung der 24-Stunden-Bereitschaft ist ein Stamm von ca. 80 Mitarbeitern erforderlich. Die Helfer durchlaufen eine Ausbildung zwischen 6 und 18 Monaten, bevor sie beratend tätig werden.

---

[297] Vgl. Hesse/Schrader 1988, S. 28.

[298] Ebd.

[299] Meist als ehrenamtliche Helfer bezeichnet (*freiwillig* trifft den Sachverhalt aber besser).

Nach einer von Herbert Unterste[300] im Jahre 1982 veröffentlichten Erhebung sind 68% der freiwilligen Mitarbeiter der TS Frauen. Zwei Drittel der Mitarbeiter sind verheiratet, knapp die Hälfte geht einer Beschäftigung nach. Die Altersspanne ist sehr groß, das Alter liegt im wesentlichen zwischen 25 und 65 Jahren. Mehr als die Hälfte der Mitarbeiter fühlt sich der Kirche eng verbunden; 69 % gehören der evangelischen, 24% der katholischen Kirche an. Die Gesamtzahl der TS-Mitarbeiter machte 1988 etwa 5500 Personen aus, davon waren 5100 freiwillige Helfer.[301]

Die *IFOTES* legte im Jahre 1964 einheitliche Richtlinien für die TS fest.[302] Als Ziel der TS gilt demnach, "dem Anrufenden neuen Lebensmut und die Fähigkeit zu vermitteln, seine Lebenskrise zu bewältigen."[303] Das Angebot richtet sich an Menschen, die verzweifelt oder in Not sind oder Selbstmord begehen wollen. Ihnen soll die Möglichkeit gegeben werden, einen Gesprächspartner zu haben,

"der wie ein Freund bereit und fähig ist, ihn anzuhören und mit ihm ein helfendes Gespräch zu führen, ohne ihn in seiner Freiheit einzuschränken".[304]

Zu den Grundsätzen gehören:
- 24stündiger Dienst,
- Garantie der Anonymität des Nutzers,
- Verschwiegenheit,
- religiöser, politischer oder weltanschaulicher Druck auf Anrufende (und Mitarbeiter) soll vermieden werden.

Im Vergleich dazu sind die (formulierten) Ziele der TS in Deutschland erheblich weitergehend. In den 1978 nach 11 Jahren Ausarbeitung verabschiedeten

[300]Unterste 1982, S. 129f.
[301]Vgl. Hesse/Schrader 1988, S. 17.
[302]Vgl. Schmidt 1985, S. 5.
[303]Hesse/Schrader 1988, S. 29.
[304]Schmidt 1985, S. 5.

"Leitlinien für den Dienst der TS" werden "Sinnverlust, Beziehungslosigkeit, Vereinsamung und Angst" als Problemlage der Nutzer erwartet.[305]

Die Verbindungsaufnahme des Nutzers durch das Telefon gibt diesem die Möglichkeit, unter Wahrung der Anonymität mit der TS-Stelle in Kontakt zu treten. Rund 75% aller Nutzer machen davon Gebrauch.[306] Zudem ist es für den Nutzer möglich, das Gespräch zu einem beliebigen Zeitpunkt abrupt zu beenden. Für das Gespräch mit der TS werden dem Nutzer keine Kosten berechnet. Es fällt bei Ortsgesprächen - unabhängig von der Dauer des Gesprächs - lediglich eine Gebühreneinheit an. Die TS ist bei Ortsgesprächen (wenn also eine TS vor Ort ist) vom Zeittakt der Telekom ausgenommen.

Das Dienstleistungsangebot der TS besteht täglich rund um die Uhr. Allein dieser Umstand hat eine große Bedeutung für das Hilfsangebot. Es macht durchaus einen Unterschied, ob eine Hilfe nur zu beschränkten Zeiten besteht, oder ob die Möglichkeit besteht, zu jeder Tages- und Nachtzeit anzurufen; eben genau dann, wenn das Problem akut vorhanden ist. Das Gros der Anrufe erreicht die TS-Stellen zwischen 21 und 2 Uhr.[307]

4.1.3. Die Nutzer der Telefonseelsorge

Die Mehrzahl der Anrufe bei TS-Stellen wurde bis Mitte der 80er Jahre in einer Art Fragebogen erfaßt, der anschließend statistisch ausgewertet wurde. Aufgrund der Unschärfe vieler Kategorien wurde später zunehmend darauf verzichtet. Eine Vielzahl der hier aufgezeigten Erkenntnisse entstammt der Auswertung dieser Daten.

Die Zahl der Anrufe lag Mitte der 80er Jahre bei etwa 650.000 im Jahr.[308] Dies entspricht etwa 1800 Anrufen am Tag. Mehr als einmal je Minute erreicht ein Anruf eine TS-Stelle in Deutschland. Entgegen oft geäußerten Vermutungen gibt es im Jahresverlauf nur geringe Schwankungen der Anrufzahl. Im Wochenverlauf ist ein Ansteigen der Anrufe montags und donnerstags zu ver-

---

[305]Ebd., S. 5.

[306]Vgl. Hesse/Schrader 1988, S. 29.

[307]Vgl. ebd., S. 16.

[308]Vgl. ebd., S. 15.

zeichnen, doch auch hierbei sind die Schwankungen gering. Als Ursache für diesen reproduzierbaren Verlauf wird vermutet, daß die Probleme der Nutzer besonders vor und nach dem Wochenende zutage treten.

Fast drei Viertel der Anrufe kommen von Frauen.[309] Für diesen Umstand gibt es verschiedene Erklärungsmöglichkeiten. Möglicherweise liegt es daran, daß Frauen besser in der Lage sind, ihre Probleme zu artikulieren, als Männer. Denkbar wäre auch, daß Frauen eher als Männer in eine Lebenslage kommen, die sie zu diesem speziellen Mittel der Konfliktbewältigung greifen lassen. Die am häufigsten vertretene Altersgruppe ist die Kategorie zwischen 30 und 45 Jahren (ca. 40%), gefolgt von der Gruppe der 46-65jährigen (ca. 30%). Jeweils ein Drittel der Anrufer sind ledig bzw. verheiratet, 15% geschieden, 10% verwitwet.

In der TS werden die sogenannten Einmal-, Mehrfach- und Daueranrufer unterschieden. Als Einmalanrufer werden diejenigen Nutzer erfaßt, die sich nur ein einziges Mal an eine TS-Stelle gewendet haben[310]. Sie machen zwischen 30 und 45 % aller Anrufe aus.[311] Mehrfachanrufer sind jene, die sich einige Male, z.B. wegen eines akuten Problems, an die TS wenden. Sie liegen bei 35 % aller Telefonate.

Etwa ein Fünftel aller Anrufe[312] gehen auf das Konto von sogenannten Daueranrufern, die eine TS-Stelle wiederholt (mitunter mehrfach täglich) in Anspruch nehmen. Daueranrufer werden von vielen TS-Mitarbeitern als belastend angesehen, da die Intervention der TS nur selten zu einer Veränderung der Situation der Nutzer führt[313]. Die helfende Wirkung der TS hat bei ihnen offenbar versagt; eine Lösung ihrer Probleme scheint durch die TS nicht möglich zu sein. Vielmehr scheint sich bei einigen Nutzern eine Art Suchtverhalten einzustellen. Sie werden von den Mitarbeitern vor allem deshalb als belastend ange-

---

[309]Ebd.

[310]Es sei an dieser Stelle darauf hingewiesen, daß die Bestimmung dieser Größe sehr fehleranfällig ist, da es aufgrund des großen Mitarbeiterstabes nicht immer möglich ist, festzustellen, ob sich eine bestimmte Person nicht schon früher an die TS gewandt hat.

[311]Vgl. Hesse/Schrader 1988, S. 16.

[312]Möglicherweise liegt der Anteil der Daueranrufer sogar erheblich höher (40-70%), was sich aufgrund der o.a. Probleme nicht ohne weiteres quantifizieren läßt.

[313]Mitunter, z.B. bei Schmidt 1985, werden Daueranrufer gar zu den TS-Mißbrauchsanrufen gezählt.

sehen, weil sie anderen Menschen, die vielleicht zur gleichen Zeit Rat bei der TS suchen, diese Möglichkeit nehmen.

Daneben gibt es noch einige charakteristische Anrufer-Typen. Zum einen sind das die "Aufleger", die sofort auflegen, wenn sich die TS gemeldet hat, zum anderen die "Schweiger", die die TS anrufen, dann aber keine verbale Äußerung von sich geben. Es ist davon auszugehen, daß es in vielen Fällen Nutzern nicht möglich ist, ihre Schwierigkeiten zu formulieren. Manche mögen sich auch nur vergewissern, ob denn auch wirklich jemand am anderen Ende ist.

Einen nicht unerheblichen Teil machen zudem Mißbrauchsanrufe aus, also Telefonate, bei denen die Nutzer die TS entgegen ihrer ursprünglichen Zielsetzung und Aufgabe einsetzen. Dazu zählen der sogenannte Scherzanruf und der Sexanruf. Bei ersterem wird - oft von Jugendlichen - ein fiktives Problem geschildert, um sich über die Antworten der TS zu amüsieren. Unter letzterem werden die Anrufe von Männern verstanden, die die Stimme einer Frau in der TS-Stelle wünschen, um zu masturbieren.[314] Dies ist vor allem insofern problematisch, als die TS-Mitarbeiter gehalten sind, das Gespräch nicht von sich aus zu beenden. In den meisten Fällen ist eine entsprechende Absicht der Anrufer nicht im vornherein zu erkennen.

Bei der Auswertung der Anrufe bei den TS-Stellen wurden über viele Jahre hinweg die Probleme der Nutzer in bestimmte Kategorien zusammengefaßt,[315] dem sogenannten "Anlaß-Katalog". Die Hauptkategorien dieses Kataloges bilden *Psychische Probleme*, *Partnerprobleme*, *besondere Lebenssituationen*, *Familien- und Generationsprobleme*, *soziale und finanzielle Probleme*, *Religion und Weltanschauung* sowie *sonstige Anlässe*. Besondere Bedeutung haben die Kategorien *psychische Probleme*, *Partnerprobleme* sowie *besondere Lebenssituationen*. Diese drei Kategorien machen mehr als zwei Drittel aller Anrufe aus. Während bei der ersten Kategorie vor allem Alkoholabhängigkeit, Depressionen und Selbstmordgedanken wichtige Anlässe sind, fallen unter die *besonderen Lebenssituationen* die Phänomene der Einsamkeit. In der Statistik machen Einsamkeit bzw. der Wunsch nach einem Gesprächspartner etwa 13 % der Anrufe aus. Dies erscheint auf den ersten Blick nicht viel, jedoch ist zu be-

---

[314] Vgl. Hesse/Schrader 1988, S. 93.
[315] Vgl. ebd., S. 77 ff.

rücksichtigen, daß sich viele andere Probleme mittelbar auch auf gesamtgesellschaftliche Entwicklungen wie etwa die zunehmende Vereinsamung zurückführen lassen. Ist die Alkoholabhängigkeit vielleicht die Folge von zunehmender Vereinsamung? Sind die Depressionen eines Anrufers nicht möglicherweise durch Einsamkeit bedingt? Außerdem ist der Rückgriff auf die TS bereits als ein Zeichen von Einsamkeit zu interpretieren.

4.1.4. Nutzungsanalyse: Auswertung eines Telefonmitschnittes

Um einen Eindruck vom Verlauf eines TS-Beratungsgespräches zu bekommen, wurde ein Gespräch mit der TS Essen geführt. Dabei rief ein Mitglied des Projektes mit einem fiktiven Problem bei der TS-Stelle an. Nach zahlreichen Fehlversuchen (besetzt) kam nach ca. 10 Minuten ein Gespräch mit der katholischen Telefonseelsorge zustande. Der TS-Mitarbeiter hörte sich zunächst die Problembeschreibung (Student aus Norddeutschland fühlt sich in fremder Großstadt einsam) an und stellte einige nähere Fragen zum Problem, ohne jedoch genauer auf die seelische Befindlichkeit des Anrufers einzugehen. Im weiteren Gesprächsverlauf wurde vom TS-Mitarbeiter nach bisherigen Lösungsansätzen (Kontaktfindung) gefragt. Der Anrufer erklärte, warum diese gescheitert sind. Daraufhin zeigte der TS-Mitarbeiter weitere Lösungsmöglichkeiten auf (z.B. welchen Gruppen an der Uni man sich anschließen könnte), wobei er insbesondere auf Gruppen im Umfeld der Kirchen einging. Nachdem der Anrufer zu erkennen gab, daß er sich von diesen Vorschlägen eine Lösung seines Problems verspricht, wurde das Gespräch von ihm beendet (Gesamtdauer ca. 12 Minuten).

4.2. Bewertung des Angebotes der Telefonseelsorge

Im Vergleich zu den Angeboten gewerblicher Telefondienste bietet die TS ein deutlich anderes Profil: Der Nutzer kann sich sicher sein, daß er und seine Probleme ernstgenommen werden und sein Gesprächspartner ihn nicht einfach "wegdrückt". Außerdem hat er am anderen Ende der Leitung mit Gewißheit einen Menschen, der bereit ist, auch über schwierige Themen zu reden; zudem noch fast umsonst.

Natürlich kann die TS nicht alle Wünsche erfüllen. Sie wird beispielsweise kaum in der Lage sein, einen Partner zu vermitteln, doch sie ist in der Lage, Perspektiven und Lösungsmöglichkeiten aufzuzeigen und dem Nutzer Ansatzpunkte zu geben, seine Probleme selbst zu lösen. Sie gibt Zuspruch und Trost und ist in manchen Lebenssituationen eine unschätzbare Stütze.

Gleichwohl ist die Zukunft der TS nicht gesichert. Zunehmende Anruferzahlen[316] führen zu einer Überlastung der TS-Anschlüsse, immer mehr Mißbrauchsanrufe belasten die Mitarbeiter der TS-Stellen. Offenbar häufen sich auch die Zahlen derer, die zwar bei der TS anrufen, sich in ihrer Problembewältigung aber nicht fortentwickeln. Diese Daueranrufer sind ein Indiz dafür, daß es wohl Menschen gibt, bei denen diese Art der Hilfe nicht zum Erfolg führt.

---

[316] Vgl. ebd., S. 67.

5. Telefon als Medium der sozialen Kontaktvermittlung

Die Untersuchung hat gezeigt, daß in der Mediengesellschaft Einsamkeit als weitverbreitetes Phänomen erkannt wurde und Menschen versuchen, mit dieser Einsamkeit auf unterschiedlichste Art und Weise umzugehen. Menschen beklagen zunehmend einen Mangel an befriedigenden sozialen Kontakten. Wie die (Fall-)Studien belegen, versuchen immer mehr von ihnen dem abzuhelfen, indem sie das Medium Telefon, insbesondere die untersuchten Telefondienste, nutzen, um soziale Kontakte herzustellen bzw. einzuleiten.

Eine Hauptursache für diese Mangelerscheinung liegt in gesellschaftlichen Veränderungen der letzten Jahre. Menschen, die aus den Sozialformen der industriellen Gesellschaft freigesetzt werden, sehen sich vor ein persönliches Alleinsein gestellt. Bedingt durch veränderte Wertvorstellungen, Marktanforderungen, Mobilitätsvorgänge aller Art usw. entstehen individualisierte Existenzformen, die zur Empfindung gesellschaftlicher Anonymität und letztlich Einsamkeit führen können. Parallel dazu verschlechtern sich dem subjektiven Empfinden vieler Menschen nach die Rahmenbedingungen zur Überwindung sozialer Isolation. So lassen die *klassischen* Orte der Kontaktaufnahme wie beispielsweise der Arbeitsplatz, Kneipen, Diskotheken usw. nach Aussagen einiger der von uns befragten Personen heutzutage das Herstellen von sozialen Kontakten in erheblich geringerem Maße zu als früher oder werden sogar als unangenehm empfunden.

Hoffnung wird zunehmend auf gewerbliche Telefondienste gesetzt, welche direkt oder indirekt die Schaffung sozialer Kontakte ermöglichen sollen. Aus der Sicherheit der eigenen Intimität heraus kann hier die Kontaktsuche aufgenommen werden. Medienbedingte Risikolosigkeit erleichtert die Kommunikation mit unbekannten Personen. Gegenüber einer Face-to-face-Kommunikation zeichnet sich die telefonische durch ein hohes Maß an Bequemlichkeit aus, da aufwendige Gesprächsvorbereitungen und Hemmschwellen wegfallen.

Es stellt sich allerdings die Frage, ob die Anbieter gewerblicher Telefondienste ihre Werbeversprechen (z.B. "Psst aufgepaßt - für neue Kontakte und Freundschaften mit tollen Leuten aus Deiner Umgebung wähle jetzt 0190... .") einlösen können und wollen. Die Erkenntnisse der Untersuchung lassen darauf schließen, daß die Anbieter von Partnertreff-, Party- und Sex-Lines in erster Linie die Absicht der Gewinnerzielung verfolgen. Anhand der Struktur des Angebotes und der Benutzerführung[317] ist ein anderweitiges Interesse der Anbieter nicht zu erkennen. Auch die Telekom, die als Netzanbieter auftritt, stellt ökonomische Interessen in den Vordergrund. Mit der Einführung des Service 0190 und dem damit verbundenen Inkasso-Abrechnungsverfahren hat sie die Voraussetzungen geschaffen, um sich die von ihr erbrachten technischen Leistungen profitabel bezahlen zu lassen.

Es läßt sich somit konstatieren, daß der meist ernsthafte Aspekt auf der Nutzerseite in einem konträren Verhältnis zu den Interessen der Anbieter steht. Am ersichtlichsten wird dies in der Gegenüberstellung von Partnertreff-, Party- und Sex-Lines auf der einen und der Telefonseelsorge auf der anderen Seite. Die dem sozialen Charakter der Telefonseelsorge entsprechend geringe Gebühr (pauschal 1 Einheit bei Ortsgesprächen), das geschulte und den Anliegen/Problemen der Anrufer gegenüber aufgeschlossene Personal kontrastiert mit hohen Gebühren (1,15 DM pro Minute für den Service 0190 und bis zu 3,22 DM für Anbieter aus Übersee), unqualifiziertem Personal (Operator der Party-Line), komplizierter maschineller Benutzerführung (Partnertreff-Line) und maschineller Kommunikation (Sex-Line) auf gewerblicher Seite.

Trotz aller negativen Aspekte der gewerblichen Telefondienste werden diese offenbar akzeptiert und genutzt. Andernfalls hätten sie sich nicht auf dem Markt etablieren können, sondern wären den Gesetzen des Marktes zufolge nach einer kurzen Zeit der Neugierde seitens der Nutzer wieder verschwunden. Das Bedürfnis, Einsamkeit zu überwinden bzw. soziale Kontakte zu schaffen, scheint derartig groß zu sein, daß selbst oben aufgeführte Mängel in Kauf genommen bzw. nicht als solche empfunden werden.

Grundsätzlich stellt sich die Frage, wie die Nutzung von Partnertreff-, Party- und Sex-Lines zu bewerten ist. Das Angebot entspricht sicherlich dem Zeitgeist. Das Medium Telefon wird zum "Erlebnistelefon". Gleichzeitig wird das Phänomen Einsamkeit jedoch auf das Format von Unterhaltung reduziert. Zweifelsohne erweitern gewerbliche Telefondienste die Möglichkeiten der Kontaktaufnahme und sind somit positiv zu beurteilen. Einen faden Beigeschmack erhalten sie dagegen, wenn sie soziale Interaktion (also nicht medial

---

[317] Siehe hierzu die Transkriptionen im Anhang.

vermittelte Kontaktaufnahme) verdrängen und ablösen, wie dies bei Fall N[318] zu beobachten war. Das Problem besteht jedoch nicht darin, *welche* Dienste genutzt werden, sondern *wie* sie genutzt werden, "denn kein Medium ist übermäßig gefährlich, sofern seine Benutzer wissen, wo die Gefahren lauern"[319].

Um nicht Opfer, sondern Souveräne der Mediengesellschaft zu werden, ist es somit notwendig, Medienkompetenz zu erlangen, d.h. den richtigen Umgang mit Medien zu erlernen. Nur so ist es vorstellbar, den Möglichkeiten der medienzentrierten Entwicklung von Kommunikation positiv gegenüberzutreten. Sowohl bei der Einführung der Sprache als auch bei der Einführung der Schrift ist es den Menschen gelungen, sich auf neue Kommunikationsformen einzustellen, sie positiv zu nutzen, sich Freiräume zu schaffen und letztlich komplexere Formen kreativen Handelns zu entwickeln.[320] Warum sollte nach der Sprach- und der Schriftgesellschaft nicht auch die Mediengesellschaft das neue Potential konstruktiv nutzen können?

[318]Siehe hierzu III. 3.2.6 Fall N.
[319]Neil Postman: Wir amüsieren uns zu Tode. Frankfurt a.M.: Fischer 1985, S. 196.
[320]Vgl Faulstich 1991, S. 176.

ZUSAMMENFASSUNG

"Es ist ... ein und dieselbe Kraft, die uns befähigt, Einsamkeit wahrnehmen zu können, sie zu ertragen und zu überwinden: die Liebe. Die Liebe überwindet unser Getrenntsein und erfüllt unsere Sehnsucht nach Einheit. Sie ist ... die Antwort auf das Problem der menschlichen Existenz."[321]

Verwicklungen und Verstrickungen, in die sich Menschen in der Mediengesellschaft im Umgang mit Einsamkeit begeben, haben diesen einführenden Überlegungen zum Lehrforschungsprojekt Substanz und einen lebendigen Erfahrungshintergrund verschafft. Dabei sind die empirischen Erfahrungen notwendigerweise nur ein Ausschnitt. Sie betreffen einen kleinen Personenkreis und entstammen begrenzten sozialen Milieus. Doch da sich der Blick der Studierenden nicht nur auf die empirische Oberfläche beschränkte, kam zutiefst Menschliches in den Blick. Zusammenfassend soll es noch einmal ins Bewußtsein gehoben zu werden.

1. Jeder Mensch ist einsam, das zeigt sich nicht nur im Durchgang durch philosophische und sozialpsychologische Schriften, sondern bereits in dem kleinen Ausschnitt von Wirklichkeit, den wir untersucht haben. Menschen geben dem Gefühl der Einsamkeit viele Namen, doch keinem ist die existentielle Grunderfahrung der Einsamkeit unbekannt (vgl. I.1 und II.3). Selbst in der einzigen Befragung (II.3, Interview C), in der Einsamkeitserfahrungen keinen Raum zu haben scheinen, ersteht vor den Augen des Lesenden ein Lebensbild, das kunstvoll und absichtsvoll so gestaltet ist, daß im Alltag Einsamkeit vermieden werden kann. In dem erfolgreichen Verhindern von Einsamkeit wird hier die Möglichkeit von Einsamkeit als Kontrastfolie umso deutlicher.

2. Menschen neigen dazu, der Einsamkeit zu entfliehen, um eine als negativ erlebte seelische Gefühlslage zu vermeiden. Insbesondere soziale Kontakte, d.h. die Schaffung und Erhaltung von sozialen Netzwerken, soll helfen, den Druck der Einsamkeit, der in der Existenz des Menschen angelegt ist, leichter - weil gemeinsam - zu tragen. Wo sie fehlen und es - im Extrem - zu einer irre-

[321] Fromm 1980, S. 43.

parablen Zerstörung des "sozialen Atoms" (Moreno) kommt, folgt - so konstatiert Moreno - in letzter Konsequenz auf den sozialen Tod der physische Tod. Die Tiefeninterviews zum Fernsehen (II.3) und in Ansätzen die Benutzerbefragungen zum Telefon (III.3.2) zeigen, daß es im Erleben der Menschen offenbar so etwas gibt wie ein Kontinuum, das von dem Empfinden von Allein-Sein bis hin zu tiefster Isolation in einer als Trennung von sich und seiner Umwelt empfundenen Einsamkeit endet. Auf diesem Kontinuum möglichst frühzeitig einen Prozeß des Hineinrutschens oder Umkippens in tiefe Einsamkeit und Depression zu stoppen, läßt sich als das innere Bestreben der befragten Personen erkennen. Soziale Kontakte, Ablenkung, Unterhaltung, nicht zuletzt solche, die die Medien bieten - alles ist willkommen, um die als negativ erlebte Einsamkeit nicht überhandnehmen zu lassen.

3. Der Einsamkeit hingegen im Alltäglichen bewußt zu begegnen, ihre positiven Seiten zu erkennen, sie anzunehmen und mit ihr produktiv für das innere Wachstum und äußere Verbundensein umzugehen, setzt eine Ich-Stärke voraus, deren wichtigste Grundlage die Liebe ist (vgl. I.1 und I.2). Dabei trägt Liebe immer das Doppelgesicht der Selbstliebe und der Liebe zu anderen. Diese Kraft wird in unseren Interviews besonders sichtbar, wo Umgangsweisen mit Einsamkeit gefunden wurden, die die Entgrenzung und Entwichtigung des Ichs erleichtern und die Einbindung in ein größeres Ganzes unterstützen (vgl. II.3): in eine religiöse Gemeinschaft (Interview C), in die Natur (Interview E), in das kosmische Ganze, das sich in der tänzerischen Bewegung erschließt (Interview D), in die Vielfalt menschlicher Möglichkeiten, die sich gerade auch im bewußten Fernsehkonsum vermitteln können (Interview A), in die eigene Familie oder Lebensgemeinschaft, die als Weg heraus aus der Einsamkeit (Interview F und A) gewählt wird.

4. Sich selbst und andere lieben zu können, ist zugleich die Essenz jeder Art von Spiritualität. Lieben zu können, ist keine Selbstverständlichkeit. Es ist eine Fähigkeit, die die Seele erlernen muß (vgl. I.2). Die 'Kunst des Liebens' (Fromm) ist die höchste der Lebenskünste, die eine Kultur der Liebe (culturare = pflegen) voraussetzt. Auch die Liebe als Gegenpol zur Einsamkeit hat viele Gesichter und Namen: Spiritualität, Eros oder Agape (vgl. I.1.2.1).

Dabei erweist sich Liebe nicht nur als Kraft, die Gegensätze zwischen Menschen überbrücken hilft, sondern auch als eine politische Kraft (vgl. I.1.2.2). Denn so wie sie im Kleinen, im sozialen Mikrokosmos, undurchdringliche Grenzen und tiefste Gräben zu überwinden vermag, so wirkt sie auch im Großen, im sozialen Makrokosmos. Der Blick auf herausragende Persönlichkeiten, die die Kraft der Liebe in ihrem politischen Leben wirksam werden ließen, auf die Gandhis, Martin Luther Kings oder Hammerskjölds, zeigt, welch ungeheures politisches Potential gerade in der Liebeskraft steckt. Wird diese stärkste im Menschen existierende Kraft und innere Gewissensinstanz jedoch auf menschenverachtende Ziele fehlgeleitet, gilt sie z.B. einem Führer, der mit inhumaner Ideologie an die Stelle der inneren göttlichen Gewissensinstanz tritt, so können daraus Schrecken und Grauen erwachsen (vgl. I.1.2.2). Auch in der sexuellen Gewalt und Perversion tritt uns die Fratze der enttäuschten und fehlgeleiteten Liebe entgegen, bei der sich beschädigte Liebeserwartung in destruktiver Wucht entlädt (I.1.2.3).

5. Es gab Zeiten und Kulturen, die der 'Kunst des Liebens' offener gegenüberstanden als unsere Gegenwart. Die heutige Gesellschaft erweist sich als eine Gesellschaft, in der die Kultur der Liebe keinen hohen Stellenwert besitzt. Strukturell und intentional ist sie von einem überwertigen Individualismus bedroht, der sich von der Fiktion der Unabhängigkeit des Individuums nährt (III.1.1). Hochindustrialisierte Gesellschaften wie die unsrige unterstützen diesen Individualismus sozialstrukturell: durch die Art des Wirtschaftens und die Auflösung traditioneller Muster der Zeitverwendung, durch eine zunehmende räumliche Mobilität und durch Verhaltenserwartungen, die sich am Leitbild des jederzeit, an jedem Ort frei verfügbaren und konsumwilligen Menschen orientieren. Eingriffe in soziale Netzwerke von Familie, Nachbarschaft, Verwandtschaft und Freundschaft und abnehmende Bedeutung von verständigungsorientierten und solidarischen Formen des Lebens und Arbeitens sind die Folge.

6. Dieser Individualisierungsprozeß weist eine enge Beziehung zur Medienentwicklung auf: Die Mediengesellschaft stellt ein überquellendes und ständig weiter anschwellendes Angebot von unterhaltenden (insb. Fernsehen) und interaktiven (insb. Telefon und Computer) 'Kommunikations'angeboten zur Verfügung. Sie alle bieten neue Varianten und Formen an, mit Einsamkeit um-

zugehen. So wie die parasozialen PartnerInnen und FreundInnen des Fernsehens Unterhaltung und Ablenkung versprechen, so birgt das Telefon, dort wo Einsamkeit sich bereits ausgebreitet hat, die Hoffnung auf 'wirklichen' sozialen Kontakt (vgl. II.3). Daß beide Medien dabei vielfach nur ein Surrogat sind, wird in den Befragungen besonders deutlich, wo nicht Rezeption (von Fernsehangeboten), sondern Interaktion stattfindet: beim Telefon. Obwohl vielgepriesen und beworben als Türöffner für soziale Kontakte, kann das Telefon mit dem Angebot telefonischer Kontaktdienste einsamen Menschen bei der Kontaktsuche offenbar kaum helfen. Bei genauerem Hinsehen und Hinhören scheinen die Partner-Treffs, Party-Lines oder Sex-Lines im besten Fall eine kurzfristige Erleichterung im Gefühl der Einsamkeit zu bringen, nicht jedoch einen Weg heraus aus der Einsamkeit und hinein in die soziale Bezogenheit (Fallbeispiele I-N in III.3.2). Nur wo das Telefon **entschieden** als Instrument der PartnerInnensuche und damit als akustische Variante der Partnervermittlung (III.3.2.3 Fallbeispiel K) genutzt wird, kann es bei erfolgreicher Vermittlung dazu beitragen, die Lebensstruktur so zu verändern, daß Einsamkeit längerfristig leichter bewältigt werden kann.

7. In der vom Individualismus gekennzeichneten Mediengesellschaft verschärft sich somit das grundlegende Problem menschlicher Einsamkeit. Dabei wirken die Medien mehrfach ambivalent. Sie schaffen zwingend notwendige Voraussetzungen für individualisierte Lebensformen, sei es, weil rasch mit Hilfe des Telefons mit anderen Kontakt aufgenommen werden kann, sei es, weil fehlende KommunikationspartnerInnen im Alltag durch mediale Unterhaltung kompensiert werden können. So werden Medien eine strukturelle Antwort auf und Promotor für die Zunahme von Allein-Sein und in letzter Konsequenz von Einsamkeit. Aber auch bei der Bewältigung dieser Situation spielen sie wiederum eine ambivalente Rolle: Einerseits verschaffen sie durch ihre Angebote kurzfristige Erleichterung bei dem Versuch, der negativ erlebten Einsamkeit auszuweichen; andererseits lenken sie von der Möglichkeit ab, faktische Einsamkeit als positive Herausforderung zu begreifen und in der Auseinandersetzung mit ihr der Kraft der Liebe (Liebe zu sich selbst und zu anderen) zu begegnen. Mit den Worten von Erich Fromm:

"Sich zu konzentrieren, ist in unserer Kultur noch weit schwieriger, wo alles der Konzentrationsfähigkeit entgegenzuwirken scheint. Der wichtigste Schritt dazu ist zu lernen, mit sich selbst allein zu sein, ohne zu lesen, Radio zu hören, zu rauchen oder zu trinken. Tatsächlich bedeutet sich konzentrieren zu können dasselbe, wie mit sich allein sein zu können - und eben diese Fähigkeit ist eine Vorbedingung für die Fähigkeit zu lieben."[322]

So lassen wir uns in der Mediengesellschaft in besonderem Maße von dem abziehen, worum es bei Einsamkeit geht: Um die Konfrontation mit sich selbst, um die Begegnung mit der eigenen Liebeskraft bzw. mit der Tatsache, daß sie unter einem Panzer verschlossen gehalten wird, und um das Fliessen dieser Liebeskraft für mich selbst und für andere.

8. Das Wissen um die verändernde Kraft der Liebe begegnete uns nicht nur im Gang durch die Literatur. Es ist - wie wir bei den Befragten feststellen konnten - in allen vorhanden, allerdings in sehr unterschiedlicher Weise: Im einen Fall soll Einsamkeit überwunden werden, indem ein intimer Kontakt zu einem anderen Menschen hergestellt wird; im anderen Fall geht es um die Hinwendung zu sich selbst - hier ließe sich der Foucaultsche Begriff der "Sorge um sich - souci de soi"[323]) verwenden; im dritten Fall erhält der Blick nach Innen eine grundsätzlich spirituelle Wendung und macht den Blick frei für eine Transzendierung des Ich und eine prinzipielle Hinwendung zum Du, zur Mitwelt und zum kosmischen Ganzen. Im Bewußtsein der Befragten spielte vor allem der erste Weg eine entscheidende Rolle.

9. Die Hoffnung, den Fängen der Einsamkeit durch einen intimen Partner/ eine Partnerin entkommen zu können, zieht sich wie ein roter Faden durch fast alle Interviews. Doch dieses Ziel wird unterschiedlich intensiv angestrebt und seine Nicht-Erfüllung unterschiedlich schmerzlich wahrgenommen. Frauen sind offensichtlich eher bereit, sich das Fehlen eines Partners als schweres Defizit einzugestehen (z.B. Interviews H und O). Dies kann auch - wie im Fall von O -

---

[322] Fromm 1980, S. 123f.

[323] Michel Foucault: Die Sorge um sich. Sexualität und Wahrheit 3 (frz. 1963), Frankfurt a.M. 1995.

zum gezielten Einsatz (von Telekommunikation) für die erfolgreiche Partnersuche führen (III.3.2.7). Wo es psychosozial nicht gelingen will, die eigenen Grenzen zu überschreiten, fungiert für die befragten Frauen der Fernseher in besonderem Maße als parasozialer Ersatz; das kann auch dort der Fall sein, wo die Existenz eines Partners das Einsamkeitsgefühl nicht zu überdecken vermag (vgl. Interviews G, H und E in II.3.2).

Dem männlichen Bedürfnis, Kontakt mit dem weiblichen Geschlecht ohne wirkliche Verbindlichkeit aufzunehmen, kommt dagegen offenbar das Telefon entgegen. Keiner der Befragten, die z.T. über reichhaltige Erfahrungen mit Partnertreff-, Party- und Sex-Lines verfügten, war der Meinung oder hatte die Erfahrung gemacht, daß sich über das Telefon längerfristige soziale Beziehungen aufbauen ließen. Im Gegenteil: Die Klagen der Männer häuften sich, und die eigenen Erfahrungen der Forschungsgruppe bestätigten dies, daß sich in den telefonischen Kontaktdiensten, die ein unmittelbares sprachliches Reagieren verlangen, vor allem Männer tummeln, Frauen hingegen 'Mangelware' sind. Solch vergebliches Bemühen veranlaßte die interviewten Männer aber offenbar nicht dazu, erfolgversprechendere Wege aus der Einsamkeit zu suchen. Ganz im Gegenteil; das vergebliche Bemühen kann zum Einstieg in einen akustischen Voyeurismus (vgl. insb. Interview J in III.3.2.2) oder in eine gewohnheitsmäßige Nutzung des Telefons für parasoziale Interaktionen ohne Aussicht auf Erfolg werden (vgl. alle Interviews J-O, mit Ausnahme von Frau K in III.3.2.3). Das Telefon erhält somit eine parasoziale Funktion, die - ähnlich wie beim Fernseher - Einsamkeit stabilisieren hilft, indem man mit Hilfe des Mediums sich kurzfristig aus dem Gefühl der Einsamkeit flüchten kann. Was beim Fernseher passiv geschieht, geschieht beim Telefon interaktiv. Ein Fort-Schritt, ein Fortschreiten aus der Einsamkeit gelingt nur dort, wo das Medium aktiv zur Änderung der Lebenssituation und Einstellung genutzt wird (Interview A und K).

Der Hinwendung zu sich selbst, der Selbstsorge 'souci de soi' (Foucault), gingen bei unseren Befragten sehr drastische Einsamkeitserfahrungen voraus (Interviews A,B,D,E in II.3.2). Diese waren so existentiell und schmerzlich, daß die sonst üblichen Möglichkeiten der Ablenkung und Unterhaltung versagen mußten. So entstehen in der bewußten Auseinandersetzung mit Einsamkeit Weisen des Umgangs mit sich selbst, in denen ein neues Verhältnis zu sich selbst entwickelt wird: Die schmerzliche Trennungserfahrung wird transformiert, indem die Hinwendung zu sich selbst gesucht wird: Natur, Tanz und Bewegung, Familiengründung, ja selbst ein bewußter und inspirierender Umgang mit dem Fernseher können die äußerlich sichtbaren Hilfen auf diesem Weg und Zeichen dieser Entwicklung sein.

Der dritte Weg bedeutet die Transzendierung des Ich und dessen Auf-Hebung in einem größeren Ganzen, in einem spirituellen Selbst, das alles Geschaffene und Gewordene mit einschließt. Auch dieser Weg deutete sich in unserer Untersuchung an. Im Gang durch die Literatur wurde er in der Forschungsgruppe z.T. mit großer Mühe, ja z.T. Abneigung, im Fall einer Teilnehmerin mit der Souveränität therapeutischer Vorerfahrungen (I.1.2.1-1.2.6) gesucht und vermittelt. Wie sehr gerade dieser dritte Weg latent im Bewußtsein der Beteiligten angelegt ist, ist aus der Wahl des zweiten Themenschwerpunktes ersichtlich, dem Verhältnis von "Einsamkeit - Fernsehen - Spiritualität". Gefunden wurde das Thema in der Wohnung eines Mitglieds der Forschungsgruppe, einer Therapeutin und zugleich der Ältesten im Lehrforschungsprojekt. Die spirituelle Ausstrahlung, die die Räume prägte, genügte, um diese Frage ins Bewußtsein zu bringen. Im Fortgang der Arbeiten wurde dann immer deutlicher, daß jener dritte Weg wohl geahnt, nicht jedoch gedanklich, gefühlsmäßig oder intuitiv begriffen wäre. Er blieb, trotz aller Annäherung (vgl. Interviews F und G), letztlich noch dem Bewußtsein unzugänglich, latent. So wurden Annäherungen gesucht: z.B. indem gefragt und geforscht wurde, ob das Fernsehen spirituelle Funktionen übernimmt, indem es durch Alltagsrituale dem Leben Halt und Rhythmus vermittelt.

10. Einsamkeit aus dem Unbewußten ins Bewußtsein zu heben erfordert Mut, Entschlossenheit und Kraft, der bedrohlichen Fratze der Einsamkeit bzw. sich selbst ins Gesicht zu sehen. Wo dem nicht ausgewichen werden konnte (Interviews A,C,E,F,K), kann daraus reicher Lohn erwachsen: ein - trotz aller Brüchigkeit - souveränerer, angstfreierer Umgang mit sich selbst, getragen von dem Wissen, daß die tiefsten Tiefen der Einsamkeit durchschritten werden können, ohne darin unterzugehen. Wo dieser Schritt nach vorn zu sich selbst hingegen ausbleibt, wo Mann oder Frau steckenbleiben in der Vermeidungsstrategie oder der Fratze Einsamkeit nur halbherzig ins Gesicht blicken, haben die Medien offenbar ein besonders leichtes Spiel. Von Eskapismus bis Sucht im Umgang mit Fernsehen und Telefon finden wir in den wenigen Interviews

alle Reaktionsformen. Wo die Konfrontation mit sich selbst und dem ureigensten Bedürfnis nach Überwindung von Einsamkeit, Vereinigung, Verschmelzung und Transzendenz vermieden wird, können - und auch dafür bieten die Interviews vielfältige Hinweise - Unzufriedenheit, Ärger, Not, ja z.T. ein tiefes Gefühl der Verzweiflung und der Ohnmacht entstehen.

11. Sucht und Ohnmacht der einen ist die Basis für den Profit der anderen. So können wichtige Akteure der Mediengesellschaft aus der Angst von Menschen vor Allein-Sein und Einsamkeit offenbar reichlich Profit schlagen (III.2.1). Unsere Ergebnisse deuten an, daß Gefühle des Allein-Seins und der Einsamkeit anscheinend einer der wichtigsten Nährböden für Mediennutzungen sind. Dies gilt nicht nur für die Nutzung der Massenmedien, sondern, wie diese Untersuchung am Beispiel der telefonischen Kontaktvermittlung zeigt, auch für die interaktiven Medien. Kontaktdienste sind ein Spezialfall der Telefonnutzung, und doch dürften sie für unseren Problemzusammenhang nur die Spitze des Eisbergs darstellen: Wieviel der alltäglichen Telefon-, Computer-, Radio- und sonstigen Mediennutzungen im privaten und z.T. im beruflichen Alltag lassen sich wohl dem Konto der Einsamkeit und des Allein-Seins gutschreiben? Daß Postreform und Deregulierungsmaßnahmen die Weichenstellungen für dieses besonders einträgliche Geschäft mit der Einsamkeit lieferten, unterstreicht nur den Trend der Akteure der Mediengesellschaft, jede menschliche Befindlichkeit und Sehnsucht für kommerzielle Zwecke zu mißbrauchen und daraus Profit zu schlagen.

12. Was also ist die Botschaft? Soll es - angesichts eines immer weiter ausufernden profitorientierten Medienangebots zu Änderungen kommen, so scheint der Rekurs auf die politisch Verantwortlichen immer weniger zu greifen. Medienangebote können nur dann daran mitwirken, Einsamkeitsgefühle zu verstetigen und vielleicht sogar zu intensivieren, wenn die Ich-Stärke oder auch die Selbstliebe nicht ausreichen, um sich auf das eigene Ich (Mensch), das soziale Gegenüber (Welt) und das große Ich (Gott) einzulassen. Jede Umkehr, jede Änderung beginnt daher bei sich selbst, bei der Ent-Wicklung von Selbst-Liebe. Dies erfordert Mut, mit den eigenen Verletzungen umzugehen, Askese oder 'Fasten' dort, wo Mediensucht entstanden ist, und eine Zeit der Prüfungen, Versuchungen und Ambivalenzen, während derer sich allmählich ein ge-

festigteres Ich herausbildet, das einen souveräneren Umgang mit den verführerischen Kräften der Mediengesellschaft erlaubt. Geschieht eine solche Umkehr nicht und schaukelt sich in einem Menschen das Gefühl von Einsamkeit und Eskapismus im Umgang mit Medien immer weiter hoch, so können Lebensphasen auftreten, in denen das seelisch Verdrängte mit großer Macht zurückkehrt und körperlich-seelisch-geistig sein Recht fordert: das Recht auf Änderung, Umkehr oder auch Vertiefung des Leidens.

Wenden wir uns also der ungebetenen Besucherin Einsamkeit zu. Betrachten wir sie als unsere Freundin, die uns lehren kann, was die Kunst des Lebens ausmacht: die existentielle Einsamkeit des Menschen anzunehmen und zu wissen, daß nur die Kraft der Liebe uns aus der Einsamkeit herausführen kann. Es ist nicht die Liebe, die sich im Sehnen nach körperlicher Berührung und Austausch erschöpft, sondern jene Liebe, die alles Geschaffene und alles Gewordene annimmt und sich mit ihm verbunden weiß und fühlt: mit mir selbst ebenso wie mit der Mitwelt der Menschen, Pflanzen, Tiere und dem ganzen Kosmos, an dem ich teilhabe und in dem ich existiere.

Anhang

I. Entwicklung des Interviewleitfadens für Teil II.3 zum Verhältnis von Einsamkeit, Fernsehen und Spiritualität

a) Persönliche Lebenssituation
b) Fernsehkonsum
c) Einsamkeit
Einsamkeit und Fernsehen
d) Spiritualität
Spiritualität und Einsamkeit
Spiritualität und Fernsehen

zu a)
Wohnsituation / Alter / Geschlecht / Mobilität / Finanzielle Möglichkeiten / Regelmäßige Tätigkeiten (berufliche, Freizeit außer Medien) / Soziale Netzwerke / Kontakte / Bezugspersonen

zu b)
technische Austattung bzw. Austattung mit Medien

Wie lange läuft der Fernseher (werktags/feiertags)?
Wie verteilt über den Tag?
Wieviel dieser Zeit wendest Du Dich dem Fernseher aufmerksam zu?
Was veranlaßt Dich, den Fernseher einzuschalten?
Gibt es bestimmte Rituale/Gewohnheiten in bezug auf Deinen Fernsehkonsum?
Zeit/Anlaß/Sendung/Gefühle/Situation/ ...
(Erläutere in wenigen Stichpunkten die wesentlichen Elemente!)

Was symbolisiert der Fernseher für Dich, in einem Bild, in einem Satz?
Welches Gefühl verbindest Du mit diesem Bild?

zu c)
Kennst Du Einsamkeit?
Was bedeutet Einsamkeit für Dich?

In welchen Situationen?
Wie gehst Du damit um? Nenne konkrete Beispiele.

Hat der Fernseher dabei eine besondere Rolle?

zu d)
Was ist für Dich Spiritualität / Religiosität / Transzendenz?
Wie erlebst Du die Reaktion Deiner Umwelt auf spirituelle Fragen?

Gibt es spirituelle / religiöse / transzendente Antworten auf Einsamkeit?

Schnittpunkt: Möglichkeit zur Aufhebung der Einsamkeit in der Transzendenz oder nicht?
Wenn ja, was für eine Möglichkeit?

Hat hier das Fernsehen eine Funktion? Wenn ja, welche?
Wenn ja, welche Sendungen wählst Du aus?
Glaubst Du, daß Sendungen Sinnangebote machen?
Welche Sendungen? Welche Angebote?

Zentrale Schluß- bzw. Zwischenfrage: "Gibt es etwas Wichtiges, was ich vergessen habe?"

II. Transkriptionen der Gespräche mit telefonischen Kontaktdiensten

Transkription Party-Line

"Sprechen Sie mit interessanten Leuten..."
Gesprächsdauer: 9:28 min. / 130 Einheiten
Kosten: DM 29,90

Abkürzungen:
T: Testanruferin
O: Operator (weibliche Stimme)
S1...S6: Stimmen der anderen Chat-Nutzer (männliche Stimmen)
Sx: nicht zu identifizierende männliche Stimme
F: *Der Floh* (männliche Stimme)

O: Hallo, Willkommen zur Party-Line.
T: Hallo.
[nicht zu verstehendes Stimmengewirr im Hintergrund]
T: Hallo.
S1: ...wenn man Dir 'nen Zentimeter abschneidet, hast Du ja 'n Loch im Bauch.
S2: Oh, dat is' schlimm.
S3: Hier is' der Peter.
T: Hier ist die Traudl.
O: Peter.
[nicht zu verstehendes Stimmengewirr im Hintergrund]
O: Oh, wer is'n das?
[nicht zu verstehendes Stimmengewirr im Hintergrund]
T: Oh, wer is'n da?
[nicht zu verstehendes Stimmengewirr im Hintergrund]
T: Wer is'n hier alles in der Linie?
S4: Hier ist der Robert.
S3: Hier is' der Peter.
T: Aha, und ich bin die Traudl.
S5: Roberto!

S4: ...und ich bin der Robert.
[nicht zu verstehendes Stimmengewirr im Hintergrund]
T: Robert, grüß Dich.
[nicht zu verstehendes Stimmengewirr im Hintergrund]
T: ... und von wo ruft Ihr an?
S6: Ich such' en geiles Mädchen, was mich zurückrufen möchte bitte.
T: Aha, und gibst Du auch Deine Nummer?
S6: Ich komm' zurück.
T: Gibst Du denn auch Deine Nummer? Gibst Du denn auch Deine Nummer aus?
S5: Fünf, sechs, sieben - wo is' denn der Robert geblieben.
[nicht zu verstehendes Stimmengewirr im Hintergrund]
T: Aah - ich versteh' euch so schlecht.
S5: ...Fotzenjäger.
S4: Bärbel - bist Du noch da?
T: Ich bin noch da.
[nicht zu verstehendes Stimmengewirr im Hintergrund]
S5: Ich bin raus, ich bin so schüchtern.
S3: Quatscht nich' alle durcheinander. Ihr seid ja viel zu sex drauf.
T: Kann ja hier nich' jemand die Moderation mal übernehmen?
[Pause]
[nicht zu verstehendes Stimmengewirr im Hintergrund]
S5: Wir brauchen einen Moderator!
O: Is' is' is' die ... is' is' is' da 'n die andere Mädel noch da?
T: Ich?
O: Ja, wie heißen denn die Mädels zum ers'mal.
T: Also, ich bin die Traudl.
O: Die wer?
T: Die Traudl.
Sx: Hier bin ich.
S5: Hallo Traudl.
T: Grüß Dich.
Sx: Trabel! Fabel!
Sx: Samma Du!
O: Die, die heiß' doch nich' Trabel. Traudl heißt er, oder?

T: Traudl, richtig.
[nicht zu verstehendes Stimmengewirr im Hintergrund]
S4: Kann man nich' beide schalten.
Sx: Ihr seid alle ganz schön unruhig.
O: Das muß ich ja mal fragen zum ers'mal.
T: Und wie heißt Du?
O: Wer möchte mit'm Traudl privat schalten?
[verschiedene Männerstimmen melden sich; nicht zu verstehendes Stimmengewirr im Hintergrund]
O: Ey, eins nach'm ander'n bitte doch, bitte, bitte, bitte.
Sx: Ein Chaos jetzt hier.
S4: Robert spricht hier.
[nicht zu verstehendes Stimmengewirr im Hintergrund]
O: Traudl möchst' gern mit'm Robert privat reden?
T: Ja klar!
O: Robert?
Sx: Mit mir privat reden.
S4: Ja, ich möchte auch.
T: Du möchtest auch, also sind die anderen dann jetzt mal still?
Sx: Nein, ich möchte auch nicht, ha ha.
O: Jungs, eins nach'm ander'n doch bitte. Laß die Traudl doch ers'ma' was sagen. Stellt Euch doch ma' ers'ma' nach'm ander'n vor. Wie Ihr heißt, wie alt Ihr seid...
T: Richtig, richtig.
O: ...damit sie weiß, mit wem sie privat schalten will.
T: So, also jetzt wüßt' ich...
[nicht zu verstehendes Stimmengewirr im Hintergrund]
T: ...ich wüßt'...
Sx: Ich bin 29 Jahre alt...
[nicht zu verstehendes Stimmengewirr im Hintergrund]
O: Hey, hey ,hey, hey eins nach'm anderen.
T: Also, Ihr seid mir zu kompliziert. Das ist zu schwierig, ich geb' auf. *T*schüss.
O: Nein, Moment'chen Traudl.
T: Nee, ich hab' keinen Bock mehr...
O: Traudl, ich leg' Dich mit'm Robert, ja?

T.: Wer bist Du denn?
S1: Seid mal ruhig, Ihr Lümmel!
O.: Jungs, Jungs seid doch ma' ruhig. Eins nach'm ander'n bitte. Laß' die Traudl ers' ma' was sagen.
T: Ja, ich, ich...
[nicht zu verstehendes Stimmengewirr im Hintergrund]
O.: Ey, ey ruhig, ruhig Jungs.
T.: So ich wüßt' gern...ich wüßte gerne mal, wer Du bist. Wieso kannst Du uns denn zusammenlegen?
O: Mit wem will'ste zusammen?
T: Ich würd' gern mit dem Robert, aber wie...
O: Mit'm Robert?
T: Ja.
O.: O.k., Robert, willst Du mit'm Traudl zusammen privat reden, ja?
[Pause]
O.: Robert?
Sx: Is' der Robert nich' mehr da, oder wie?
O.: Doch Robert, bist' noch da?
[Pause]
S4: Natürlich bin ich da, ich möcht' gern sprechen.
T.: Ja.
S5: Wat' is' los Roberto?
O.: O.k. Ich tu' Euch privat schalten, Moment.
[Pause]
Sx: Ach, ist das schön.
T.: Und wie geht das jetzt?
O.: Jetzt seid Ihr privat.
T.: Ach jetzt können wir beiden' zu zweit weiterreden?
O.: Ja genau, und wenn Ihr nich' mehr, also wenn Ihr, bevor Ihr aufhängt, Ihr wollt vielleicht noch ma' ins Pool rein, drück' doch einfach null auf dein Telefonnummer...
T.: Ja, ja, ja, dann geh' ich wieder zurück in den Pool...
O.: In den Pool rein, mit die ander'n, ja mit die ander'n wieder verbinden. Oder wenn Du aufhängst mußt Du wieder reinrufen.
T.: Und Du gehörst zu der Firma und Du verbindest uns?

O.: Genau.
T.: Aha, o.k..
T.: Dann bist Du jetzt draußen ?
O.: Ja, ich geh jetzt raus. Ich laß' Euch jetzt alleine.
T.: O.k.
O.: Tschüs!
T.: So Tschüs! Hallo Robert!
F.: Hier ist nicht der Robert, sondern der Floh.
T.: Der Floh!?! Und wer ist der Floh?
F.: Ja!
T.: Erzähl' mir mal!
F.: Susi?
T.: Nö! Der Floh, der hüpft?
F.: Die Nicole?
T.: Ich bin nich' Nicole. Ich bin die Traudl.
[Pause]
F.: Traudl?
T.: Ja! Haste Dich wohl geirrt?
F.: Sowas!
T.: Ja ! Also Du...
F.: Ich hätte jetzt gedacht, äh...
T.: ...Puuh!
F.: ...Ich dacht', du wärst Operator.
T.: Nee, ich bin nicht Operator. Ich hab' nur gesagt, ich will 'nen Operator...
F.: Bisse nich'?
T.: Nö! Wer bist Du denn?
F.: Das ist interessant.
T.: Ja, erzähl' mir doch 'mal, wer Du bist.
F.: Ja, also ich bin der Floh.
T.: Du bist der Floh, und?
F.: Und ich bin auf der Suche nach einer, ich bin auf der Suche nach einer Ameise.
T.:(lacht) Du bist auf der Suche nach einer Ameise. Das klingt ja richtig spannend. Und nun?
F.: Ja! Ja ich wohn' im Wald.

T.: Du wohnst im Wald! Und?
F.: Und manchmal wohn' ich auch bei den Menschen.
T.: Aha.
F.: Und zwar versteck' ich mich dann oft so in, äh, Hundefell.
T.: In Hundefellen? Ich hoffe, Du suchst Dir angenehme Hunde aus.
F.: Jaja, ganz genau.
T.: Was sind denn die Hunde, die Du magst?
F.: Mmmh. Och diejenigen, die 'n dickes Fell haben.
T.: Die, die 'n dickes Fell haben. Das, äh, klingt ganz vernünftig, ja. Und, ähm, was macht der Floh dann, wenn er, äh, so 'n dickes Fell findet?
F.: Ja dann fühlt er sich erstmal wohl. Ja und dann juckt er den Hund so 'n bißchen.
T.: Aha.
F.: Und, ääh, je nachden wie er sich so fühlt, also entweder relaxed er in dem Fell, und schläft, ruht sich aus ...
T.: Aha.
F.: ... oder krabbelt so 'n bißchen 'rum.
T.: Aha, aha. Sag ma', und in welcher, äh, Region dieses Landes trabt, äh, der Floh in den Fellen der Hunde?
F.: Ich weiß gar nicht so genau, wo das is', ich kenn' die Orte ja alle nicht, woll. Ich bin da, äh, ich bin da nicht so bewandert, da wo ich, äh, herkomme, da gibt es nicht so sehr weit weg, manchmal fahrn' 'wer mit'm Auto dahin, der Hund darf dann mit, äh, da gibt's so Berge.
T.: Aha.
F.: Und Seen.
T.: Aha. Du bist 'n Romantiker.
F.: Ganz schön da.
T.: Ja. Sag mal, äh, und wie geht' s jetzt, wie geht' s jetzt weiter? Das ist ja alles ganz schön teuer hier, nicht ? Äh, also, das Telefon läuft und läuft. Machst Du sowas häufiger?
F.: Ja, mal gelegentlich.
T.: Mal gelegentlich.
F.: So, äh, es geht ja auch immer, ich bin, ich muß das ja nich' bezahlen, sondern das bezahlt das Herrchen von meinem Hund.
T.: Oh! D', Du, äh, Du telefonierst schwarz.

[Pause]
F.: Ja, äh, also ich bin ja wie gesagt oft bei diesem einen Hund da im Fell, und der Hund hat 'n Herrchen, und das Herrchen muß natürlich das Telefon bezahlen.
T.: Sag' einmal, wie alt bist'n Du, Floh?
[Pause]
F.: Zweieinhalb.
T.: Zweieinhalb. Das ist noch ziemlich klein, ne? Bis' noch in 'n Windeln?
F.: Ja, öh, also ich mein' die Lebenserwartung von Flöhen liegt so bei vier.
T.: (lacht) Bei der Lebenserwartung von Flöhen bist'e vier. Ja also Du hast, ja, äh, also, und wie krieg' ich nu' 'raus, ob ich diesen Floh kennenlerne?
[Pause]
F.: Tja, das is' natürlich schwierig. Es gibt so viele Flöhe weltweit.
T.: Is', äh.
F.: Kann ich nich' sagen.
T.: Du meinst, wir lassen des lieber beim Telefon.
F.: Bitte?
T.: Du meinst, wir lassen das lieber einfach nur beim Telefonat.
F.: Ich weiß es nicht. Wo kommst'n Du her?
T.: Pfff. Du, ich lebe in der Mitte Deutschlands. Sozusagen im...
F.: Mitte Deutschlands?
T.: ... in der Mitte Deutschlands!
F.: Die ist ja auch ziemlich umfangreich.
T.: Das ist richtig. Aber Du rückst ja auch nicht 'raus. Also...
F.: Bitte?
T.: Du rückst ja auch nicht 'raus.
[Pause]
F.: Ich versteh' Dich jetzt grad' nich'.
T.:[lauter] Ich habe gesagt, Du rückst ja auch nicht 'raus, wo Du lebst. Warum soll ich Dir mehr sagen?
F.: Ich komm' aus München.
T.: Du kommst aus München!
F.: Aus München kommt der Floh!
T.: Aus München kommt der Floh. Is' ja eigentlich 'ne ganz schöne Stadt. Ja, also lieber Floh, entscheide mal. Äh, die Herren müssen zuerst den Cover

'runterlassen; die Frauen sind wenn dann die zweiten. Also wenn de willst, mußt du jetzt als erster den Cover 'runterlassen.

[Pause]

F.: Den Cover soll ich 'runterlassen?

T.: Ja klar! Du em, ich hab so' n Telefon mit 'nem Gebührenzähler, ich bin jetzt hundert, äh, Einheiten drin.

[Pause]

F.: Ich weiß, ja is' ganz schön teuer.

T.: Eben. [Pause] Oder soll'n wer uns...

F.: ...lieber anrufen.

T.: Äh, ich denke Du fängst an und gibst mir deine Nummer; und dann kann ich mich entscheiden, ob ich Dich anrufe.

F.: Nee, das geht leider nicht, Du.

T.: Das geht nicht? Tja.

F.: Nee...

T.: Tja. So' n Pech. Da müssen wir das jetzt aufgeben. [Pause] Entscheide gut. Hast' n Freund?

F.: Bitte?

T.: Hast'n Freund, wo de die Nummer angeben kannst? Wenn de schon da bei deinem Herrchen schwarz telefonierst.

F.: Jetzt bin ich, äh, Du, ich bin im Auto, ich bin im Auto gerade. Du, ich kann Dich teilweise ganz schlecht verstehen. Was hab ich, Zeit?

T.: Täähh, ich hab gesagt, ob De 'n Freund hast, dessen Nummer Du angeben willst. Das ist ja 'n bißchen schwierig, wenn Du auf fremde Kosten telefonierst, also Du hast jetzt noch die Wahl.

[Pause]

F.: Das war doch gerade 'n Scherz mit dem Floh.

T.: Das hab' ich schon verstanden. Aber nichtsdest...

F.: Also gut o.k., ich muß, ich muß das schon selber bezahlen das Telefongespräch.

T.: Ach das mußt Du doch. Aha, gut, und warum kannst Du dann die Nummer nicht angeben?

F.: Pfff.

T.: Willst'e nich'?

F.: Weil das alles noch etwas ungünstig ist. Weil mit dem Auto fahr' nich' nur ich.

T.: Ach so! Deine Frau, he?

F.: Jaah!

T.: Ja! So ein Scheiß! Ja! Das ist natürlich Pech.

F.: Ja!

T.: Ja, lieber Floh, ja, dann hatten wir einen guten Chat und hören einfach an dieser Stelle auf?

F.: Ja o.k.!

T.: O.k.?

F.: Kein Problem!

T.: Tschüs.

F.: Ja.

T. legt auf.

Transkription Partnertreff-Line

"Der telefonische Partnertreff"
Gesprächsdauer: 5:28 min. / 28 Einheiten
Kosten: DM 6,44
Anbieter: LEGION

Abkürzungen:
SC: Sprachcomputer/Audiotex (weibliche Stimme)
T: Testanrufer

[ca. 6 Sek. Musik]
SC: Hallo und willkommen zum Partnertreff - Ihrem heißen Draht zu neuen Bekanntschaften. Wenn Sie nähere Informationen zum Ablauf dieses Service, zu den Telefongebühren und zum Anbieter hören möchten, dann sagen Sie bitte ja, ansonsten sagen Sie bitte nein.
T: Nein.
SC: Noch ein kurzer Hinweis. Sagen Sie bitte immer zwo statt zwei, damit unser Computer Sie richtig versteht. Jetzt haben Sie folgende Möglichkeiten.
Eins: Sie können sich die Anzeigen anderer anhören und eventuell darauf antworten.
Zwo: Sie können eine eigene Anzeige sprechen, auf die dann andere antworten können.
Oder drei: Sie können nachprüfen, ob auf eine von Ihnen gesprochene Anzeige bereits Anworten eingegangen sind und sich diese anhören. Sagen Sie einfach nur die Ziffer Ihrer Wahl.
T: Eins.
SC: Dankeschön. Sie möchten gerne die Anzeigen anderer hören, um darauf zu antworten. Suchen Sie eine Partnerin, dann sagen Sie bitte eins. Suchen Sie einen Partner, dann sagen Sie zwo. Wenn Sie einen gleichgeschlechtlichen Partner suchen , dann sagen Sie einfach drei.
T: Eins.
SC: Aus welcher Region suchen Sie eine neue Bekanntschaft? Für das Gebiet Köln, Bonn, Aachen sagen Sie bitte eins. Für Düsseldorf, Niederrhein, Bergi-

sches Land zwo. Für das Ruhrgebiet drei. Für das Münsterland vier. Für Südwestfalen fünf oder für den Raum Koblenz die sechs.
T: Drei.
SC: Jetzt können Sie wählen, aus welcher Altersgruppe Sie einen Kontakt wünschen.
eins: bis zu 20 Jahren
zwo: zwischen 21 und 30 Jahren
drei: zwischen 31 und 40 Jahren
oder vier: über 40 Jahren.
Nennen Sie bitte die entsprechende Ziffer.
T: Zwo.
SC: Fassen wir noch mal zusammen:
Sie suchen eine Partnerin zwischen 21 und 30 Jahren aus dem Ruhrgebiet. Wenn das so richtig ist, dann sagen Sie ja. Ansonsten sagen Sie nein, dann können Sie Ihre Auswahl noch einmal neu treffen.
T: Ja.
SC: O.K., hier sind die Anzeigen, die zu Ihrer Auswahl passen.
1. Anzeige:
Hallo, ich heiße Daniela und ich wohne in Hagen. Nach einer sehr schweren Enttäuschung suche ich auf diesem ungewöhnlichen Wege einen lieben treuen Partner, der mit mir bereit ist, durch dick und dünn zu gehen. Ich habe ein kleines Baby. Also wenn Du kinderlieb bist, dann bist Du bei mir willkommen. Ich bin 26 Jahre alt, ich habe dunkelblondes Haar. Ich bin schlank. Ich hab grüne Augen. Die, die mich kennen sagen, daß ich gut aussehe, obwohl ich jetzt ein paar Pfund abgenommen habe. So, wie gesagt, ich suche einen Partner, nicht nur für heute, für morgen, für immer. Er soll auch gut aussehen, er soll auch zwischen 25 und 31 Jahren alt sein, gut aussehend, gut gebaut, lieb und treu sein. Alles andere besprechen.
SC:Wenn Sie die Anzeige noch einmal hören möchten, dann sagen Sie drei. Wenn Sie eine Nachricht auf diese Anzeige hinterlassen möchten, sagen Sie eins oder Sie sagen zwo, um die nächste Anzeige zu hören.
T: Zwo.
SC: O.K., hier ist die nächste Anzeige.

2. Anzeige:
Hallo, ich bin die Skorpion-Frau Nicole aus Hamm. Sternzeichen sind mir eigentlich egal. Aber ich suche das passende Gegenstück. Ich bin 19 Jahre alt, mittelgroß und habe meine Stärken und Schwächen. Wohnst Du in meiner Nähe, bist groß, dunkelhaarig und nett, solltest Du mir eine Nachricht hinterlassen. Ich würd' mich freuen. Tschüüüühhs.
SC: Wenn Sie die Anzeige noch einmal hören möchten, dann sagen Sie drei. Wenn Sie eine Nachricht auf diese Anzeige hinterlassen möchten, sagen Sie eins oder Sie sagen zwo, um die nächste Anzeige zu hören.
T:Zwo.
SC: O.K., hier ist die nächste Anzeige.
3. Anzeige:
Hallo, ich heiße Heidi, bin 27 Jahre alt und wohne im Kreis Unna. Ich sitze jeden Abend mit meiner dicken großen Micky Maus allein' vor'm Fernseher. Und wenn Du gerne meine Micky Maus sein möchtest, dann hinterlasse doch bitte hier eine Nachricht. Ich rufe dann auch zurück.
SC:Wenn Sie die Anzeige noch einmal hören möchten, dann sagen Sie drei. Wenn Sie eine Nachricht auf diese Anzeige hinterlassen möchten, sagen Sie eins oder Sie sagen zwo, um die nächste Anzeige zu hören.
T: Zwo.
SC: O.K., hier ist die nächste Anzeige.
4. Anzeige:
Hallo, ich heiße Heidi, bin 27 Jahre alt und wohne im Kreis Unna. Ich sitze jeden Abend mit meiner dicken großen Micky Maus allein' vor'm Fernseher. Und wenn Du gerne meine Micky Maus sein möchtest, dann hinterlasse doch bitte hier eine Nachricht. Ich rufe dann auch zurück.
T. legt auf.

Transkription Sex-Line

"Wild"
Gesprächsdauer: 4:32 min. / 62 Einheiten
Kosten: 14,26 DM

[Weibliche Stimme vom Band]:
Hallo. Schön, daß Du anrufst. Jetzt werden wir uns ein aufregendes erotisches Vergnügen leisten. Und danach verrate ich Dir noch ein paar andere heiße Nummern. Jetzt aber zu uns.
Hallo Schatz. Du hast mich geweckt. [Gähnen] Ich habe gerade geträumt. Aber gut, daß Du kommst. Der Traum war nämlich etwas aufregend. [Stöhnen] Na ja, so, daß ich jetzt jemanden hier bei mir brauche, der mich streichelt, der mich zärtlich und heiß...[Stöhnen] Soll ich Dir erzählen, was ich geträumt habe? Ich stehe in diesem großen teuren Kaufhaus, der Abteilung für Damenoberbekleidung. [Stöhnen] Du stehst neben mir. Du hast versprochen, mir ein schönes Kostüm zu kaufen, weil ich Dich immer so zufriedenstelle. [Stöhnen] Ich suche mir eins aus. Graue Nadelstreifen, sehr streng und der Rock ist seehr kurz. [Kichern] Ich weiß, daß Du das magst, wenn die ganze Welt sehen kann, daß ich Strapse unter meinem Rock trage. [Stöhnen] Jedenfalls gehe ich in eine der Umkleidekabinen, um das Kostüm anzuprobieren. [Stöhnen] Plötzlich geht der Vorhang auf. Du stehst hinter mir, legst mir den Finger auf die Lippen, ziehst meinen Slip runter und ohne ein weiteres Wort schiebst Du mir Dein pulsierendes Schwert in meine hoffnungsvolle fleischige Pforte. [Stöhnen] Ich bin verrückt vor Erregung. Denn hier in diesem Kaufhaus, wo uns jeder erwischen könnte, macht es mich besonders heiß, von Dir... [Stöhnen] Na ja, Du weißt schon. [langes Stöhnen] Ich kann nicht mehr. [heftiges Stöhnen] Jetzt nimmst Du meinen Kopf und zwingst mich mit sanfter Gewalt auf den Boden. Und unnachgiebig näherst Du Dich meinem Mund [Stöhnen] Meine Augen werden ganz groß, denn ich fürchte fast, Deine Kraft unterschätzt zu haben. Aber ich öffne jetzt meine feuchten Lippen und schließe sie zärtlich, aber bestimmt um Deinen harten Muskel. [Stöhnen] Oh, das tut gut. [Stöhnen] Zu spüren, daß Du ebenso erregt bist, wie ich. Zu spüren, daß Du kurz davor bist, durch einen nicht unterdrückten Lustschrei das halbe Kauf-

haus zu alarmieren. Oh, jetzt will ich das Ergebnis meiner Bemühungen sehen. [langes Stöhnen] Ich nehme meinen Slip in die Hand und reibe ihn an Dir. Immer hin und her, bis Du Dich nicht mehr zusammenreißen kannst und mir beweist, daß Du der richtige Mann für mich bist. [langes Stöhnen, Kichern] Jetzt wische ich Dich mit meinem Minislip ab, stecke ihn in die Handtasche. Du bist schon aus der Umkleidekabine gegangen und ich folge Dir unauffällig. Das war doch mal eine nette Kostümanprobe. [Kichern] Und ich bin schon wieder soweit, daß ich über Dich herfallen könnte. Nächstes mal in der Herrenabteilung. [Kichern] Tschau.
Aufgelegt.

peramentvoll, der mit Charakter ausgleicht, was ihm an "Schönheit" fehlt (reichlich behaart), sucht Ihn bis 45 J., männlich, dominant, der sich gern verwöhnen läßt. Bei gegenseitiger Sympathie und ähnl. Ansichten ist eine feste Beziehung möglich. Foto wäre nett. Chiffre 2/186

Ausschneiden! Notieren! BO-YS: Die Party für Schwule findet 1995 jeden ersten Samstag im Monat statt im Kulturzentrum Bahnhof Langendreer, Wallbaumweg 108 in Bochum ab 22 Uhr. BO-YS EXTRA am Samstag, den 29. Juli: Oldie-Party, Musik älter als 5 Jahre. BO-YS EXTRA am 30. Dezember: Jahresabschiedsparty 1995! Das Team der Rosa Strippe freut sich auf Euren Besuch! Infos: 0234/19446

PROFIS bieten an

Literaturverzeichnis

Abarbanell, S.: Verhinderung und Segen. Zum Verhältnis von Kirche und Fern sehen. In: epd/Kirche und Rundfunk, Nr.10/11, 11.02. 1989

Anders, Günther: Die Antiquiertheit des Menschen. Über die Seele im Zeitalter der zweiten industriellen Revolution. München: C.H. Beck 1987 (Erstausgabe 1956).

Bartos, Burghard: Abenteuer Menschenrecht. Mahatma Ghandi. Wien: Überreuter 1989.

Baudrillard, Jean: Agonie des Realen. Merve: Berlin 1977.

ders.: Die Telekratie. In: Kaiser, Gert; Matejovski, Dirk; Fedrowitz, Jutta (Hg.): Kultur und Technik im 21. Jahrhundert. Frankfurt a.M./New York: Campus 1993, S. 255-265.

Bauschmid, Elisabeth: Auf dem Weg in eine neue Klassengesellschaft. In: Süddeutsche Zeitung, Nr.5, 7./8.1. 1995.

Beck, Klaus: Telefongeschichte als Sozialgeschichte. Die soziale und kulturelle Aneignung des Telefons im Alltag. In: Telefon und Gesellschaft, Bd. 1, 1989, S. 45-75.

Beck, Ulrich: Risikogesellschaft. Auf dem Weg in eine andere Moderne. Frankfurt a.M.: Suhrkamp 1986.

Becker, Jörg (Hg.): Telefonieren (Hessische Blätter für Volks- und Kulturforschung, Band 24). Marburg: Jonas 1989.

ders.: Aus der Geschichte lernen? Die Zukunft des Telefons. In: Ders. (Hg.): Internationale Fernmeldegeschichte, -soziologie und -politik. Berlin: Vistas 1994, S.410-423.

ders.(Hg.): Fern-Sprechen. Internationale Fernmeldegeschichte, -soziologie und -politik. Berlin: Vistas 1994.

Berger, Peter L.; Luckmann, Thomas: Die gesellschaftliche Konstruktion der Wirklichkeit. Eine Theorie der Wissenssoziologie. Frankfurt a.M. 1969.

Brecht, Bertold: Radiotheorie 1927-1932. In: Gesammelte Werke, Bd. VIII. Schriften 2: Zur Literatur und Kunst, Politik und Gesellschaft. Frankfurt a.M. 1967.

Brockhaus Enzyklopädie, Bd.VI, 1988.

Brouw, Niek: Wachstum in der Balance. Freiburg: Alf Lüchow 1990.

Buber, Martin: Die Erzählungen der Chassidim. Zürich: Manesse 1949.

ders.: Das Dialogische Prinzip. Heidelberg: Lambert Schneider 1984 (Erstausgabe 1965).
Buddemeier, Heinz: Illusion und Manipulation. Die Wirkung von Film und Fernsehen auf Individuum und Gesellschaft. Stuttgart: Urachhaus 1987.
ders.: Leben in künstlichen Welten. Stuttgart: Urachhaus 1993.
Bülow, Edeltraud: Der Wandel der Kommunikationsgemeinschaft durch die neuen Kommunikationstechniken. In: Ethik und Sozialwissenschaften. Heft 4/1995, S. 505-566 (inkl. Kritik und Replik).
Canibol, H.-P.; Krämer, R.; Pittscheidt, C.: Der Gebührenbetrug. In: Focus, Nr.50/1994, S. 244-250.
Canibol, H.-P.; Krämer, R.; Soldo, E.: Totschweigen statt aufklären. In: Focus, Nr.1/1995, S. 134-137.
Claisse, Gérard: Telefon, Kommunikation und Gesellschaft. Daten gegen Mythen. In: Telefon und Gesellschaft, Bd. 1, 1989, S. 255-282.
Coupland, Douglas: Generation X - Geschichten für eine immer schneller werdende Kultur. Hamburg: Verlag am Galgenberg 1992.
Dalai Lama: Eine Politik der Güte. Hrsg. v. Sidney Piburn. Olten: Walter 1992.
ders.: Das Buch der Freiheit. Die Autobiographie des Friedensnobelpreisträgers. Bergisch Gladbach: Bastei Lübbe 1993.
Darschin, Wolfgang; Frank, Bernward: Tendenzen im Zuschauerverhalten. Ergebnisse der GfK-Fernsehforschung für das Jahr 1985. In: Media Perspektiven 4/1986, S. 209-222 .
dies.: Tendenzen im Zuschauerverhalten. Fernsehgewohnheiten und Fernsehreichweiten 1992. In: Media Perspektiven 3/1993, S. 114-126.
Darschin, Wolfgang; Frank, Bernward: Tendenzen im Zuschauerverhalten. Ergebnisse der GfK-Fernsehforschung für das Jahr 1993. In: Media Perspektiven 3/1994, S. 98-110.
Das Neue Testament. Übersetzung v. Emil Bock. Stuttgart: Urachhaus 1980.
De-Te-Medien Abteilung 38: Statistiken: Anzeigen Dienste 10/93 - 01/94 Anz. je PIA 10/93 - 01/94; Anzeigen nach Wochentagen; Legion Anz. 10/93 - 01/94; CompuTel Anz. 10/93 - 01/94.
DeFleur, M.L.: Theories of Mass Communication. New York 1970.
Deleuze, Gilles; Guattari, Felix: Rhizom. Berlin: Merve 1977.
DER SPIEGEL, Nr.52 vom 26.12. 1994.
Die Bibel. Stuttgart: Deutsche Bibelgesellschaft 1982.

Diewald, Martin: Soziale Beziehungen: Verlust oder Liberalisierung? Soziale Unterstützung in informellen Netzwerken. Berlin: edition sigma 1991.

Dollmer, Udo; Fock, Andrea; Gonder, Ulrike; Haug, Karin: Prost Mahlzeit! Krank durch gesunde Ernährung. Köln: Kiepenheuer&Witsch 1994.

Dostojewskij, Fjodor: Schuld und Sühne. München: dtv 1990.

Dürckheim, Karlfried Graf: Übung des Leibes auf dem inneren Weg. München: Lurz 1981.

ders.: Durchbruch zum Wesen. Aufsätze und Vorträge. Bern/Stuttgart/Toronto: Huber 1988.

Eder, Anselm (Hg.): Risikofaktor Einsamkeit. Theorien und Materialien zu einem systemischen Gesundheitsbegriff. Wien/New York: Springer 1990.

Eisenstein, Sergeij M.; Pudowkin, Wsewolod I.; Alexandrow, Grigorij W.: Manifest zum Tonfilm. In: Franz-Josef Albersmeier (Hg.): Texte zur Theorie des Films. Stuttgart 1979 (Erstausgabe 1928).

Elbing, Eberhard: Einsamkeit. Psychologische Konzepte, Forschungsbefunde und Treatmentansätze. Göttingen 1991.

Elias, Norbert: Mozart. Hg. von Michael Schröter. Frankfurt a.M.: Suhrkamp 1991.

Elsner, Monika; Thomas Müller: Der angewachsene Fernseher. In: Gumbrecht, Hans Ulrich; Pfeiffer, K. Ludwig (Hg.) 1988; S. 392-415..

Eurich, Claus; Haen, Imme de (Hg.): Hören und Sehen. Die Kirche des Wortes im Zeitalter der Bilder. Stuttgart: Steinkopf 1991.

Faulstich, Werner: Medientheorien. Göttingen 1991.

Fielding, Guy; Hartley, Peter: Das Telefon. Ein vernachlässigtes Medium. In: Becker (Hg.) 1989, S.125-137.

Flensburger Hefte 33, 6/1991: Destruktive Kulte, Schwarze Magie, Sexualmagie.

Flensburger Hefte, Sonderheft 1, 1991: Partnerschaft und Ehe.

Foucault, Michel: Die Sorge um sich. Sexualität und Wahrheit 3. Frankfurt a.M.: Suhrkamp 1995 (Erstausgabe 1963).

Frank, Anne: Das Tagebuch der Anne Frank. Frankfurt a.M.: Fischer 1994 (Erstausgabe 1961).

Frankl, Victor E.: Das Leiden am sinnlosen Leben. Psychotherapie für heute. Wien: Herder 1991.

ders.: Trotzdem Ja zum Leben sagen. München: dtv 1992.

ders.: Der unbewußte Gott. Psychotherapie und Religion. München: dtv 1994.

Frey-Vor, Gerlind: Charakteristika von Soap-Operas und Telenovelas im internationalen Vergleich. In: Media Perspektiven 8/1990, S. 488-496.

Friedemann, Hermann (Hg.): Novalis' Werke in 4 Teilen. Bonn: Deutsches Verlagshaus 1908.

Fromm, Erich: Die Kunst des Liebens. Frankfurt a.M./Berlin: Ullstein, 1980

ders.: Gesamtausgabe. Bd.IV: Gesellschaftstheorie. Stuttgart: Deutsche Verlags-Anstalt 1980.

Geißner, Hellmut; Rösener, Rudolf (Hg.): Medienkommunikation. Vom Telephon zum Computer. Frankfurt a.M.: Scriptor 1987.

Genth, Renate; Hoppe, Joseph: Telephon! Der Draht an dem wir hängen. Berlin: Transit 1986.

Gesetz des Bundes zur Regelung der Rahmenbedingungen für Informations- und Kommunikationsdienste. Referentenentwurf, Stand vom 28.06.1996. In: ebd/Kirche und Rundfunk Nr. 59 vom 13. Juli 1996, S. 32-36.

Ghandi, Mahatma: Handeln aus dem Geist. Freiburg: Herder 1993.

Goethe, Johann Wolfgang v.: Das Märchen. Stuttgart: Freies Geistesleben 1985.

Groebel, Jo et al.: Bericht zur Lage des Fernsehens für den Präsidenten der Bundesrepublik Deutschland Richard von Weizsäcker. Bonn (mimeo) 1994.

Gruen, Arno: Der Verrat am Selbst. München: dtv 1986.

Gumbrecht, Hans Ulrich; Pfeiffer, K. Ludwig (Hg.): Materialität der Kommunikation. Frankfurt a.M.: Suhrkamp 1988.

Gutenberg, Norbert: "An alle Fernsprechteilnehmer". Sprechwissenschaftliche Anmerkungen zum Telephonieren. In: Geißner; Rösener (Hg.) 1987, S. 11-28.

Haberer, Johanna: Von der Kirchenbank zum Fernsehsessel. Haben die christlichen Mythen ausgdient? In: Eurich; de Haen (Hg.) 1991, S. 119-131.

Habermas, Jürgen: Theorie des kommunikativen Handelns. Band 1 und 2. Frankfurt a.M. 1981.

Hachmeister, Lutz: Kommunikationswelt als Medienwelt. Bemerkungen zur Ökologie der gesellschaftlichen Verständigung. In: Medium, Heft 1/1982, S. 3-8.

Hacker, Friedrich: Aggression. Die Brutalisierung unserer Welt. Frankfurt a.M./Berlin: Ullstein 1988.

Hammarskjöld, Dag: Zeichen am Weg. München: Knaur 1965.

Hasebrink, Uwe; Krotz, Friedrich: Wie nutzen Zuschauer das Fernsehen? Konzept zur Analyse individuellen Nutzungsverhaltens anhand telemetrischer Daten. In: Media Perspektiven 11-12/1993, S. 515-527.

Havel, Vaclav: Versuch in der Wahrheit zu leben. Reinbek: Rowohlt 1989.

Herodot: Historien. Bd. 1. Hrsg. von Josef Feix. München: Heimeran 1977.

Hesse, Jürgen; Schrader, Hans Christian: Auf einmal nicht mehr weiterwissen. Telefonseelsorge - ein Spiegel unserer Probleme. Frankfurt a.M.: Fischer 1988.

Hillesum, Etty: Das denkende Herz. Tagebücher 1941-43. Reinbek: Rowohlt 1985.

Höflich, Joachim R.: Telefon und interpersonale Kommunikation - Vermittelte Kommunikation aus einer regelorientierten Kommunikationsperspektive. In: Telefon und Gesellschaft, Bd.2, 1989, S. 197-220.

Höß, Rudolf: Kommandant in Auschwitz. München: dtv 1963.

Hofstadter, Douglas: Gödel, Escher, Bach - ein Endlos Geflochtenes Band. München: dtv 1991.

Holzer, Horst: Medien in der BRD. Entwicklungen 1970-1980. Köln 1980.

ders.: Massenkommunikation und Demokratie in der Bundesrepublik. Opladen 1969.

Horkheimer, Max; Adorno, Theodor W.: Kulturindustrie. Aufklärung als Massenbetrug. In: dies.: Dialektik der Aufklärung. Philosophische Fragmente. Frankfurt a.M. 1967 (Erstausgabe 1944).

Hunziker, Peter: Medien, Kommunikation und Gesellschaft. Einführung in die Soziologie der Massenkommunikation. Darmstadt 1988.

Janshen, Doris: Liebe. Zur politischen Dimension eines Gefühls. In: Universitas. Zeitschrift für Wissenschaft, Kunst und Literatur, Heft 6, 1988, S. 668-680.

Jaspers, Karl: Kleine Schule des philosophischen Denkens. München: Piper 1965.

ders.: Philosophie. Bd. 2: Existenzerhellung. München: Piper 1994.

Kaiser, Gert; Matejovski, Dirk; Fedrowitz, Jutta (Hg.): Kultur und Technik im 21. Jahrhundert. (Schriftenreihe des Wissenschaftszentrums Nordrhein-Westfalen; Bd. 1.). Frankfurt/New York: Campus 1993.

Keen, Sam: Die Lust der Liebe. Leidenschaft als Lebensform. Weinheim/Basel: Beltz 1985.

Kemper, Peter (Hg.): > Postmoderne< oder Der Kampf um die Zukunft. Frankfurt a.M.: Fischer 1988.

Kemper, Peter (Hg): Handy, Swatch und Party-Line. Zeichen und Zumutungen des Alltags. Frankfurt a.M./Leipzig: Insel 1996.

Keupp, Heiner; Bilden, Helga: Verunsicherungen. Das Subjekt im gesellschaftlichen Wandel. Göttingen: Verlag für Psychologie 1989.

Kiefer, Marie-Luise: Entwicklungstrends der Mediennutzung als Orientierungshilfe für aktuelle Planungsfragen. In: Media Perspektiven 3/1992, S. 188-198.

King, Martin Luther: Der Traum vom Frieden. Gütersloh: Mohn 1991.

Krüger, Udo Michael: Infos - Infotainment - Entertainment. Programmanalyse 1988. In: Media Perspektiven 10/1988, S. 637-663.

Krüger, Udo Michael; Zapf-Schramm, Thomas: Programmanalyse 1993 von ARD, ZDF, SAT 1, und RTL. In: Media Perspektiven 3/1994, S. 111-124.

Kühlewind, Georg: Die Wahrheit tun. Erfahrungen und Konsequenzen des intuitiven Denkens. Frankfurt a.M.: Fischer 1985.

ders.: Vom Normalen zum Gesunden. Wege zur Befreiung des erkrankten Bewußtseins. Stuttgart: Freies Geistesleben 1986.

Lang, Peter Christian: Wir wohnen alle in der Lindenstraße. In: Medien praktisch 4/1991, S. 23-24.

Lange, Ulrich; Beck, Klaus: Mensch und Telefon - Gedanken zu einer Soziologie der Telefonkommunikation. In: Becker (Hg.), 1989, S. 139-154.

Lange, Ulrich: Telefon und Gesellschaft - Eine Einführung in die Soziologie der Telefonkommunikation. In: Telefon und Gesellschaft, Band 1, 1989, S. 9-44.

ders.: Telefonkommunikation im privaten Alltag und die Grenzen der Interpretation. In: Meyer; Schulze (Hg.), 1993, S. 203-232.

Lapide, Pinchas: Wie liebt man seine Feinde? Mainz: Grunewald 1986.

Lauth, Gerhard; Viebahn, Peter: Soziale Isolierung. Ursachen und Interventionsmöglichkeiten. München/Weinheim: Psychologie-Verlags-Union 1987.

Leky, Gisela; Schumacher, Heidemarie: Aspekte mediengebundener Kommunikation am Beispiel Telefontreff Köln. In: Telefon und Gesellschaft, Bd.1, 1989, S. 135-166.

Lenz, Eduard: Gelebte Zukunft. Briefe - Aufsätze - Dokumente. Stuttgart: Urachhaus 1982.

Lerg, W.B.: Herbert Marshall McLuhan - Homo Ludens 1911-1980. In Publizistik, Heft 2/1981, S. 265-269.

Leutz, Grete: Psychodrama. Das klassische Psychodrama nach J.L. Moreno. Berlin/Heidelberg: Springer 1974.

Liebe in der Mediengesellschaft I + II (Schwerpunktthema, verschiedene Autoren). In: Medien praktisch, Heft 72, 12/1994, S. 4-33; Heft 73 3/1995, S. 4-37.

Luhmann, Niklas: Soziale Systeme. Grundriß einer allgemeinen Theorie. Frankfurt a.M. 1987.

Lusseyran, Jaques: Das wiedergefundene Licht. Hamburg: Siebenstern 1971.

ders.: Gegen die Verschmutzung des Ich. Stuttgart: Freies Geistesleben 1972.

ders.: Bekenntnis einer Liebe. Stuttgart: Freies Geistesleben 1994.

Lyotard, Jean-Francois: Das postmoderne Wissen. Wien/Graz: Edition Passagen 1986.

Maschke, Walter: Telefonieren in Deutschland - Zahlen, Daten, Fakten. In: Telefon und Gesellschaft, Bd. 1, 1989, S. 97-100.

McLuhan, Herbert Marshall: Die magischen Kanäle. Understanding Media. Frankfurt a.M., 1970, Düsseldorf u.a.: Econ 1992.

Mettler-v.Meibom, Barbara: Soziale Kosten in der Informationsgesellschaft. Überlegungen zu einer Kommunikationsökologie. Frankfurt a.M.: Fischer 1987.

dies.: Perspektiven aus kommunikationsökologischer Sicht. In: Böttger, Barbara; Fieguth, Gerd (Hg.): Zukunft der Informationstechnologie. Münster: Westfälisches Dampfboot 1992, S. 194-207.

dies.: Pflanze - Tier - Mensch. Eingebundensein und Verantwortung in der Mediengesellschaft. In: Egner, Helga (Hg.): Tier - Pflanze - Mensch. Eingebundensein und Verantwortung. Hamburg: Walter 1993, S. 26-53.

dies.: Kommunikation in der Mediengesellschaft. Tendenzen - Gefährdungen - Orientierungen. Berlin: edition sigma 1994.
dies.: Technik und familialer Alltag. Wider die Beliebigkeit des forschenden Blicks. In: Meyer; Schulze (Hg.) 1993, S. 117-130.
dies.: Kommunikation in ökologischer Perspektive. Das Beispiel Telefonseelsorge. In: Wege zum Menschen, Heft 4/1995, S. 179-189.
dies.: Bauhardt, Christine: Nahe Ferne - Fremde Nähe. Technische Infrastrukturen und Alltag. Berlin: edition sigma 1993.
Meyer, Sibylle; Schulze, Eva (Hg.): Technisiertes Familienleben. Blick zurück und nach vorn. Berlin: edition sigma 1993.
Meyrowitz, Joshua: Die Fernsehgesellschaft. Wirklichkeit und Identität im Medienzeitalter. Weinheim/Basel: Beltz 1987.
Miller, Alice: Am Anfang war Erziehung. Frankfurt a.M.: Suhrkamp 1983.
dies.: Du sollst nicht merken. Frankfurt a.M.: Suhrkamp 1983.
Mooren, Sabine: Gesang der Sirenen. In: Die Zeit, Nr.47 v. 18.11.1994, S. 75.
dies.: Telefonsex. Erotisches Hörspiel oder Partnerersatz. Hannover telepublic 1995.
Moreno, Jakob L.: Ausgewählte Werke. Bd. 1: Soziometrie als experimentelle Methode. Paderborn: Junfermann 1981.
Morgenstern, Christian: Vom offenbaren Geheimnis. Aphorismen. München: Piper 1961.
Müller-Doohm, Stefan; Neumann-Braun, Klaus (Hg.): Öffentlichkeit, Kultur, Massenkommunikation. Beiträge zur Medien- und Kommunikationssoziologie. Oldenburg: BIS 1991.
Negt, Oskar; Kluge, Alexander: Öffentlichkeit und Erfahrung. Zur Organisationsanalyse von bürgerlicher und proletarischer Öffentlichkeit. Frankfurt a.M. 1972.
Noelle-Neumann, Elisabeth; Schulz, Winfried; Wilke, Jürgen (Hg.): Fischer Lexikon Publizistik/Massenkommunikation. Frankfurt a.M. 1989.
o.V.: Ich will fortleben nach dem Tode. In: WAZ vom 13.06.1992.
o.V.: Service 0130 / 0180 - Telefonmehrwertdienste von Telekom. Disk: # FPH_IN2:DOC.
o.V.: Telefon-Betrug: Bundesweit 61 Festnahmen. Zähler wie bei Strom und Wasser gefordert. In: Westdeutsche Zeitung, 12.12. 1994.

o.V.: Telefon-Partys - "Total drauf". In: Der Spiegel. Hamburg 1988, Nr.25, S. 75-77.

Ortega y Gasset, José: Insichselbstversenkung und Selbstentfremdung. In: Ortega y Gasset, José: Die Vertreibung des Menschen aus der Kunst. München: dtv 1964.

Patzlaff, Rainer: Sprachzerfall und Aggression. Geistige Hintergründe der Gewalt und des Nationalismus. Stuttgart: Freies Geistesleben 1994.

Platon: Das Gastmahl. Stuttgart: Reclam 1992.

Pool, Ithiel de Sola (ed.): The social impact of the Telephone. Cambridge/Mass. 1981.

Postman, Neil: Wir amüsieren uns zu Tode. Frankfurt a.M.: Fischer 1985.

ders.: Das Technopol. Frankfurt a.M.: Fischer 1992.

Puls, Wichard: Soziale Isolation und Einsamkeit. Wiesbaden: Dt. Univ. Verlag 1989.

Rammert: Der Anteil der Kultur an der Genese einer Technik: am Beispiel Telefon. In: Telefon und Gesellschaft, Bd.1, 1989, S. 87-96.

Rath, Claus-Dieter: Die öffentliche Netzhaut: Das fernsehende Auge. In: Kamper; Wulf (Hg.): Das Schwinden der Sinne. Frankfurt a.M.: Suhrkamp, 1984; S. 59-74.

Recht, Ute: Verhaltensstörungen durch Fehlernährung. Schaffhausen: Novalis 1993.

Reichertz, Jo: 'Die großen, starken Gefühle zum Sterben verurteilen?' - Privates in der Öffentlichkeit der 'Fröhlichen Guten-Tag-Anzeige',. In: Soeffner, Hans-Georg (Hg.): Kultur und Alltag (Sonderband 6 der Sozialen Welt). Göttingen: Schwartz 1988, S. 251-266.

ders: Kontaktanzeigen in Stadtmagazinen oder die Suche nach dem anderen, den man nicht treffen will. In: Müller-Doohm; Neumann-Braun (Hg.) 1991, S. 251-266.

ders.: 'Nur komm wieder, ich brauche Dich.' Zur Nutzung der Sendung 'Nur die Liebe zählt' durch die Mitspieler. In: Müller-Doohm; Neumann-Braun (Hg.): Kulturinszenierungen - Kultureffekte. Frankfurt: Suhrkamp 1994.

Richter, Horst-Eberhard: Wer nicht leiden will muß hassen. Hamburg: Hoffmann&Campe 1993.

Rilke, Rainer Maria: Briefe an einen jungen Dichter. Frankfurt a.M.: Insel 1985.

Rosendorfer, Herbert: Briefe in die chinesische Vergangenheit. München: dtv 1994.

Rubenstein, C.; Shaver, P: In search of intimacy. Surprising conclusions from a nationwide survey on loneliness and what to do about it. New York: Delacorte Press 1982.

Rüssel, Herbert Werner: Das Lob der rechten Einsamkeit. Zürich/Brüssel: Occident/Pantheon 1940.

Sachs, Nelly: Fahrt ins Staublose. Frankfurt a.M.: Suhrkamp 1988

Saint-Exupéry, Antoine de: Der kleine Prinz. Düsseldorf: Karl Rauch 1966.

Schenk, Michael: Soziale Netzwerke und Kommunikation. Tübingen: Mohr 1984.

Schimmel, Frank: Informelle soziale Netzwerke und Telefonkommunikation. Überlegungen zu einem ungeklärten Verhältnis. Magisterarbeit an der Universität -GH- Essen 1995.

Schimmel, Frank; Mettler-v.Meibom, Barbara: Kommunikation (fast) ohne Telefon. In: Mettler-v.Meibom; Bauhardt (Hg.) 1993, S. 101-110.

Schmale, Günter: Telefonische Kommunikation - Technisch übertragene oder technisierte Kommunikation? In: Weingarten; Fiehler (Hg.) 1988, S. 9-30.

Schmidbauer, Wolfgang: Die Angst vor Nähe. Reinbek: Rowohlt 1985.

Schmidt, Hannspeter: Die Klientel der Telefonseelsorge. Versuch einer Identifizierung. (Europäische Hochschulschriften, Reihe 6: Psychologie, Bd.155) Frankfurt a.M.: Lang 1985.

Schmidt, Wolf-Rüdiger: Fernsehen als Religion? Überlegungen zur Beheimatung im elektronischen Medium. In: Eurich/deHaen (Hg.) 1991, S. 113-118.

Schulz, Winfried: Das Vielseher-Syndrom. Determinanten der Fernsehnutzung. In: Media Perspektiven 12/1986, S. 762-775.

Schulze, Gerhard: Die Erlebnisgesellschaft. Kultursoziologie der Gegenwart. Frankfurt a.M./New York: Campus 1992.

Spangenberg, Peter M.: TV, Hören und Sehen. In: Gumbrecht; Pfeiffer (Hg.) 1988, S. 776-798.

Stauß, Hans: Telefon in der Krisenhilfe. In: Telefon und Gesellschaft, Bd. 2, 1990, S. 342-353.

Steiner, Rudolf: Die Philosophie der Freiheit. Stuttgart: Behrendt 1947.

Storr, Anthony: Die schöpferische Einsamkeit. Das Geheimnis des Genies. Wien: Zsolnay 1990.

Strotzka, Hans: Gesundheitskonzepte als Basis der Medizinsoziologie. In: Eder, Anselm: Risikofaktor Einsamkeit. Theorien und Materialien zu einem systemischen Gesundheitsbegriff. Wien/New York: Springer 1990, S. 1-6.

Sturm, Hertha: Wahrnehmung und Fernsehen: Die fehlende Halbsekunde. Plädoyer für eine zuschauerfreundliche Mediendramaturgie. In: Media Perspektiven 1/1984, S. 58-64.

Telefon und Gesellschaft: Forschungsgruppe Telefonkommunikation (Hg.): Telefon und Gesellschaft. Band 1: Beiträge zu einer Soziologie der Telefonkommunikation. 1989; Band 2: Internationaler Vergleich - Sprache und Telefon - Telefonseelsorge und Beratungsdienste - Telefoninterviews. 1990; Band 3: Ergebnisse einer Berliner Telefonstudie. Kommentierte Auswahlbibliographie. 1990; Band 4: Das Telefon im Spielfilm. 1991. Berlin: Volker Spiess.

Telekom: Tele-Info-Service 190 im intelligenten Netz. Falls Sie rund 80 Mio. Verbrauchern etwas zu sagen haben. KNr.641 210 460-0. 3/94.

dies.: Vertrag zwischen PIA und der DBP Telekom (PIA-Vertrag) und Anlagen.

dies.: Allgemeine Geschäftsbedingungen Tele-Info-Service 0190. Stand: Januar 1996.

dies.: Leistungsbeschreibung Tele-Info-Service 0190 Basisnetz-Management. Stand: Januar 1996.

dies.: Verhaltenskodex Tele-Info-Service 0190. Stand: Januar 1996.

TeleTalk: Übersicht der Telefonnummern für die Dienste im Service 0190. Stand Mai 1994. Hannover: Telepublic Verlagsgesellschaft J.P. Kruse & Strawe 5/94.

Tetzner, K.; Eckert, G.: Fernsehen ohne Geheimnisse. München 1954.

Tolstoi, Lew: Brief an Mahatma Gandhi von 07.09.1910. In: Ein Lesebuch für unsere Zeit. Berlin: Aufbau Taschenbuch 1992.

Unterste, Hermann: Telefonseelsorge: Die Motivation ihrer Mitarbeiter (Europäische Hochschulschriften, Reihe 22: Soziologie, Bd. 67). Frankfurt a.M./Bern: Lang 1982.

Vester, Frederic: Leitmotiv vernetztes Denken. Für einen besseren Umgang mit der Welt. München: Heyne 1992.

Villon, François (Nachdichtung Paul Zech): Die lasterhaften Balladen und Lieder des François Villon. München: dtv 1963.

Walther, Rudolf: In der Zwischenzone. In: Süddeutsche Zeitung, Nr.221, 24./25.9.1994.

Watzlawick, Paul: Vom Unsinn des Sinns oder vom Sinn des Unsinns. Wien: Picus 1993.

Weingarten, Rüdiger; Fiehler, Reinhard (Hg.): Technisierte Kommunikation. Opladen: Westdeutscher Verlag 1988.

Welsch, Wolfgang: "Postmoderne" - Genealogie und Bedeutung eines umstrittenen Begriffs. In: Kemper, Peter (Hg.): >Postmoderne< oder Der Kampf um die Zukunft. Frankfurt a.M.: Fischer 1988, S. 9-36.

Wiedemann, A.K.J.: Werke, Wirksamkeit und Offenbarung des Ich. Breslau: Arno Ullrich 1936.

Wolf, Fritz: Cyberspace für die Ohren. In: VDI-Nachrichten vom 11.2.1994, S. 26.

<u>weitere Quellen:</u>

ARD, 19.10.1994, 21.45 - 22.30 Uhr: "Bleiben Sie dran!" Autoren: Claus Strigel und Bertram Verhaag, Produktion des HR.

Südwestfunk Hörfunk 3. Programm: Nachrichten vom 25.01.1995, 17.00 Uhr.